面向光电跟踪系统的先进运动控制

任　彦　著

科学出版社

北　京

内 容 简 介

光电跟踪伺服系统的研究具有重要的战略意义，是国内外研究的热点。这类系统中存在视轴能否实现稳定跟踪的问题，这类问题严重影响了成像系统的成像质量和跟踪精度。传统的研究方法对此类问题解决途径相对独立，通用性较低，因此成像和跟踪效果不理想。本书立足于国防技术前沿，以光电稳定平台为研究对象，从伺服控制角度出发，研究先进的面向光电跟踪伺服系统视轴稳定和目标跟踪问题的控制策略。本书内容翔实，覆盖面广，具有系统性和专业性强、著作内容自成体系等特点，并具有一定的实用价值。

本书主要为从事伺服控制专业的科研人员和工程技术人员提供理论和实践指导，也适合作为高等学校自动控制、电子信息、导航、制导与控制等相关专业的大学高年级本科生和研究生的教学参考用书，也可作为相关领域的工程技术人员和科研人员的参考用书。

图书在版编目(CIP)数据

面向光电跟踪系统的先进运动控制/任彦著. —北京：科学出版社，2017.5

ISBN 978-7-03-052178-1

Ⅰ. ①面…　Ⅱ. ①任…　Ⅲ. ①光学跟踪—自动控制系统　Ⅳ. ①TP72

中国版本图书馆CIP数据核字(2017)第054635号

责任编辑：王　哲　霍明亮 / 责任校对：郭瑞芝

责任印制：张　倩 / 封面设计：迷底书装

科学出版社 出版

北京东黄城根北街16号

邮政编码：100717

http://www.sciencep.com

文林印务有限公司 印刷

科学出版社发行　各地新华书店经销

*

2017年5月第　一　版　开本：720×1 000 1/16

2017年5月第一次印刷　印张：12 1/2

字数：247 000

定价：75.00元

(如有印装质量问题，我社负责调换)

前　言

以地基（车载、舰载等）、空基（机载）和天基（星载）相机及光电平台为代表的动基座成像系统能够灵活机动并且实时地获取图像信息，在测绘、勘探等民用领域发挥重要作用，对于一个国家的国防而言也具有非常重要的战略意义，是一项国内外争相研究的热点。

成像系统受载体运动的影响会导致成像目标的影像与成像介质之间产生相对运动，而成像系统视轴的摆动，会造成影像在成像介质上发生旋转，影响对图像的判读，因此光电跟踪系统要实现对高动态运动目标的稳定成像和高精度跟踪，就要保证在光学设备曝光之前实现视轴的快速稳定跟踪控制，即动态响应快、跟踪误差小、抗干扰能力强。单纯的按照传统的渐近稳定准则设计的控制方案显然难以满足上述要求，本书将以光电稳定平台为研究对象，从伺服控制角度出发，研究先进的面向光电跟踪伺服系统视轴稳定和目标跟踪问题的控制策略。

本书在国家自然科学基金项目（61563041）和内蒙古自然科学基金项目（2015MS0603）的资助下，将光电跟踪系统中关键问题进行剥离，从不同的角度深入研究，提出一系列解决问题的思想和方法。将视轴稳定和目标跟踪归结为两类控制问题，分别以干扰抑制和跟踪控制为突破点进行研究，为这一研究课题的进一步实用化提供了丰富的理论和技术储备。具体包括以下几方面。

（1）在充分研究光电跟踪平台数学模型的基础上，分析了控制系统设计时面临的问题，用加性分解的思路对其进行了处理并给出了分解方法，明确了设计任务。

（2）针对不同干扰源对光电跟踪平台的影响问题，引入了鲁棒内回路干扰补偿的思想。由于传统干扰观测器对于高频域干扰难以有效补偿，本书提出了利用具有快速切换作用的滑模干扰观测器提高光电平台的干扰抑制能力的设计思想，并针对干扰补偿后的系统采用加性分解原理，分离控制任务，对干扰进行精细化补偿。

（3）针对系统在光学设备曝光之前实现视轴稳定的控制需求，提出基于有限时间收敛的非线性扩张状态观测器的设计方法，实现在有限时间内抑制干扰的作用；设计适用于工程应用的离散全局滑模控制，实现对系统的有效跟踪。

（4）为了提高跟踪精度，借助复合轴系统的控制原理，基于有限时间控制的思想，将多个问题从整体上考虑，面向高精度跟踪问题提出新的基于有限时间收敛的虚拟复合轴控制的设计思路，从控制结构角度出发提高光学成像的质量和对高动态运动目标的跟踪精度。并在此基础上研究基于有限时间收敛的控制器的设计方法，拓展了系统的适用范围。

本书为光电跟踪系统的实际应用提供充足的理论和技术保障，光电跟踪系统作为一类典型的高精度伺服控制系统，应用于光电稳定平台的控制方法可以推广到大型数控加工、重型车载设备、雷达及机器人等领域，具有较广泛的实用价值。本书所涉及的研究具有较强的创新性，并且所涉及的知识领域也较为广泛。在本书编撰过程中，作者研读了大量文献，参考融合了国内外专家学者在相关领域的研究成果，在此，对他们表示衷心的感谢。同时，本书的研究和写作得到了北京航空航天大学刘正华教授的指导，在此也向他表示由衷的谢意。

由于作者水平有限，书中难免有不妥之处，恳请广大读者批评指正。

作　者

2017 年 1 月

目 录

第1章 绪　　论

高动态光电跟踪伺服系统的研究具有重要的战略意义，是国内外研究的热点。这类系统中存在视轴能否实现稳定和跟踪的问题，这类问题严重影响了系统成像质量和跟踪精度。传统的研究方法对此类问题解决途径相对独立，通用性较低，因此成像和跟踪效果不理想。本书以光电跟踪系统的稳定和跟踪问题为背景，以提高光电设备成像质量和跟踪精度为目的，从运动控制的角度出发，针对光电跟踪伺服系统研究干扰抑制、跟踪控制及先进控制结构等关键技术问题，从而实现提高光电跟踪系统的运动精度、动态性能和鲁棒稳定性。

1.1 概　　述

以地基（车载、舰载等）、空基（机载）和天基（星载）相机及光电平台为代表的动基座成像系统能够灵活机动并且实时地获取图像信息，不仅在测绘、勘探等民用领域发挥重要作用，对于一个国家的国防而言也具有非常重要的战略意义，是一项国内外争相研究的热点[1-4]。

航空光学成像与测量技术具有悠久的研究历史，1915 年末开始有专用的航空摄影机用于航空侦察。第二次世界大战中，飞机照相侦察成为主要的航空侦查手段，航空相机成为机载平台的一种[5,6]。第二次世界大战后，由于航空相机不能实时获取数据信息，战场实时性的要求得不到满足，自此之后，开发新型的机载光电平台成为人们研究的目标，机载光电平台也由单一的光学照相向多光谱照相、红外成像、微波成像和可见光成像等多方面延伸。随着科技进步，光电跟踪平台设备各方面性能都有很大的改善与提高，例如，时效性强、准确度高、侦察范围广、机动灵活、针对性强，这些特点决定了光电平台在航空成像测量装备中具有不可取代的地位，光电平台应用如图 1.1 所示。

(a) 大气环境监控

(b) 地形勘探

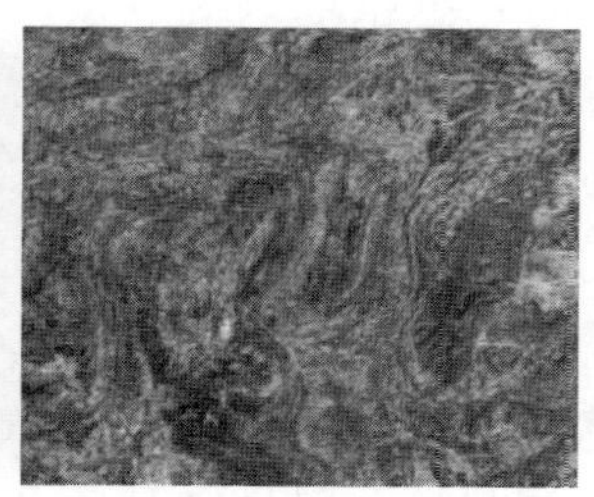
(c) 资源探测

(d) 民用测绘

(e) 抢险救灾定位

(f) 武器系统精确打击

图 1.1　光电平台应用

1.2　光电跟踪技术的价值与意义

进入 21 世纪后，在民用方面，对于卫星通信、环境监控、航空拍摄等多领域光电跟踪技术都有着重要的应用背景。汶川大地震发生后，当地面救灾部队因道路堵塞、交通不畅时，利用飞机航空遥拍让群众和救灾指挥部的人员及时地了解受灾地区的情况，为顺利制定救灾方案提供了大量的数据信息[7]。在军事方面，随着战争形态的变化，军事技术变革提高了武器的命中率，这大大缩短了战争的进程。纵观 20 世纪越南战争、海湾战争、伊拉克战争以及 2011 年的利比亚战争，许多国家的实地侦察工具都采用了不同型号的无人机，利用无人机收集情报、向战斗机提供目标信息以及低空袭击重要军事目标。光电装备在战争中的威力已经有所体现，在海湾战争中，光电制导武器以 5%的投放量占据了 75%的战绩比例。在此背景下，光电探测技术得到了蓬勃发展，而且近几十年来光电探测技术和光电设备也已成为各国军事技术发展的热点之一。

1.2.1　应用需求

光电跟踪设备是近几十年来发展极为迅速的一种新型实时图像侦察设备，以光电探测器为载荷的光电稳定跟踪平台，在保证光电探测器的视轴（line of sight，LOS）、光轴（optical axis）等与载体运动相隔离的同时实现跟踪、捕获等功能。高精度的光电跟踪系统直接影响了武器装备性能的提高。

多年来，各国一直致力于光电稳定跟踪平台的研究，欧美等发达国家和地区对此的研究始于第一次世界大战，在元器件、单元技术和系统设备等方面均处于全球领先地位。其中，以美国、以色列、法国、英国等国在光电稳定跟踪技术方面的研究较为突出，发展比较迅速，典型代表有美国的 FLIR 公司、Lockheed Martin 公司、以色列的拉斐尔公司、CONTROP 精密技术公司和以色列航空航天工业公司（IAI）等，并有多种型号产品装备部队。

如图 1.2 所示，美国 FLIR 系统公司研制的 SAFIRE 系列产品已成功应用在 35 种型号的旋转翼和固定翼飞机上，美国目前用于阿帕奇改进型 AH-64D 的“箭头”(M-TADS/PNVS)(图 1.3)采用的就是美国 Lockheed Martin 公司新式的 TADS/ PNVS 系统产品，该系统中安装了中波大型凝视前视红外系统，扩展了可视范围，提高了可视范围的清晰度和可靠性。美国第五代隐形战斗机 F-35 上的光电瞄准系统（electro-optical targeting system，EOTS）（图 1.4）是建立在 Lockheed Martin 公司的先进瞄准吊舱基础之上的，它具有高分辨率成像系统，可提供自动目标跟踪、红外探测和跟踪、激光指示、激光识别跟踪等。CONTROP 精密技术公司生产的稳定平台设备 ESP-600C 采用三框架两轴稳定，其稳定精度为 15μrad，被广泛用于具有侦察功能的直升机、航空器和无人机等场合；四框架陀螺稳定系统 MSSP-3 型海事观察平台主要用于海事巡逻飞机和巡逻船，其具有高分辨力前视红外相机、高性能 CCD（charge coupled device）相机和激光测距仪（图 1.5）。以色列 IAI 公司生产的多用途光电稳定平台 MOSP（multi-mission optronic stabilized payload）系列，被用于无人侦察机、直升机或固定翼飞机昼夜观察等场合，视轴稳定精度可以达到 25μrad（图 1.6）。以色列的拉斐尔公司研制的 Toplite 稳定多传感器光电定位和观测载荷装置是在 Litening 机载导航和定位吊舱的基础上开发的，Toplite 系统既适用于舰载也适用于机载。法国萨基姆公司生产的侦察与武器瞄准系统 STRIX 被用于“支援护航”的直升机上，STRIX 可以随动于直升机乘员的头盔，或射手直接用手控制 STRIX 转动[8-11]。

图 1.2 FLIR 公司研制的 SAFIRE 系列产品

图 1.3 阿帕奇 AH-64D 武装直升机上的“箭头”

图 1.4　美 F-35 上的光电瞄准系统(EOTS)AN/AAQ40

图 1.5　CONTROP 精密技术公司的主要产品

图 1.6　IAI 公司生产的 MOSP3000

随着微电子学的发展，无人侦察机的研制呈现出新高潮[12]，光电稳定设备是无人机的重要装备之一，其主要完成侦察和监视，捕获目标并进行识别测距，在武器投放时进行目标的指示，如图 1.7(a)所示的美国“捕食者”中远程战略无人机就是一个典型的例子，光电跟踪设备采用常平架直径为 35.5cm 的陀螺稳定，其指向精度为±0.5°，瞄准线稳定度可达到 10～20μrad。奥地利 Schiebel 公司研制的 S-100 无人机也是值得一提的多功能无人直升机，可以带 200kg 负载，飞行 6 小时，最大速度为 220km/h。用于航空拍摄的无人机近几年也得到了快速的发展，德国 Microdrones 公司研制的 MD4-200 无人机航拍系统是一种全球领先的垂直起降微型自动驾驶无人飞行器系统，系统中集成了 GPS、陀螺仪、磁方位计、加速度计、气压计等多种高精度传感器和卓越的控制算法，可用于执行资料收集、协调指挥、搜索、测量、侦查等多种空中任务。此外，在无人机机载光电系统的研制上西欧国家也具有较强的实力，在光电系统市场上具有举足轻重的地位的公司还有英国的BAE公司、法国的Thales公司等[13]。

(a) “捕食者”无人机　(b) S-100无人机　(c) MD4-200无人机航拍系统

图1.7　光电跟踪稳定平台在无人机上的应用

由于光电稳定跟踪系统在国防和军事上的特殊地位，从20世纪80年代开始，我国开始全面分析和研究陀螺稳定装置，而对机载陀螺稳定平台的研究是从20世纪90年代初开始的。因此，我国整个光电设备的发展水平落后于国外，空中侦察设备短缺，红外技术与电机技术都比较落后，大力发展我国光电跟踪测量设备具有十分重要的意义[14,15]。

经过多年的努力，国内光电稳定伺服机构的研究已经从简单引进、仿制走向了自主设计的阶段，并取得了一定的成绩。中国科学院长春光学精密机械与物理研究所较早开始进行机载吊舱和光电平台的研制，其研制的用于无人机的两框架两轴陀螺稳定装置的稳定精度为100μrad[16]，用于民用737飞机的四框架两轴陀螺稳定装置的稳定精度为20μrad。航空工业总公司第613所研制的某型号吊舱系统，激光照射距离大于10km，测距距离15km，稳定/跟踪系统的瞄准线稳定精度为100μrad[17]。

迫于应用的需求，国内其他单位也积极地开展了针对光电吊舱、红外成像制导及航空摄影稳定平台等装置的研究工作，其中包括中国科学院光电技术研究所、中航工业光电所、北京航空航天大学和国防科学技术大学等单位，并取得了一系列的成果。中航工业光电所，瞄准新一代机载“综合光电系统”开展研究，并取得了突破，机载红外搜索与跟踪系统应用于国产歼-11B型战斗机上，它属于光电技术的一部分，在空战中具有很重要的位置（图1.8）。图1.9是由潍坊天翔航空工业有限公司携手中航工业西安飞行自动控制研究所及中国电子科技集团共同研制的V750多用途无人直升机，V750装有光电稳定跟踪平台设备，可针对特定地面及海域的固定和活动目标实施侦察。图1.10是重庆邮电大学与中国电子科技集团第26研究所共同研制的小型机载摄影稳定平台，其采用微机械陀螺、直流伺服电机和减速器的三框架结构设计，改善了现有机载摄影稳定平台存在的结构笨重、适应性差等特点[18]。

图 1.8　国产歼-11B 型战斗机

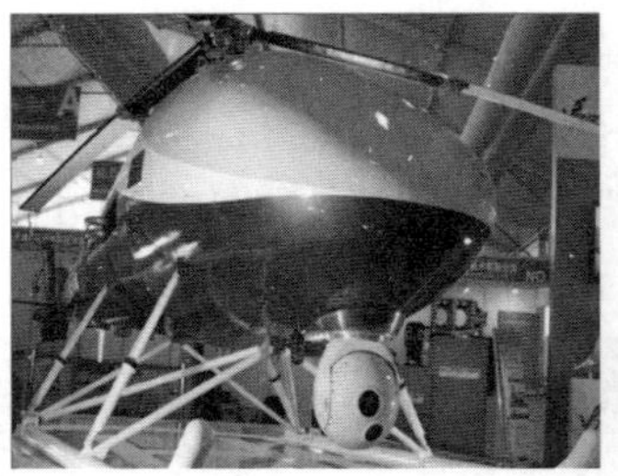

图 1.9　V750 无人直升机

图 1.10　航空摄影稳定平台

光电稳定跟踪技术在各个领域都有着巨大的应用价值，从表 1.1 可以看出，国内机载光电稳定跟踪平台与国外相比，精度偏低，总质量偏大，由于检测元件、精密加工等单元技术不过关，致使国内整体研究水平不高，为了缩短与国外先进水平的差距，国内学者针对光电稳定跟踪平台的研究工作正在努力进行着。

表 1.1　国内外几种型号机载光电平台的主要性能[19,20]

型号/国家或机构	结构	稳定精度/μrad	旋转范围/(°)	体积 $d\times h$/mm	质量/kg
Westing house/美国	两轴两框架	25	方位−170～+170 俯仰−75～+30	596×384	24
Skyball Model/美国	四框架	10	方位 360 俯仰−120～+90	360×420	34
ESP-600c/以色列	三轴三框架	15	方位 360 俯仰−110～+10	300×435	12
TOPLITE/以色列	两轴四框架	25	方位 360 俯仰−85～+45	406×662	53
MOSP/以色列	两轴四框架	25	方位 360 俯仰−90～+60	380×500	10
POP-200/以色列	两轴两框架	40	方位 360 俯仰−110～+40	254×380	16.5
Wescam/加拿大	三框架三轴	5	方位 360 俯仰−120～+90	356×548	30
EOP380/中国	两轴四框架	25	方位 360 俯仰−110～+20	380×585	35
EO260/中国	两轴两框架	50	方位 360 俯仰−120～+15	260×420	18
陀螺稳定平台/光机所	两轴四框架	25	/	490×650	80
T6/中国	三轴三框架	100	方位−270～+270 俯仰 0～150	280×455	25
西安应用光学所	两轴四框架	30	/	450×700	60
西安应用光学所	两轴两框架	100	/	280×360	12

综上所述，高精度的光电跟踪技术是一项具有强烈应用需求和发展前景可观的研究课题。

1.2.2 理论意义

在飞行器飞行过程中，载体飞行姿态的变化、载体的发动机和飞行中的风阻力矩等外界扰动会给航空光电成像与测量设备的成像和测量能力带来严重影响，如光学成像系统载体的运动会导致成像目标的影像与成像介质之间产生相对运动，即像移[21]；由于成像系统视轴的摆动，影像在成像介质上会发生旋转[22]；当两帧图像之间存在像旋时，则图像无法很好地拼接为一个整体，从而影响对图像的判读，像移和像旋的影响如图 1.11 所示。总之，如果光轴晃动现象出现在设备曝光时间内，获取到的图像信息将变得模糊，这必将直接降低图像的分辨力。随着技术的发展，载体的运动速度越来越高，成像扫描的速度越来越快，从而使得物像运动的影响越来越严重，制约了当今航空、航天相机等各种动基座成像系统的发展，也进一步制约光电跟踪系统的跟踪精度，因此保证稳定成像与提高跟踪精度已成为提高光电跟踪系统性能密不可分的两方面。

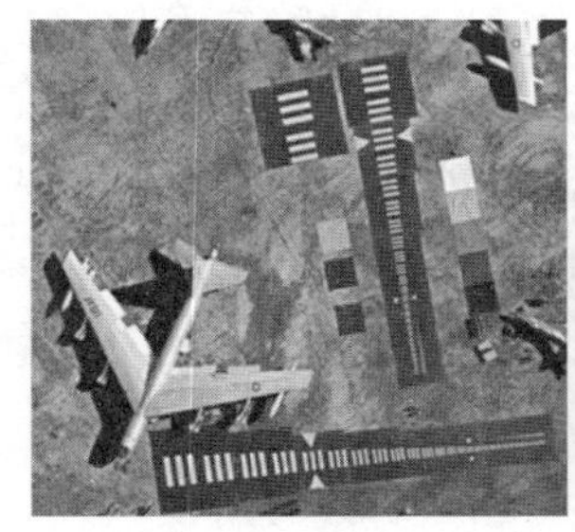

(a) 完整、清晰的图像

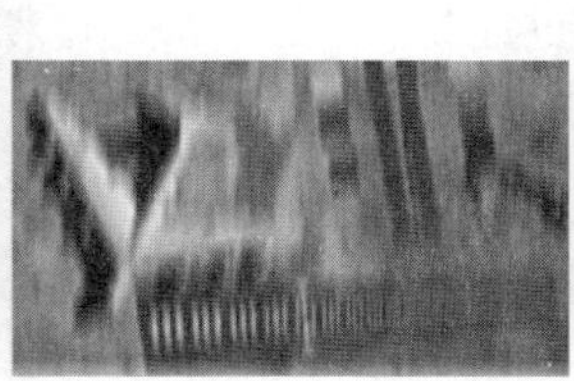

(b) 直线像移

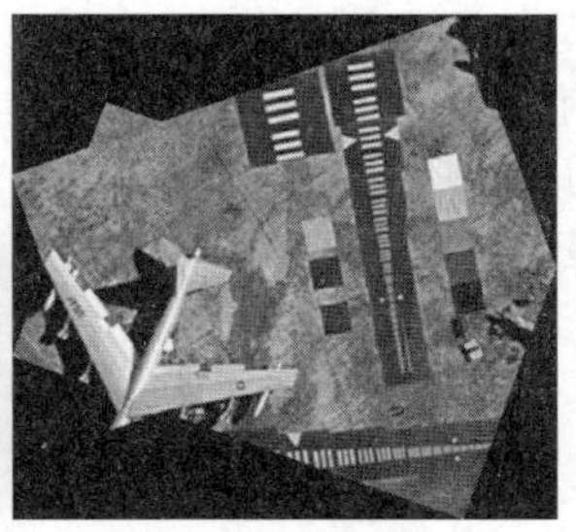

(c) 像旋（拼接后不完整）

图 1.11 像移和像旋对成像影响的示意图

光电跟踪平台也是一个典型的伺服跟踪系统，影响其跟踪精度的主要因素除了平台机械结构与成像系统，还有伺服控制系统性能。光电跟踪平台在低速运动的工作方式下，扰动力矩会增大视轴的晃动动量，直接导致成像质量下降，甚至造成跟踪任务的失败。这就要求光电跟踪系统必须具有良好的干扰抑制能力。此外，影响视轴稳定跟踪精度的光电跟踪平台内部因素也是不容忽视的，这些因素主要表现为以下几方面。

（1）轴系间的摩擦力矩扰动。

摩擦力产生于具有相对运动或相对运动趋势的两个物体接触面上，它是影响伺服控制系统精度及性能的最主要因素。摩擦力矩具有高度的非线性，在光电稳定平台内部的各轴系间都可能产生轴系摩擦力矩扰动，在实现光电平台的视轴相对惯性空间稳定的目标时，这种摩擦通常又表现为静摩擦、库仑摩擦和黏滞摩擦等多种形式[23,24]。

（2）平台内部的不平衡力矩、轴间耦合及导线扭绕转矩。

在平台框架发生旋转时，如果内部质量块的质心与设备旋转中心不重合就会产生一个非定常数的质心扰动力矩。受机械加工水平的限制，各个框架之间无法实现完全垂直正交，轴间耦合是无法避免的[25]。光电跟踪平台工作时，轴系转动会带动穿轴部分的导线发生扭绕，而扭转带来的扰动力矩比较复杂，但如果采用良好的布线工艺和软线，可改善导线扭绕转矩，使其远远小于电机驱动能力。

（3）电机力矩波动。

齿槽效应和电刷摩擦是引起电机力矩波动的主要原因。由换向、绕组的非均匀分布引起的齿槽效应可以产生一个与摩擦力矩类似的齿槽效应转矩，它具有周期性。

（4）传感器测量噪声。

系统控制算法中为了解算出各个框架电机的控制量，需要采集各种传感器的测量信号，这样测量噪声势必会带入到控制回路中，将形成干扰而影响系统的稳定跟踪[26]。

面对上述的因素，有些可以在机械设计、加工、元器件的选择、布线工艺选择以及安装时加以抑制或消除，在伺服系统中，电机波动力矩也可以视为外部干扰力矩，通过适当的补偿方法加以消除，但系统中的摩擦力矩对视轴稳定跟踪的影响却很难有效的抑制，由于载体运动施加于光电平台的角速度是由摩擦传递的，即载体的运动给平台带来的扰动是通过摩擦的形式体现出来，所以摩擦力矩的存在严重影响系统的隔离扰动的能力。同时在光电跟踪系统中，伺服控制机构的建模误差以及外界干扰的存在都严重地限制了系统性能的提高，因此视轴稳定控制的重点就是研究如何抑制轴系摩擦力矩等扰动力矩的扰动问题[27,28]。

由此可见，要保证视轴稳定跟踪精度，可以从伺服运动控制的角度出发，解决影响系统性能的“拦路虎”。结合实际工程需要，针对如何实现系统的干扰抑制，给出性能良好的位置闭环控制器和鲁棒内回路控制器的设计方案。同时，该方案的研究将扩大理论的应用范围，为如何使用线性化方法分析讨论具有强非线性因素的系统提供一定的理论依据和启发。上述问题不仅仅存在于光电跟踪系统中，在一般的运动控制领域中也不同程度存在上述的问题，如机器人、绘图仪、磁/光盘驱动器、高精度机床与加工中心等运动控制系统。因此，研究面向光电跟踪系统的运动控制问题对于充实运动控制理论同样有着积极的意义。

1.3 国内外发展与研究现状

随着光电跟踪系统的稳定跟踪技术日趋成熟，光电设备的稳定跟踪性能也在不断提高。从机械角度讲，要保证被摄图像的稳定，首先就要保证光学系统的视轴稳定，也就要对承载光学系统的平台进行稳定控制与高精度跟踪控制。

影响视轴稳定跟踪精度的因素大体可以概括为两大类：硬件条件和控制方法，硬件方面包括机械安装不平衡、机械结构谐振和传感器测量噪声等。基于我国目前器件水平和加工精度受限的现状，上述硬件条件只能在某种程度上进行改进。因此，在已有硬件条件之下，从什么样的角度出发，采用什么样的控制方法，来提高光电伺服系统的高稳定跟踪精度就显得更为实际和重要。运动控制技术经历了经典传统控制技术向现代控制技术、智能控制技术的发展，控制方式也由单一化向多元化发展，但应用的条件与背景有所不同。因此在控制器设计时，需要考虑运动系统的结构形式、控制对象的特点以及工程应用环境的限制[29-31]。本节面向光电跟踪系统干扰抑制与高精度跟踪这两大问题，在分析光电系统机理结构特点的基础上，按照设计时不同的着眼点，对运动系统控制方法的国内外发展与研究现状进行综述。

1.3.1 光电跟踪系统的结构形式与发展

为了克服载体飞行姿态变化、振动及大气湍流等扰动对光电平台视轴的影响，需要建立一个用来实现视轴稳定功能的分系统，从而隔离系统中光学传感器的视轴与载机的运动，使视轴在惯性空间中实现稳定跟踪。因此，从“伺服控制”的角度看，光电平台实质上就是一个“视轴稳定跟踪伺服系统”。

目前针对不同的应用环境与功能性能的要求，稳像方法呈现了多元化的发展，如图1.12所示稳像方法主要分为电子稳像、光学稳像、被动隔振稳像、平台稳像和振动主动控制技术等[32]。电子稳像法是一种光电成像图像稳定的新型方法，受现阶段技术水平限制，只能做到近实时输出，且对大幅度振动难以实现稳定[33,34]；光学稳像是在光路中通过光学元件对不稳定图像进行补偿，它是一种通过光学方法实现图像稳定的方法，该方法不需要将整个系统进行稳定，虽然减轻了被稳定系统的重量，但稳定效果同时也受到光学元件和载体运动的限制，目前该方法多被应用于光学仪器的稳定[35,36]；被动隔振稳像是通过减震器隔离载体的高频振动，常与平台稳像结合使用[37,38]。平台稳像是利用陀螺稳定平台这种机电框架实现的，即惯性稳定平台，它通常采用直接稳定的方法实现，在光电成像设备内部安装惯性陀螺，陀螺的敏感轴与光电设备的视轴坐标系重合，陀螺感知设备视轴的运动角速率，通过伺服控制算法解算出电机驱动控制量以反向补偿引起陀螺敏感量的外界扰动力矩，从而使视

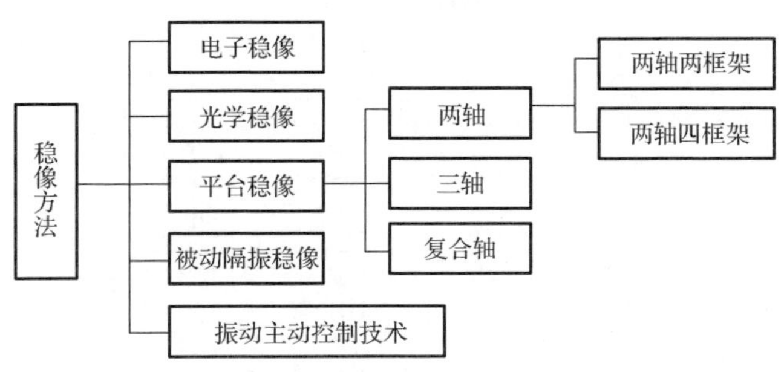

图1.12 稳像方法分类

轴实现了惯性稳定；在实际应用中，还可以采用间接稳定的方法，即将陀螺安装到设备基座上，或者直接利用载体的惯导信号，通过坐标变换解算得到设备内部视轴上的角速率[39-41]。

通常将惯性稳定平台分为两轴稳定平台和三轴稳定平台[42,43]，其中两轴稳定平台又包括两轴两框架和两轴四框架两类。传统的两轴稳定平台当载体倾斜时会使瞄准线围绕光轴旋转，无法完全隔离载体的扰动力矩，对成像质量造成严重的影响。在原理上对载体扰动可以实现完全隔离的方法是采用两轴四框架的陀螺稳定平台或者三轴的陀螺稳定平台[44,45]。近年来，为了消除小角度范围内的像旋误差对系统成像的不利影响，美国研究人员提出了一种更紧凑的新型三轴万向机构方案[46]。在各国的机载侦察系统中，两轴、三轴陀螺稳定平台技术被广泛应用[47-49]。

当稳定需求是面向激光通信和激光光束稳定的系统时，采用一般的稳定跟踪系统无法满足跟踪精度要达到微弧度甚至亚微弧度的需要，而复合轴跟踪形式就是解决这一问题比较有效和重要的技术途径。1966 年 Thomas 在文章中首次提出了复合轴伺服机构（compound axis servomechanism），作者将复合轴伺服机构应用于数字激光测距跟踪装置中，在主机架的粗跟踪基础上，用快速控制反射镜（fast steering mirror，FSM）构成子轴跟踪系统来修正主机架系统的跟踪误差，从而实现更高精度的跟踪[50]。复合轴系统是一种双通道控制或二维关联控制系统的实现结构，整个系统基于主-子系统结构形式，其中主系统实现粗跟踪，子结构系统实现精确定位与跟踪，其控制结构图如图 1.13 所示。复合轴控制系统由于具有响应快、精度高、动态范围宽等特点，而被广泛用于高精度光电跟踪系统、激光通信和激光光束稳定、卫星激光测距等领域，因此如何提高复合轴跟踪精度是许多学者研究的目标[51-55]。

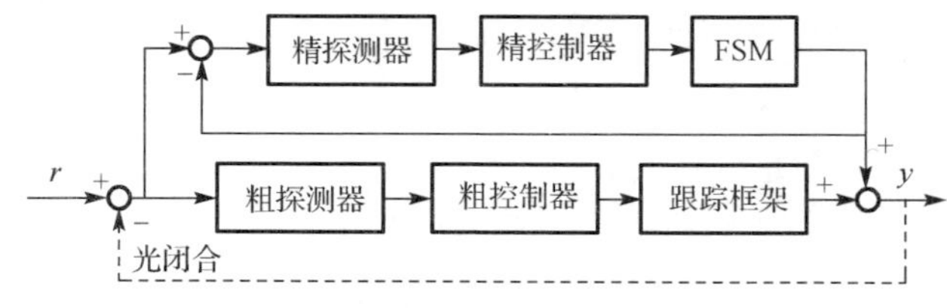

(a) 双探测器型复合轴控制系统

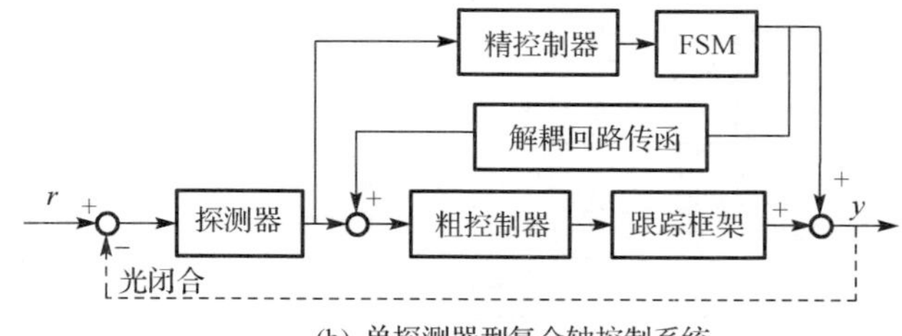

(b) 单探测器型复合轴控制系统

图 1.13　复合轴控系统结构图

1.3.2 光电跟踪系统伺服控制问题

光电跟踪系统的控制系统是制约系统稳定跟踪性能的关键因素之一，目前光电跟踪平台控制系统的设计分为两部分：硬件设计和实时控制软件设计。硬件设计包括机械装置、执行机构、驱动装置及信号采集单元等相关硬件的设计；实时控制软件设计包括控制算法、平台内部各单元与控制单元之间的数据通信、传输及交换等软件的设计。平台控制技术的核心是伺服控制单元，它体现了平台的主要技术指标。

1. 视轴稳定跟踪控制方法

稳定回路和跟踪回路是光电跟踪系统伺服控制机构的两个主要回路。跟踪回路的闭环由跟踪器输出的脱靶量构成光闭合回路，实现跟踪机动目标的功能。稳定回路一般由速率陀螺的输出作为反馈信号，主要实现抑制载体扰动的功能。在实际应用中，传统控制技术在稳定跟踪回路的设计中仍然处于主导地位，常用的方法有PI校正、滞后超前校正、最优控制等[20,56-62]。国内外学者为了获得更高的跟踪精度和更强的鲁棒性，在光电跟踪系统中引入了更多的现代控制方法，例如，自适应、变结构、模糊控制、自抗扰等方法，并取得了很多的研究成果[18,63-66]。

在光电跟踪系统中不可忽视的一个问题就是载体姿态变化对视轴稳定的耦合，而这个耦合关系主要由摩擦力矩来体现。由载体运动而带来的载体姿态变化通过摩擦力矩耦合到光轴的程度一般称为载体运动的摩擦耦合率，它与载体姿态变化的频率和幅值大小有关，而摩擦力矩的存在将直接影响视轴稳定跟踪的性能。另外，大气湍流、阵风等环境因素也直接影响了视轴的稳定性能。因此，对各种干扰信号的抑制与补偿问题一直是国内外学者研究的热点问题[67-70]。

脱靶量的时延会造成相位的滞后，制约了系统跟踪响应带宽的提高，增加了跟踪控制回路的设计难度，且在跟踪快速运动目标时，滞后量的存在严重影响了控制系统的稳定性和跟踪精度，成为制约当今航空、航天以及地面等各种高动态目标跟踪伺服系统发展的一大瓶颈。目前发展起来的面对此类时延问题的补偿方法主要从三个角度出发：一是对图像处理设备进行研究，提高图像处理的实时性，缩短时延；二是对未来时刻状态进行预测估计补偿系统的延迟，现有研究一般多采用Kalman滤波与预测方法[71,72]；三是采用运动控制技术，通过对惯性稳定平台、扫描反射镜、快速反射镜等的控制，来提高跟踪伺服系统的带宽、快速性、精度和实时性等技术指标，从而减小时延对系统的影响[73,74]。

视轴稳定跟踪控制系统是一个典型的伺服跟踪系统，从运动控制角度出发，将先进的运动控制方法应用其中，以实现视轴跟踪精度和稳定跟踪性能的提高。

2. 伺服控制的发展

在伺服系统中，由于系统中存在各种干扰因素，为了满足静态精度要求，鲁棒内回路干扰补偿控制是必不可少的控制环节，研究干扰抑制问题是保证光电伺服系统视轴稳定的重要条件；闭环控制环节是改善系统动态跟踪性能和拓宽通频带的有效手段，从控制角度出发，充分挖掘系统控制性能的潜力，研究先进跟踪控制策略是保证目标跟踪精度的重要条件。

1）微分信号估计问题

求取信号导数的问题是一个传统而众所周知的问题，这一领域也受到众多学者争相研究。精确、快速地获得被跟踪目标的速度、加速度信号对于大多数系统都是至关重要的[75-79]。在伺服运动系统中，受经济成本的限制和速度传感器自身精度问题，速度信号可以由位置的微分信号获得，但是纯粹的微分运算在物理上是无法实现的，因此在控制器的实现过程中，速度信号一般通过对位置测量值的差分来获得。然而由于信号噪声会在差分运算过程中随着采样频率的提高而大幅放大，因此采用一般的差分方法得到的微分估计值的品质就会严重下降，处理不当可能会产生毛刺，甚至放大的噪声会淹没所要求的速度信息[80,81]。

针对上述的问题，为了在噪声环境下保证微分估计信号的品质，文献[82]采用FIR 滤波器来改善信号的微分估计，但是该方法具有相位滞后问题，限制了实际的应用效果。由于 Kalman 滤波器具有抑制噪声和求取信号的导数的特点，使其在运动控制领域中常被用来估计信号的导数[83-85]，但是 Kalman 滤波器需要已知信号源的模型，要对被跟踪目标做更详细地了解，这限制了信号的通用性。因此，设计跟踪微分器来获取信号的导数是非常必要的。

近二十年来，很多学者对微分器进行了详细的研究，提出了各式各样的跟踪微分器并将其应用在不同的领域，例如，高增益微分器[86]、滑模微分器[87,88]、线性导数跟踪微分器[89,90]、非线性跟踪微分器[91-93]等。

自非线性跟踪微分器诞生以来，出现了多种形式并获得了广泛的应用研究。1994 年，中国科学院韩京清提出了一种非线性跟踪微分器（nonlinear tracking differentiator，NTD）的设计思想[93]，该方法避免了对信号直接求取数值微分，将求取信号的微分问题转化为微分方程组的求解问题，有效地实现了对信号的微分估计，同时也保证了微分器对信号噪声的鲁棒性。文献[94]讨论了基于有限时间稳定系统的非线性高增益跟踪微分器的弱收敛问题。文献[95]将前馈控制思想引入到非线性跟踪微分器的设计中，大大提高了微分器的跟踪速度。文献[96]和[97]分别利用反正切函数与反正弦函数构造了非线性跟踪微分器。此外，非线性跟踪微分器在 GPS 速度测量、六自由度并联执行机构、硬盘驱动器磁头定位、同步电机控制、飞行器的控制等工程领域都有成功的应用[98-101]。

2）干扰补偿的方法

通过分析影响光电跟踪平台性能的因素可知，扰动力矩是影响光电系统视轴稳定的主要原因，因此研究视轴稳定控制的主要问题就是解决伺服系统的干扰抑制问题。光电跟踪系统普遍处于低速运行的工作方式，因此伺服系统的低速性能与扰动力矩的抑制是相辅相成的。在早期的研究中，人们采用在外环控制回路的内部加入反馈等经典控制方法，通过提高速度环的增益来增强机载光电平台对干扰的抑制能力，实践证明，由于速度环带宽的增加受传感元件精度和机械谐振频率的限制，对中高频扰动力矩的抑制作用并不明显。这表明简单的内环反馈的性能是非常有限的，无法满足实际系统的抗扰需求，因此，国内外学者一直将干扰抑制的新方法视为研究的热点问题。

Ohnishi 教授在 20 世纪 80 年代首次提出了干扰观测器（disturbance observer，DOB）方法的控制思想，并将其应用在机器人控制中解决干扰抑制的问题。DOB 的基本思想是将引起实际被控对象与名义模型输出差异的外部扰动力矩及系统动态建模误差等因素统一视为等效干扰，利用系统控制输入、系统输出及系统名义模型逆模型的信息估计出系统的等效干扰，并补偿到系统控制输入端，实现对干扰的抑制作用[102,103]。该方法对各种外部干扰及参数的小范围变化有很强的抑制效果，明显地改善了系统的控制性能。DOB 以其简单易实现的特点作为一种有效的干扰补偿手段而被广泛地应用于运动控制领域中[104-109]。干扰的抑制问题一直是近年来学者的研究热点，许多学者都致力于扩展 DOB 的应用范围及性能方面的工作。然而 DOB 对干扰的抑制程度取决于 Q 滤波器的带宽，实际系统中的机械谐振又限制了 DOB 带宽的提高，为了适用于工程上的应用，文献[110]提出了 DOB 中 Q 滤波器适用的设计方法；文献[111]和[112]通过一个优化标准函数来设计 Q 滤波器的结构形式，保证了 DOB 的最优鲁棒性；文献[113]详细讨论了参数变化对 DOB 性能的影响；文献[114]将 DOB 方法扩展至非最小相位线性系统；文献[115]设计了适用于非最小延时相位系统的 DOB；文献[116]在非线性系统的控制器设计中引入了 DOB；文献[117]和[118]为了提高 DOB 的观测带宽，提出了一种基于加速度和位置传感器的多传感器 DOB 设计方法，同时在该方法的基础上引入了 Kalman 滤波以提高其精度等。

日本东京工科大学佘锦华提出了等效输入干扰（equivalent input disturbance，EID）的概念[119]，并基于此设计了抑制扰动的鲁棒控制方法。该方法是通过系统设计状态观测器估计出系统的状态量，进而求解出包含干扰在内的等价输入，在利用等价输入和实际系统输入的关系求解出系统的 EID，从而完成对 EID 的补偿[120,121]。该方法与 DOB 在设计思想上有异曲同工之处，因此可以把基于 EID 的扰动抑制鲁棒控制方法看作 DOB 的一种特殊形式。鲁棒内回路补偿器（robust internal loop compensator，RIC）是由韩国学者 Kim 提出的，RIC 通过构造内环反馈和内环鲁棒控制器来实现对系统的干扰抑制[122,123]，该方法结合了自适应鲁棒控制与干扰观测器的优势，通过对内环回路设计 H_∞ 鲁棒控制器来调节系统对于干扰的灵敏度，避免了系统中可能存在的高频谐振，该方法也可以被视为 DOB 的另外一种表现形式[124,125]。

由中国科学院韩京清提出的扩张状态观测器（extended state observer，ESO）是作为自抗扰控制技术的核心内容而提出的[126]，通过将未知干扰作为新的状态变量扩张到状态变量中，然后建立观测器形式的跟踪-微分器，通过适当的选取观测器参数和非线性函数估计出扩张状态。因此，ESO 的主要目的就是通过系统的输入输出获取系统总扰动的实时估计，从而进行干扰的有效补偿，该方法在许多领域得到了应用与改进[127-132]。

近年来，滑模控制由于其自身具有快速切换的变结构特点被学者引入到干扰观测器的设计中，提出了滑模干扰观测器（sliding mode disturbance observer，SMDOB）的设计方法[133-135]，滑模技术的引入有效地估计出系统的等效干扰。美国普渡大学 Yao 提出了自适应鲁棒控制（adaptive robust control，ARC）的设计方法，该方法在基于滑模控制的基础上，引入了自适应参数调节环节，其基本控制结构与干扰观测器相似，采用高增益控制将误差信号及误差的变化率控制在零附近的区域，达到减少跟踪误差的目的[136]。ARC 经过不断发展与改进，在伺服运动控制领域的干扰抑制方面得到了广泛的应用[137-140]。

在干扰补偿的研究中，摩擦作为典型的非线性干扰被广大学者广泛的研究，摩擦补偿问题也成为一个重点的研究问题，在位置伺服系统的干扰补偿研究中，摩擦环节在高速条件下会引起稳态误差；而低速情况下则使系统响应出现爬行、振荡、平顶或稳态误差[141]。针对摩擦补偿方法的研究主要表现为基于摩擦模型的补偿策略[142-147]、不基于摩擦模型的补偿策略[148-154]和基于智能控制方法的补偿策略[155-159]。

3）伺服闭环控制的方法

闭环反馈控制是基于偏差的控制，其基本功能就是抑制不确定量对控制系统的影响，保证闭环系统的稳定性、响应的快速性、控制的准确性，以及控制系统对不确定因素的鲁棒性。

从目前国内外研究情况来看，经过学者的努力研究，针对实际应用的伺服系统控制方法取得了蓬勃的发展。文献[160]针对具有未知死区的伺服系统，提出了一种基于有限时间收敛的终端滑模控制方法，该方法保证了跟踪误差在有限时间内的收敛性，同时也克服了传统终端滑模控制中的奇异性问题，在对飞行仿真转台的实验中，该方法显示了其优越的控制性能。文献[161]在具有摩擦和多变负载的机器人操纵伺服系统中，引入了一种切换自适应跟踪控制方法，并且在两自由度平台上得以验证。文献[162]～[165]提出了一种非奇异的终端滑模控制方法，有效地克服了同步电机控制上的奇异问题，并在同步电机伺服系统上得到了应用。文献[166]针对转台液压伺服系统，在采用少量传感器的情况下，通过精确的非线性跟踪控制方法，在仿真和实验上都得到了理想的效果。文献[167]同样针对液压系统，采用奇异摄动理论，在具有重负载的情况下对其进行控制，同样得到了精确的控制精度。近年来，为了进一步提高伺服系统性能，线性控制、非线性控制和智能控制等控制方法研究越来越深入，例如，神经网络控制[168]、自校正模糊 PID 控制[169,170]、模型参考自适应控制[171,172]和全局预测控制[173]等，尤其是滑模控制方法以其良好的控制性能得到越来越多的关注，被广泛地应用于各类伺服系统的控制中[174-180]。

4）有限时间控制

光电跟踪系统要实现对高动态运动目标的稳定成像和高精度跟踪，就要保证在光学设备曝光之前实现视轴的快速稳定跟踪控制，即动态响应快、跟踪误差小、抗干扰能力强且在有限的时间内达到零跟踪误差，按照传统的渐近稳定准则设计的控制方案显然难以满足上述要求。有限时间控制（finite time control，FTC）正是解决这类快速稳定控制问题的有效方法[181-184]，有限时间稳定注重研究系统的暂态性能，它与通常意义下的稳定性概念截然不同，其目的是使受控系统状态在有限时间内到达系统的平衡点，实现系统有限时间稳定。

1.3.3 已有研究存在的问题

从前面论述中可知，光电跟踪系统的发展研究处于一个蓬勃发展的阶段，视轴稳定控制与高精度跟踪技术是保证光学设备提高成像质量、准确获取运动目标信息的关键技术。虽然目前对光电跟踪系统的研究从多个角度进行，如各种稳像方法和机械框架结构的出现都从不同角度提高了光电跟踪系统的跟踪精度。光电伺服机电系统是光电设备的动力驱动机构，因而从控制的角度上提高光电系统稳定成像与跟踪精度是势在必行的发展趋势。同时，伺服系统的运动控制是一个经久不衰的研究热点，随着技术的发展，光电伺服系统的运动控制问题逐渐被重视，相关的研究也逐渐增加。目前在研究中存在的主要问题如下。

（1）光电跟踪系统建模的问题。

光电跟踪伺服系统中机械谐振、非线性摩擦、力矩耦合及载体运动扰动等因素决定了它是一类难以获得精确模型的复杂非线性不确定系统，从动力学角度出发，如果给定控制器的结构，基于模型参考控制来描述问题，这就要求对控制对象的特性进行探讨，分析对象的特点、系统中扰动源的组成和控制中面临的问题。在传统建模方法中，采用简化的二阶机电模型来研究光电跟踪系统，对于机械刚度不足的系统，由于谐振频率比较靠近中频段，这种简化是否合理，或者在建模误差增大以及系统存在各种不确定干扰的情况下能否按照名义模型进行控制系统设计的讨论比较少，模型建立的准确性直接影响了系统的控制效果。

（2）干扰补偿策略研究的问题。

ESO、EID、DOB 等干扰估计方法的有效性与干扰变化率有直接关系，这些方法很难实现对快速变化干扰的有效估计，研究适应各种干扰变化率的干扰观测器的设计方法是干扰补偿技术有待解决的重要问题；光电跟踪设备要在曝光之前保持影像与成像介质的相对静止，这就要求干扰的有效估计与补偿应在有限时间内完成，而目前正缺少基于有限时间收敛的干扰补偿方法的研究。

（3）运动跟踪控制策略研究的问题。

在实际应用中，传统控制技术在视轴稳定跟踪回路的设计中仍然处于主导地位，常用的方法有 PI 校正、滞后超前校正、最优控制等。从跟踪效果来看，传统的控制方法无法胜任当前一些诸如光学预警等对成像效率要求很高的情况，同时也缺乏对整体控制效果的衡量，因此必须研究新的控制策略。从控制角度出发，充分挖掘系统控制性能的潜力，研究先进跟踪控制策略是保证目标跟踪精度的重要条件。

（4）先进控制结构的研究问题。

在传统的光电跟踪系统控制结构中，多采用双闭环控制方法，内环采用速度稳像回路，外环采用位置跟踪回路，这种双闭环控制结构，结构简单，能够保证一定的跟踪精度要求。但是系统受摩擦、不平衡力矩、载体运动、外部环境等变化干扰的影响，难以实现更高性能的控制要求。

1.4 本书内容安排

本书针对目前存在的问题，为了保证高动态跟踪系统的稳定成像与跟踪精度，对成像系统的视轴稳定和跟踪控制问题进行了深化和提炼，将其归结为一类伺服系统的干扰抑制与跟踪控制问题，从以下几个方面进行研究。

一是面向伺服运动控制中的基础问题的研究。利用动力学、运动学原理及机电模型原理对系统进行建模与分析，分析影响动基座光电跟踪系统稳定成像的主要原因，针对系统的非线性模型采用加性分解原理，从新的角度分析模型及系统中存在的扰动源，讨论控制器和补偿器的设计要求及实现条件。

二是面向伺服运动控制干扰补偿问题的研究。分析 DOB、ESO 等干扰估计方法的特点，从干扰抑制角度出发，设计面向不同控制需求下的干扰补偿方法，以提高系统鲁棒性。

三是面向伺服系统控制结构的研究。分析系统控制结构的特点，从复合轴稳定平台视角出发，对不具备快速反射镜的光电跟踪系统采用虚拟复合轴控制方案，从而提高其跟踪精度。

四是面向伺服运动控制的先进控制器的研究。针对光电跟踪系统对跟踪精度的要求，在不同控制结构下，设计行之有效的控制器，结合加速度控制、滑模控制及有限时间稳定理论研究控制律的求解方法，设计闭环控制器参数的整定算法及收敛性、一致性分析，简化控制器的设计过程，解决闭环系统的快速跟踪问题。

本书的结构安排如图 1.14 所示。

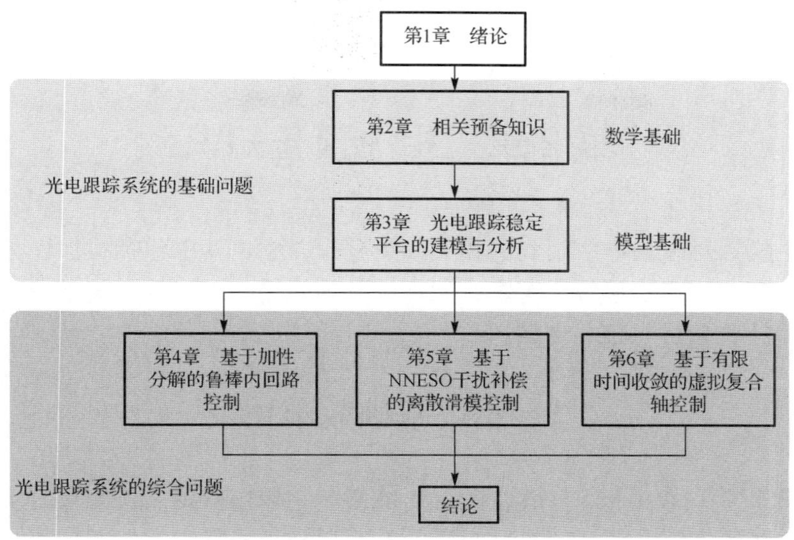

图 1.14 本书结构安排图

第 3 章首先分析影响动基座光电跟踪系统稳定成像的主要原因，从运动学和动力学角度出发对光电跟踪系统进行机理建模，并对伺服系统的机电模型进行深入分析；然后针对系统的非线性模型采用加性分解原理，将稳定跟踪系统合理地分解为两个子系统，其中一个子系统可以被任意设计，另一个子系统表示为原系统与设计子系统的差，即一个是主系统，另一个是辅系统。从新的角度分析模型及系统中存在的扰动源，为后续讨论控制器和补偿器的设计要求及实现条件确立了模型基础。

第 4 章首先结合等效输入干扰理论，将系统扰动源视为等效输入干扰，结合滑模控制理论提出滑模干扰观测器的设计方法，并给出滑模干扰观测器的稳定条件及相关参数的解算方法；然后结合第 3 章中模型的加性分解原理，将干扰补偿后系统分为主系统和辅系统，在这种情况下，将原系统的跟踪问题转化为主系统的跟踪问题和辅系统的稳定问题，明确了系统的控制任务。主系统从加速度层面上出发，给出控制器的设计方案；结合滑模控制理论设计补偿器，以保证辅系统的稳定。

第 5 章从一类动态非线性系统角度出发，研究在有限时间内实现干扰估计的扩张状态观测器的设计方法，结合齐次系统理论，给出了新型非线性扩张状态观测器收敛性证明及相关参数的整定算法。最后，面向光电跟踪系统的设计需求，讨论了基于干扰补偿的闭环控制系统的设计方案及稳定性证明。

第 6 章从具有高跟踪精度的复合轴光电跟踪系统的结构出发，提出虚拟复合轴控制结构的设计思想，从控制角度给出虚拟复合轴结构设计的合理性，结合有限时间理论分析了该控制结构的实现方式与稳定条件。通过虚拟子系统的引入，有效地提高了系统的稳定性与跟踪精度，并针对参数变化的特性，求解了参数的自动更新率。

最后对全书进行了总结，并提出未来的工作。

第 2 章　相关预备知识

本章主要针对本书中所用到的相关知识进行介绍，其中包括：加性分解理论、系统稳定性理论、齐次系统、有限时间理论及等效输入干扰等相关理论，这些内容来自现有的经典教材与相关文献。

2.1　相关基础数学知识

定义 2.1[185]　设函数 $y=g(x)$ 在点 x_0 的某一领域内有定义，如果对于任意给定的正数 ε，总存在着正数 $\delta=\delta(\varepsilon)$，使得对于满足不等式 $|x-x_0|<\delta$ 的一切 x，对应函数值 $g(x)$ 都满足不等式 $|g(x)-g(x_0)|<\varepsilon$，那么就称函数 $g(x)$ 在点 x_0 连续。

定义 2.2[185]　设函数 $y=g(x)$ 在区间 I 上有定义。如果对于任意给定的正数 ε，总存在着正数 $\delta=\delta(\varepsilon)$，使得对于区间上的任意两点 x_1 和 x_2，当 $|x_1-x_2|<\delta$ 时，就有 $|g(x_1)-g(x_2)|<\varepsilon$，那么就称函数 $g(x)$ 在区间 I 上一致连续。

定义 2.3[185]　设函数 $y=g(x)$ 在 x_0 处导数存在，那么就称函数 $g(x)$ 在点 x_0 可微。

定义 2.4[186]　设 X 为一个集合，若在该集合上定义有两种运算，一个称为加法“+”，一个称为数量乘法“·”。加法和数量乘法的结果都是 X 中的元素，且这两种运算满足以下规则。

（1）$\forall x,y\in X, x+y=y+x$。

（2）$\forall x,y,z\in X, (x+y)+z=x+(y+z)$。

（3）存在 X 中的一个元素，称为零元素，记为“0”，使得 $\forall x\in X, x+0=0+x$。

（4）$\forall x\in X$，存在 X 中的一个元素，称为负元素，记为“$-x$”，使得 $x-x=0$。

（5）$\forall a,b\in \mathbf{R}, \forall x,y\in X, (a\cdot b)\cdot x=a\cdot(b\cdot x)$。

（6）$\forall a,b\in \mathbf{R}, \forall x,y\in X, (a+b)\cdot x=a\cdot x+b\cdot x$。

（7）$\forall a\in \mathbf{R}, \forall x,y\in X, a\cdot(x+y)=a\cdot x+a\cdot y$。

（8）$\forall x\in X, 1\cdot x=x$。

则称 X 是线性空间或向量空间。

定义 2.5[186]　设 V 是数域 K 上的线性空间，对任意的 $x\in V$，定义一个实值函数 $\|x\|$，它满足以下三个条件。

（1）非负性：当 $x\neq 0$ 时，$\|x\|>0$；当 $x=0$ 时，$\|x\|=0$。

（2）齐次性：$\|ax\|=|a|\|x\|(a\in K, x\in V)$。

（3）三角不等式：$\|x+y\| \leqslant \|x\|+\|y\|(x,y\in V)$。

则称$\|x\|$为 V 上向量 x 的范数，简称向量范数。

定义 2.6　设 $\boldsymbol{A}\in\mathbf{R}^{m\times n}$，定义一个实数值函数$\|\boldsymbol{A}\|$，满足以下几个条件。

（1）非负性：当 $\boldsymbol{A}\neq\mathbf{0}$ 时，$\|\boldsymbol{A}\|>0$；当 $\boldsymbol{A}=\mathbf{0}$ 时，$\|\boldsymbol{A}\|=0$。

（2）齐次性：$\|\alpha\boldsymbol{A}\|=|\alpha|\|\boldsymbol{A}\|(\alpha\in\mathbf{R})$。

（3）三角不等式：$\|\boldsymbol{A}+\boldsymbol{B}\|\leqslant\|\boldsymbol{A}\|+\|\boldsymbol{B}\|(\boldsymbol{B}\in\mathbf{R}^{m\times n})$。

（4）相容性：$\|\boldsymbol{AB}\|\leqslant\|\boldsymbol{A}\|\|\boldsymbol{B}\|$。

则称$\|\boldsymbol{A}\|$为 $\boldsymbol{A}$ 的矩阵范数。

若按通常的函数加法及函数的乘法，则容易验证 $\mathbf{R}^n$ 为一个线性空间。在空间 $\mathbf{R}^n$ 中，$\forall x=[x_1\ \cdots\ x_n]\in\mathbf{R}^n$，定义 $\|x\|=\left(\sum\limits_{k=1}^{n}x_k^2\right)^{\frac{1}{2}}$，则容易验证$\|\cdot\|$为 $\mathbf{R}^n$ 空间上的范数，也称为欧几里得范数或者 2 范数，记为$\|\cdot\|_2$。本书中所设计的范数大多都是欧几里得范数，因此简化地用$\|\cdot\|$表示欧几里得范数。

2.2　系统稳定性理论

2.2.1　Lyapunov 定义下的稳定[187,188]

考虑自治系统

$$\dot{x}=f(x) \tag{2.1}$$

其中，$f:D\to\mathbf{R}^n$ 是从定义域 $D\subset\mathbf{R}^n$ 到 $\mathbf{R}^n$ 上的局部 Lipschitz 映射，$x=[x_1\ x_2\ \cdots\ x_n]^{\mathrm{T}}$ 为状态变量。记 $x(t,t_0,x_0)$ 是系统（2.1）对应于 t_0 时刻状态 x_0 的系统的状态解，假设 $x_e\in D$ 是系统（2.1）的平衡点，即 $f(x_e)=0$。

下面对系统平衡点 Lyapunov 稳定的定义进行介绍。

定义 2.7　设 x_e 是系统（2.1）的一个平衡点，x_0 为 t_0 时刻的任意初始状态，如果对于任意 $\varepsilon>0$，都存在一实数 $\delta>0$，使得当 $\|x_0-x_e\|<\delta$ 时，都有

$$\|x(t,t_0,x_0)-x_e\|<\varepsilon,\quad t\geqslant t_0 \tag{2.2}$$

则平衡点 x_e 在 Lyapunov 意义下是稳定的。

定义 2.8　如果系统（2.1）的平衡点 x_e 是 Lyapunov 意义下稳定的，且可选择适当的 $\bar{\delta}>0$，使得当 $\|x_0-x_e\|<\bar{\delta}$ 时，有

$$\lim_{t\to\infty}\|x(t,t_0,x_0)-x_e\|=0 \tag{2.3}$$

则平衡点 x_e 在 Lyapunov 定义下是渐近稳定的。

定义 2.9　如果系统（2.1）的平衡点 x_e 在 Lyapunov 意义下是稳定的，且存在实数 $\bar{\delta},\alpha,\lambda>0$，使得当 $\|x_0-x_e\|<\bar{\delta}$ 时，有

$$\|x(t,t_0,x_0)-x_e\|\leqslant\alpha\|x_0-x_e\|\mathrm{e}^{-\lambda(t-t_0)},\quad t\geqslant t_0 \tag{2.4}$$

则平衡点 x_e 在 Lyapunov 定义下是指数稳定的。

Lyapunov 定义下的渐近稳定性相对于稳定性而言，是一个更强的结论，它表明平衡点是系统的一个吸引子。需要指出的是，Lyapunov 定义下的稳定、渐近稳定和指数稳定都是系统的局部性质，也就是说，这些仅限于在平衡点的邻域中研究，且这个邻域有时是非常小的。

为了进一步描述这些特性，考虑初始值远离平衡点是系统的动态性能，需要引入如下全局稳定的概念。

定义 2.10　如果对于任意初始值，系统（2.1）的平衡点 x_e 都在 Lyapunov 定义下是渐近稳定的，则称平衡点 x_e 是全局渐近稳定的。

定义 2.11　如果对于任意初始值，系统（2.1）的平衡点 x_e 都在 Lyapunov 定义下是指数稳定的，那么就称平衡点 x_e 是全局指数稳定的。

2.2.2　Lyapunov 稳定性的判别定理

众所周知，通过做适当变量变换，可以把系统的平衡点变换到坐标原点上，即 $f(0)=0$，因此，为了方便以下定理都是针对平衡点为原点的情况进行讨论的。

引理 2.1[188]（局部稳定的 Lyapunov 定理）　假设 $x=0$ 是系统（2.1）的一个平衡点，$D\subset\mathbf{R}^n$ 是包含原点的定义域。设 $V:D\to\mathbf{R}$ 是连续可微函数，如果

$$\begin{cases}V(0)=0\\ V(x)>0,\quad x\in D\setminus\{0\}\\ \dot{V}(x)\leqslant 0,\quad x\in D\end{cases} \tag{2.5}$$

则原点 $x=0$ 是稳定的。此外，如果

$$\dot{V}(x)<0,\ x\in D\setminus\{0\} \tag{2.6}$$

则原点 $x=0$ 是渐近稳定的。

引理 2.2[188]（全局稳定的 Lyapunov 定理）　假设 $x=0$ 是系统（2.1）的一个平衡点，$V:\mathbf{R}^n\to\mathbf{R}$ 是连续可微函数，如果

$$\begin{cases}V(0)=0\\ V(x)>0,\quad \forall x\neq 0\\ \lim\limits_{\|x\|\to\infty}V(x)\to\infty\\ \dot{V}(x)\leqslant 0,\quad \forall x\neq 0\end{cases} \tag{2.7}$$

则原点 $x=0$ 是全局渐近稳定的。

2.3　有限时间稳定系统

受控系统状态在有限时间内到达系统的平衡点，系统在有限时间内实现稳定，这种稳定方式被称为系统的有限时间收敛。系统有限时间收敛的控制目标就是按照系统状态目标的要求设计系统控制器，保证系统状态在有限时间内达到状态目标值。

2.3.1　有限时间稳定的概念

定义 2.12[189]　考虑系统

$$\dot{x}=f(x,t),\quad f(0,t)=0,\quad x\in\mathbf{R}^n \tag{2.8}$$

其中，$f:U_o\times\mathbf{R}\to\mathbf{R}^n$ 在 $U_o\times\mathbf{R}$ 上连续，而 U_o 是原点 $x=0$ 的一个开邻域。系统的平衡点 $x=0$（局部）有限时间收敛，是指对任意初始时刻 t_o 给定的初始状态 $x(t_o)=x_o\in U$，存在一个依赖于 x_o 的停息时间 $T\geqslant 0$，使得系统方程以 x_o 为初始状态的解 $x(t)=\varphi(t;t_o,x_o)$ 有定义，并且

$$\begin{cases}\lim\limits_{t\to T(x_o)}x(t)=\varphi(t;t_o,x_o)=0\\ \varphi(t;t_o,x_o)=0,\quad t>T(x_o)\end{cases} \tag{2.9}$$

及当 $t\in[t_o,T(x_o))$ 时，$\varphi(t;t_o,x_o)\in U/0$。另外，此系统的平衡点 $x=0$（局部）有限时间稳定，是指它是 Lyapunov 稳定和在原点的一个邻域 $U\in U_o$ 里有限时间收敛。如果 $U=\mathbf{R}^n$，则原点是全局有限时间稳定的平衡点。

对于系统（2.8），有如下关于有限时间稳定理论的引理。

引理 2.3[189]　考虑如上非线性系统(2.8)，假设存在一个定义在原点的邻域 $\hat{U}\subset U_0\subset\mathbf{R}^n$ 上的 C^1 光滑函数 $V(x)$，并且存在实数 $c>0$ 以及 $0<\alpha<1$，使得 $V(x)$ 在 $\hat{U}$ 上正定，$\dot{V}(x,t)(x)+cV^a(x)$ 在 $\hat{U}$ 上负半定，则系统的原点是有限时间稳定的，停止时间依赖于初始值 $x(0)=x_0$，其上界是

$$T_X(x_0)\leqslant\frac{V^{1-\alpha}(x_0)}{c(1-\alpha)} \tag{2.10}$$

其中，x_0 是原点某一开邻域中的任一点，如果 $\hat{U}=\mathbf{R}^n$，并且 $V(x)$ 是径向无界的（即当 $\|x\|\to+\infty$ 时，$v(x)\to+\infty$），则系统（2.8）的原点是全局有限时间稳定的。

引理 2.4[189]　考虑非线性系统(2.8)，假定存在一个定义在原点的邻域 $\hat{U}\subset U_0\subset\mathbf{R}^n$ 上的 C^1 光滑函数 $V(x,t)$，（$V(x,t)=0$ 当且仅当 $x=0$），并且存在实数 $c>0$ 以及 $0<\alpha<1$，使得 $V(x,t)$ 在 $\hat{U}$ 上正定，$\dot{V}(x,t)+cV^a(x,t)$ 在 $\hat{U}$ 上负半定，则 $V(x,t)$ 在有限时间内局部收敛到 0。

引理 2.5[190]　如果一个系统同时满足全局渐近稳定和局部有限时间收敛，那么该系统是全局有限时间稳定的。

引理 2.6[191]　假设存在一个连续、正定的函数$V(t)$，满足以下微分方程：

$$\dot{V}(t) \leqslant -\alpha V^{\eta}(t)\text{，}\quad \forall t>0\text{，}\quad V(t_o)>0 \tag{2.11}$$

其中，常数$\alpha>0$和$0<\eta<1$。则对于任意给定的t_o，存在一个有限时间t_1，使得以下不等式和等式成立：

$$\begin{cases} V^{1-\eta}(t) \leqslant V^{1-\eta}(t_o) - \alpha(1-\eta)(t-t_o) \\ t_o \leqslant t \leqslant t_1 \\ V(t) \equiv 0, \forall t > t_1 \end{cases} \tag{2.12}$$

其中，$t_1 = t_o + \dfrac{V^{1-\eta}(t_o)}{\alpha(1-\eta)}$。

引理 2.7[192]　假设存在一个定义在原点的邻域$U \in \mathbf{R}^n$上的光滑正定函数$V(t)$，满足以下微分方程：

$$\dot{V}(x) \leqslant -l_1 V(x) - l_2 V(x)^{\eta}, \quad x \in U \setminus \{0\} \tag{2.13}$$

其中，常数$l_1>0$，$l_2>0$和$0<\eta<1$，则对于任意给定的t_o，存在一个有限时间t_1，使得$\forall t>t_1$时，$V(t)\equiv 0$，其中，$t_1 \leqslant \dfrac{1}{l_1(1-\eta)} \ln \dfrac{l_1 V^{1-\eta}(x_o) + l_2}{l_2}$。

2.3.2　齐次系统的概念

考虑系统

$$\dot{x} = f(x,t), \quad f(0,t) = 0 \tag{2.14}$$

其中，$x \in \mathbf{R}^n$，f是一连续函数。针对此系统有如下定义。

定义 2.13[193]　令$f(x)$: $\mathbf{R} \to \mathbf{R}^n$为一向量函数，若对任意的$\varepsilon>0$，存在$(r_1, r_2, \cdots, r_n) \in \mathbf{R}^n$，其中，$r_i>0\ (i=1,2,\cdots,n)$，使得系统$f(x)$满足

$$f_i(\varepsilon^{r_1} x_1, \cdots, \varepsilon^{r_n} x_n) = \varepsilon^{k+r_i} f_i(x), \quad i=1,2,\cdots,n \tag{2.15}$$

其中，$k > -\max\{r_i, i=1,2,\cdots,n\}$，则称$f(x)$关于权重$(r_1, r_2, \cdots, r_n)$具有齐次度$k$，且系统（2.14）满足齐次性。

定义 2.14[193]　令$V(x)$: $\mathbf{R} \to \mathbf{R}^n$为一连续标量函数，若对任意的$\varepsilon>0$，存在$\sigma>0$，$(r_1, r_2, \cdots, r_n) \in \mathbf{R}^n$，其中，$r_i>0\ (i=1,2,\cdots,n)$，使得

$$V(\varepsilon^{r_1} x_1, \cdots, \varepsilon^{r_n} x_n) = \varepsilon^{\sigma} V(x), \quad \forall x \in \mathbf{R}^n \tag{2.16}$$

则称$V(x)$关于$(r_1, r_2, \cdots, r_n)$具有齐次度σ，并且$V(x)$满足齐次性。

定义 2.15[193]　针对非线性系统

$$\dot{x} = f(x) + \tilde{f}(x), \quad \tilde{f}(0,t) = 0, \quad x \in \mathbf{R}^n \tag{2.17}$$

如果 $f(x)$ 带有齐次度 k 和权重 $(r_1, r_2, \cdots, r_n)$，并且 $\tilde{f}(x)$ 是连续矢量场，满足

$$\lim_{\varepsilon \to 0} \frac{\tilde{f}(\varepsilon^{r_1} x_1, \varepsilon^{r_2} x_2, \cdots, \varepsilon^{r_n} x_n)}{\varepsilon^{k+r_i}} = 0, \quad \forall x \neq 0, i = 1, 2, \cdots, n \tag{2.18}$$

则系统（2.17）满足局部齐次性。

引理 2.8[194]　假设系统（2.14）具有齐次度 k 和权重 $(r_1, r_2, \cdots, r_n)$，且函数 $f(x)$ 是连续的，$x_e = 0$ 是系统渐近平衡状态点。如果满足 $k < 0$，则系统（2.14）关于 x_e 有限时间稳定；如果式（2.18）成立，则非线性系统（2.17）关于 x_e 局部有限时间稳定。

2.4　加性分解理论

在线性系统中常用的分解方法是叠加原理，侧重于线性的叠加，叠加原理被描述为：线性系统中，多个输入之和在输出的响应等于这些输入在输出的响应之和[195]。加性分解（additive decomposition）与一般线性系统中的分解不同，它被描述为：一个系统的状态可以分解成两个子系统的状态之和，而且这两个子系统中的一个可以被任意设计，另一个可以表示为原系统与设计子系统的差[196,197]。加性分解原理侧重于系统的分解，既适用于线性系统也适用于非线性系统，而叠加原理则可看作加性分解原理在线性系统下的一个特例，加性分解在一些领域已得到了成功的应用[198-200]。

假设原系统如下：

$$\dot{X} = F(t, X, d), \quad X(0) = X_0 \tag{2.19}$$

其中，$X \in S$，S 表示函数的定义域，外部的输入信号为 $d(t) \in \mathbf{R}^n$，假设初始时间 $t_0 = 0$。

假设 2.1　如果在初值 X_0 和外部输入信号 $d(t)$ 的情况下，系统（2.19）在时间 $[0, +\infty)$ 上有唯一解 X^*。

主系统被设计为

$$\dot{X}_p = F_p(t, X_p, d_p), \quad X_p(0) = X_{p,0} \tag{2.20}$$

则辅系统由原系统（2.19）和主系统（2.20）作差求出

$$\dot{X}_s = F(t, X_p + X_s, d) - F_p(t, X_p, d_p), \quad X_s(0) = X_{s,0} \tag{2.21}$$

其中，$X_p, X_s \in S$，S 表示函数的定义域，$X_p \in \mathbf{R}^{n_p}$，$X_s \in \mathbf{R}^{n_s}$，$n = n_p = n_s$，且 d_p 来自主系统。

引理 2.9[196] 在满足假设条件 2.1 的前提下，假设 X_p^* 、 X_s^* 是系统（2.20）和系统（2.21）的解，且系统（2.19）～系统（2.21）的初始条件满足 $X_0 = X_{p,0} + X_{s,0}$，那么 $X^* = X_p^* + X_s^*$。

证明 因为 X_p^* 、 X_s^* 是系统（2.20）和系统（2.21）的解，则

$$\dot{X}_p^* = F_p(t, X_p^*, d_p), \quad \dot{X}_s^* = F(t, X_p^* + X_s^*, d) - F_p(t, X_p^*, d_p)$$

将两式相加，可得

$$\begin{aligned}\dot{X}_p^* + \dot{X}_s^* &= F(t, X_p^* + X_s^*, d) - F_p(t, X_p^*, d_p) + F_p(t, X_p^*, d_p)\\ &= F(t, X_p^* + X_s^*, d)\end{aligned}$$

如果系统（2.19）～系统（2.21）的初始条件满足 $X_0 = X_{p,0} + X_{s,0}$，那么 $X_p^* + X_s^*$ 也是系统（2.19）的解。通过假设 2.1 中解的唯一性，可得 $X^* = X_p^* + X_s^*$。

引理 2.9 中各系统之间的关系可以用图 2.1 表示。

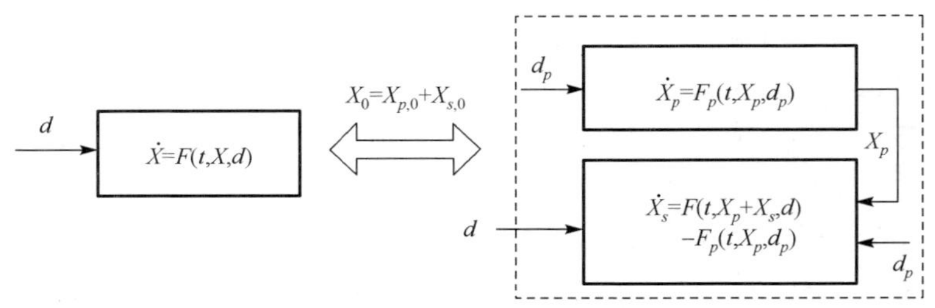

图 2.1 等价关系图

如果将系统分解成 n 个子系统

$$\begin{cases}\dot{X}_{p1} = F_{p1}(t, X_{p1}, d_{p1}), X_{p1}(0) = X_{p1,0}\\ \dot{X}_{p2} = F_{p2}(t, X_{p2}, d_{p2}), X_{p2}(0) = X_{p2,0}\\ \cdots\\ \dot{X}_{pn} = F_{pn}(t, X_{pn}, d_{pn}), X_{pn}(0) = X_{pn,0}\end{cases} \tag{2.22}$$

则辅系统由原系统（2.19）和这 n 个子系统（2.22）作差求出

$$\dot{X}_s = F(t, X_{p1} + X_{p2} + \cdots + X_{pn} + X_s, d) - \sum_{i=1}^{n} F_{pi}(t, X_{pi}, d_{pi}), \quad X_s(0) = X_{s,0} \tag{2.23}$$

其中，$X_{pi}, X_s \in S, i = 1, \cdots, n$，$S$ 表示函数的定义域，且 $X_{pi} \in \mathbf{R}^{n_{pi}}$，$X_s \in \mathbf{R}^{n_s}$，$n = n_{pi} = n_s$，$d_{p1}, \cdots, d_{pn}$ 来至系统分解的 n 个子系统。

推论 2.1 在满足假设 2.1 的前提下，假设 $X_{p1}^*, X_{p2}^*, \cdots, X_{pn}^*, X_s^*$ 是系统（2.22）

和系统（2.23）的解，且系统（2.19）、系统（2.22）、系统（2.23）的初始条件满足 $X_0=\sum_{i=1}^{n}X_{pi,0}+X_{s,0}$，那么 $X^*=\sum_{i=1}^{n}X_{pi}^*+X_s^*$。

证明　因为 $X_{p1}^*,X_{p2}^*,\cdots,X_{pn}^*,X_s^*$ 是系统（2.22）和系统（2.23）的解，则

$$\begin{cases}\dot{X}_{p1}^*=F_{p1}(t,X_{p1}^*,d_{p1})\\ \cdots\\ \dot{X}_{pn}^*=F_{pn}(t,X_{pn}^*,d_{pn})\end{cases}\tag{2.24}$$

$$\dot{X}_s^*=F(t,X_{p1}^*+X_{p2}^*+\cdots+X_{pn}^*+X_s^*,d)-\sum_{i=1}^{n}F_{pi}(t,X_{pi}^*,d_{pi})\tag{2.25}$$

将式（2.24）和式（2.25）相加，可得

$$\begin{aligned}\dot{X}_{p1}^*+\dot{X}_{p2}^*+\cdots+\dot{X}_{pn}^*+\dot{X}_s^*&=\sum_{i=1}^{n}F_{pi}(t,X_{pi}^*,d_{pi})+F(t,X_{p1}^*+X_{p2}^*+\cdots+X_{pn}^*+X_s^*,d)\\&\quad-\sum_{i=1}^{n}F_{pi}(t,X_{pi}^*,d_{pi})\\&=F(t,X_{p1}^*+X_{p2}^*+\cdots+X_{pn}^*+X_s^*,d)\end{aligned}$$

如果系统（2.19）、系统（2.22）、系统（2.23）的初始条件满足 $X_0=\sum_{i=1}^{n}X_{pi,0}+X_{s,0}$，那么 $\sum_{i=1}^{n}X_{pi}^*+X_s^*$ 也是系统(2.19)的解。通过假设 2.1 中解的唯一性，可得 $X^*=\sum_{i=1}^{n}X_{pi}^*+X_s^*$。

推论 2.1 中各系统之间的关系可以用图 2.2 表示。

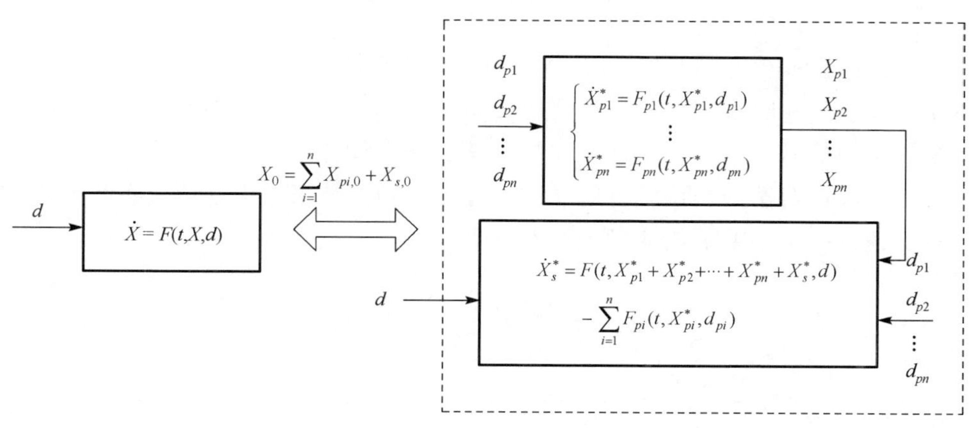

图 2.2　等效关系图

对于一类更加特殊和常见的系统

$$\begin{cases} \dot{x} = f(x) + d_1 \\ y = Cx + d_2 \end{cases} \tag{2.26}$$

其中，$x(t) \in \mathbf{R}^n$，$C \in \mathbf{R}^{m\times n}$，$d_1(t) \in \mathbf{R}^n$ 和 $d_1(t) \in \mathbf{R}^m$ 表示外部输入信号。

假设 2.2　如果在初值 X_0 和外部输入信号 $d_1(t)$、$d_2(t)$ 的情况下，系统（2.26）在时间 $[0,+\infty)$ 上有唯一解 X^*。

假设 2.3　如 $f(x)$ 可以表示为

$$f(x) = L_f(x) + o(\|x\|) \tag{2.27}$$

其中，L_f 是线性泛函，$o(\|x\|)$ 表示高阶项。

推论 2.2　在满足假设 2.2 和假设 2.3 的前提条件下，系统（2.26）可以分解成

$$x = \sum_{i=1}^{n} x_{pi} + x_s$$

$$y = \sum_{i=1}^{n} y_{pi} + y_s$$

其中，x_{pi} 和 y_{pi} 可用线性时不变系统表示，即

$$\begin{cases} \dot{x}_{pi} = L_f(x_{pi}) + d_{1i} \\ y_{pi} = Cy_{pi} + d_{2i}, \quad i = 1,\cdots,n \end{cases}$$

产生，而 x_s 和 y_s 由系统

$$\begin{cases} \dot{x}_s = f(x_s,t) + \left[o\left(\left\| \sum_{i=1}^{n} x_{pi} + x_s \right\| \right) - o(\|x_s\|) \right] \\ y_s = Cx_s \end{cases}$$

产生。

综上所述，推论 2.1 和推论 2.2 是对加性分解原理的一个扩展，在解决一个非线性系统的跟踪问题时，可以将系统分解成两大类系统，其中一类系统（主系统）包含系统的期望信号，而另一类系统（辅系统）则不包含系统的期望信号。因此，在系统设计时，针对第一类系统可以通过选择先进的方法来分析和解决系统的跟踪问题；对于辅系统，主要解决其稳定问题就可以。

2.5　等效输入干扰

图 2.3 所示线性时变系统对象可以表示为

$$\begin{cases} \dot{\boldsymbol{x}}_o(t) = \boldsymbol{A}\boldsymbol{x}_o(t) + \boldsymbol{B}\boldsymbol{u} + \boldsymbol{B}_d\boldsymbol{d}(t) \\ \boldsymbol{y}_o(t) = \boldsymbol{C}\boldsymbol{x}_o(t) \end{cases} \tag{2.28}$$

其中，对象的状态变量为 $\boldsymbol{x}_o \in \mathbf{R}^n$，控制输入为 $\boldsymbol{u} \in \mathbf{R}^{n_u}$， $\boldsymbol{y}_o \in \mathbf{R}^{n_y}$ 是系统输出，且 $n_u < n$，$n_y < n$，系统矩阵 $\boldsymbol{A} \in \mathbf{R}^{n \times n}$，控制矩阵 $\boldsymbol{B} \in \mathbf{R}^{n \times n_u}$，输出 $\boldsymbol{C} \in \mathbf{R}^{n_y \times n}$， $\boldsymbol{B}_d \in \mathbf{R}^{n \times n_d}$， $\boldsymbol{d}(t) \in \mathbf{R}^{n_d}$ 。

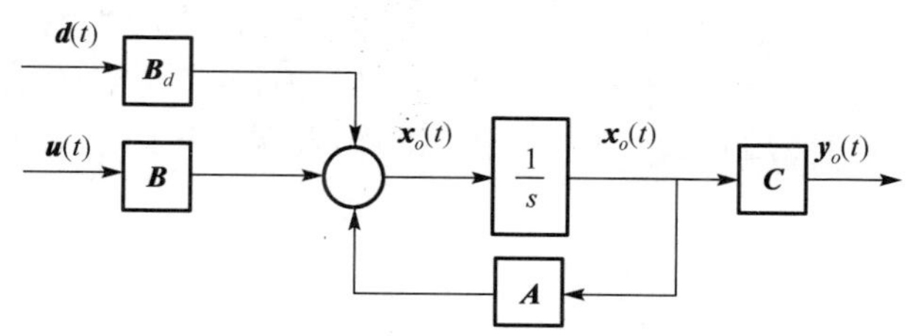

图 2.3　线性时变对象

关于对象进行如下假设。

假设 2.4　系统 $(\boldsymbol{A},\boldsymbol{B},\boldsymbol{C})$ 满足能控且能观测条件。

假设 2.4 简单来说，通过改变控制输入得到理想的跟踪性能，如果控制对象是不能控（或不能观测），那只需要考虑能控能观测部分即可。为了简化研究，这里考虑系统是单输入单输出系统，即 $n_u = n_y = 1$。值得注意的是， $\boldsymbol{B}$ 和 $\boldsymbol{B}_d$ 可能具有不同的维数，所以干扰并非仅仅存在于控制输入上，并且干扰的来源和作用点有很多。然而，假定干扰仅仅在输入通道上存在，其结构如图 2.4 所示。此时，系统可以表示为

$$\begin{cases}\dot{\boldsymbol{x}}(t) = \boldsymbol{A}\boldsymbol{x}(t) + \boldsymbol{B}[u + d_{\mathrm{eq}}(t)] \\ y(t) = \boldsymbol{C}\boldsymbol{x}(t)\end{cases} \tag{2.29}$$

其中，对象的状态变量为 $\boldsymbol{x} \in \mathbf{R}^n$，$u \in \mathbf{R}$ 是系统输入，$y \in \mathbf{R}$ 是系统输出，$d_{\mathrm{eq}}(t) \in \mathbf{R}$ 。

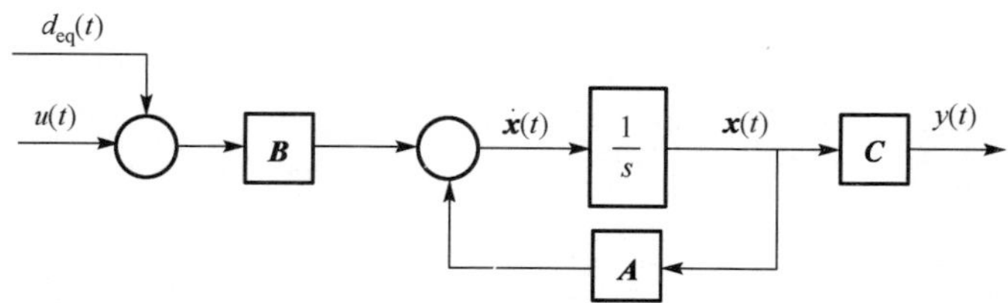

图 2.4　具有等效输入干扰的被控对象

下面给出等效输入干扰的定义。

定义 2.16[201]　对于系统（2.28）和系统（2.29），令控制输入 $u(t) = 0$，系统（2.28）的输出是 $y_o(t)$，系统（2.29）的输出是 $y(t)$ 。如果有 $y(t) \equiv y_o(t)$， $\forall t \geqslant 0$，则称 $d_{\mathrm{eq}}(t)$ 为 $\boldsymbol{d}(t)$ 的等效输入干扰。

如果由干扰 $\boldsymbol{d}(t)$ 所引发的输出轨线是 $y_o(t) \in \varPhi$，那么根据稳态逆的理论[202]，相当于在输入端引入等效输入干扰 $d_{\mathrm{eq}}(t) \in \varPhi$ 而产生相同的轨线。令

$$\varPhi = \left\{ \sum_{i=1}^{n} p_i(t)\sin(\omega_i t + \phi_i) \right\}, \quad t \geqslant 0, \quad n < \infty \tag{2.30}$$

其中，$p_i(t)$ 表示时间 t 的特征多项式函数，ϕ_i 和 ω_i 都是常量，且 $\omega_i \geqslant 0$。

众所周知，由于干扰的存在，系统的性能会受到严重的影响，要想消除干扰对系统性能的影响，可以通过设计 EID 观测器，对 EID 进行实时估计，即获得实际干扰 $\boldsymbol{d}(t)$ 的 EID $d_{\mathrm{eq}}(t)$，然后将 $d_{\mathrm{eq}}(t)$ 补偿到控制输入端，从而消除干扰对系统输出的影响。

2.6 本 章 小 结

本章主要针对本书所用到的有关知识做一个概略性的介绍，包括：相关基础数学知识、系统稳定性理论、有限时间稳定系统和加性分解理论等内容，并对加性分解理论进行了扩展。

第 3 章　光电跟踪稳定平台的建模与分析

提高光电跟踪系统成像质量与跟瞄精度的关键技术就是视轴稳定控制技术，目前普遍采用的核心技术是惯性稳定控制技术。对系统进行稳定控制的前提是要对被控对象本身及其所处环境、受到的扰动等情况有充分的了解和认知，以便为后续控制方法的研究提供理论基础。

本章在介绍稳定平台结构特点的基础上，建立地面、载体、视线和各框架转动系统坐标系，依据牛顿力学建立两轴稳定平台的动力学和运动学模型，同时考虑摩擦力矩、框架质量不平衡等非线性影响，求出各框架运动规律、载体和各框架在转动中的相互耦合作用、各框架伺服电机模型。在此基础上给出简化模型条件，将复杂的、多参数扰动非线性模型简化为常用的状态空间方程和传递函数形式。

3.1　光电跟踪系统的组成及功能

3.1.1　光电跟踪伺服系统的组成

光电跟踪系统是用于对运动目标进行有效跟踪的光学、机电伺服跟踪机构，本书将以机载光电跟踪系统为例进行分析与研究。如图 3.1 所示，光电跟踪系统包括

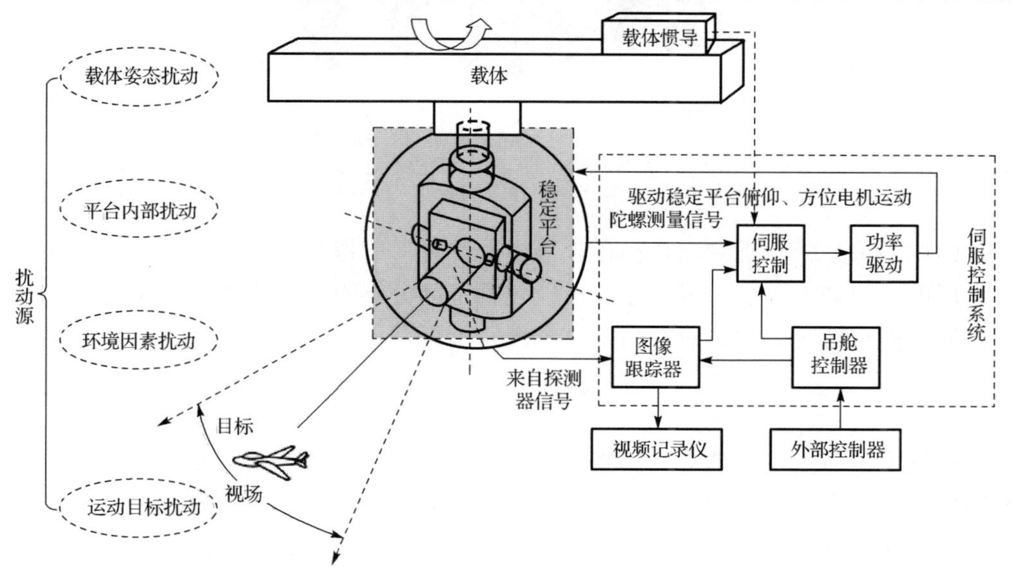

图 3.1　光电跟踪系统组成

机械框架、光学系统和伺服控制系统三大部分，其主要由探测器、图像跟踪器、稳定平台、伺服控制等部分组成。运动目标进行运动时，目标与系统测量基准（视轴）之间会产生偏离量，图像跟踪器通过图像处理和目标识别技术，获得视场内目标图像与视轴之间的夹角信息，即脱靶量，将脱靶量以误差信号的形式输入伺服控制机构，伺服跟踪机构快速驱动稳定平台在方位和俯仰方向动作，减小偏离量，保持视轴对准目标，实现对目标的实时跟踪。

1. 探测器与图像跟踪器

光电探测装置主要负责完成成像、跟踪、测距等任务，图 3.2 描述的是机载吊舱光电探测系统的总体结构示意图。探测器的相关参数要根据载体及运动目标运动环境的特征而选择，系统的稳定跟踪性能也与探测器的光电参数、体积、质量等指标有关。

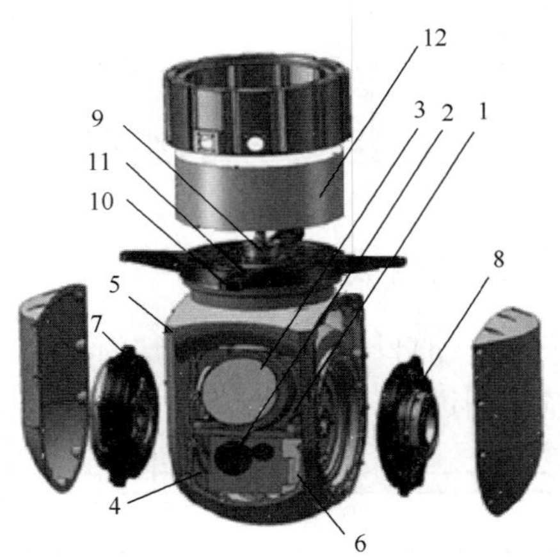

图 3.2　机载吊舱光电探测总体系统结构图

1-红外热像仪；2-CCD 摄像机；3-激光测距机；4-平台俯仰框架；5-平台方位框架；6-陀螺组件；7-俯仰电机；8-俯仰旋变；9-导电滑环；10-方位旋变；11-方位电机；12-伺服控制电路

图像跟踪系统负责测出目标在视场中的位置，成像和跟踪是图像跟踪系统要同时考虑的两个基本性能，成像系统性能包括空间分辨力、扫描速率或速高比等；跟踪性能包括跟踪角位置、跟踪角速度及跟踪精度等。

2. 稳定平台

机械框架在提供物理支撑的基础上保证轴系相对运动，为了减小支撑轴承对轴系回转精度和整套系统寿命的影响，一般选择具有一定的刚度、耐磨性，且摩擦力矩较小的滚动轴承。提高各轴系间的制造装配技术以减小其带来的系统指向误差，同时改善并减小电滑环、线缆、密封圈等在工作过程中产生的干扰力矩。

对于只考虑稳定视轴的情况下，稳定平台通常选择两轴形式，两轴形式又可分为直角坐标结构即方位-俯仰方式和极坐标结构。为了消除载体的三轴速率扰动，三轴稳定平台结构得到了广泛的发展，即在方位、俯仰上再添加滚转框架从而形成三轴稳定跟踪机构，三轴结构可以分为速率陀螺式三轴稳定平台和捷联式三轴稳定平台。

两轴直角结构速率陀螺平台一般安装在飞机腹部、卫星侧窗等，用于探测地面和侧面的目标和环境，该结构平台在日常生活和飞行器导引中获得了广泛的应用，其组成示意图如图 3.2 所示。它在内框平台上安装探测系统和两个速率陀螺，在载体产生三轴速率扰动时，两个单自由度速率陀螺分别敏感平台方位轴和俯仰轴在惯性空间的速率。速率陀螺所测的方位和俯仰方向上的角速率包括了目标运动在像平面上的角速率和载体扰动在像平面上的角速率，它直接反映了在载体扰动和伺服电机偏转综合作用下的光轴角速率信息，通过该信号的反馈控制伺服系统的输出。由于测量的是光轴在视线空间的角速度信号，可以直接引入反馈补偿视线偏差。同时由于载体的滚转通道、方位通道和俯仰通道都会直接反映在视线空间中，以视轴的俯仰和方位角速度形式出现，滚转扰动也包含在内。该结构增加了测量信号的效益，节约了计算时间，提高了控制精度。

3. 伺服控制

伺服控制系统将采集的传感器信息送入到控制量计算单元，解算出控制量，控制各轴系的精确运动。它是实现光电跟踪功能的核心组件，伺服控制部分由伺服电机、角位置和角速度传感器、控制电子线路和陀螺等部件构成。伺服控制电路采用 PWM 或 DA 输出，直接或间接驱动伺服电机运动。控制器在伺服控制系统中起着核心的作用，基本控制方式分为模拟和数字两种。数字控制方式是目前应用最广泛的控制方式，其主要采用 DSP 芯片或微处理器，具有调试方便、算法设计灵活、易于实现等特点。

3.1.2　光电跟踪伺服系统的功能

隔离扰动、保证视轴稳定和目标跟踪是光电探测系统的主要功能，同时光电探测系统结合载体的导航信息可以完成对目标进行精确定位，光电跟踪系统主要包括以下几个功能。

1. 稳定功能

为了获取清晰的图像信息，光电跟踪系统就要保证视轴精确地指向目标，这就要求其具有良好的隔离扰动、保持视轴稳定的功能，如图 3.1 所示，影响系统性能的扰动源主要为载体姿态的扰动、稳定平台内部的扰动、传播介质的扰动以及运动目标的扰动等。

2. 跟踪功能

光电跟踪设备具有依据控制指令对目标区域扫描搜索的功能，初步完成对运动目标的捕获识别功能。在捕获目标后，保持目标处于视场中心，实现视轴对目标的精确跟踪，获取目标相对载体的空间坐标信息。

3. 目标定位与导引功能

在稳定模式下，光电探测系统进行扫描搜索目标，发现目标后，锁定并跟踪目标；此时操控装置发出目标定位指令，实时获取目标的距离信息、坐标信息和载体的导航信息，将这些信息代入目标定位方程并进行解算，求出目标相对载体的定位信息，同时标定在电子地图上，为后续战场形式的评估提供有效的依据。

导引和定位实际上是一对计算上的逆过程，导引是利用其他系统提供的目标在大地坐标系中的坐标，解算出目标相对运动载体的坐标，然后导引光电探测系统在某一区域进行小范围搜索，最终实现减少捕获目标时间的目的。

本章将以两轴直角坐标结构稳定平台为例，重点分析其运动学及动力学模型，并在此基础上研究稳定性、动态特性等基本特性，并给出模型的简化条件，为研究控制跟踪问题提供方便。

3.2 两轴稳定平台建模与分析

为了减少质量和体积，一般的机载视觉探测稳定平台采用两轴结构。由于两轴结构只含两个转动自由度，因此载体自身三轴运动引起的对视线跟踪的扰动，在本质上缺少一个自由度。然而目标跟踪实质是探测器在光轴像平面内对目标像点运动的跟踪，对于只提供目标的视线角信息的探测系统来说，两轴稳定平台的两自由度是可以满足在像平面内对目标运动进行跟踪的。

3.2.1 坐标系的定义

1. 惯性坐标系

惯性坐标系 $O_eX_eY_eZ_e$，坐标原点 O_e 为地球的中心，O_eZ_e 轴与地球自转轴保持一致，指向天文北方，O_eX_e 轴、O_eY_e 轴在地球赤道平面内正交且指向两恒星，与 O_eZ_e 轴垂直并且构成右手坐标系，惯性坐标系又称稳定坐标系，其示意图如图 3.3 所示。

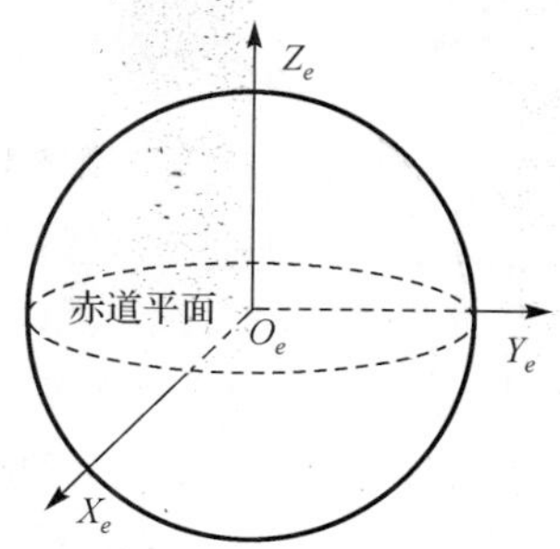

图 3.3　惯性坐标系示意图

2. 载体坐标系

图 3.4 是两轴陀螺稳定平台原理结构和坐标系示意图。平台由方位框和俯仰框组成，方位框与俯仰框的支撑轴相互正交。载体基座坐标系 $OX_dY_dZ_d$（简称载体坐标系）与稳定平台载体固连，描述载体飞行器的运动。载体坐标系的原点规定为平台方位框与俯仰框的支撑轴交点 O，OY_d 轴与载体纵轴重合或平行，正方向指向载体首部，横轴 OX_d 指向载体右侧，OZ_d 垂直于载体平面，$OX_dY_dZ_d$ 坐标系满足右手直角坐标系。

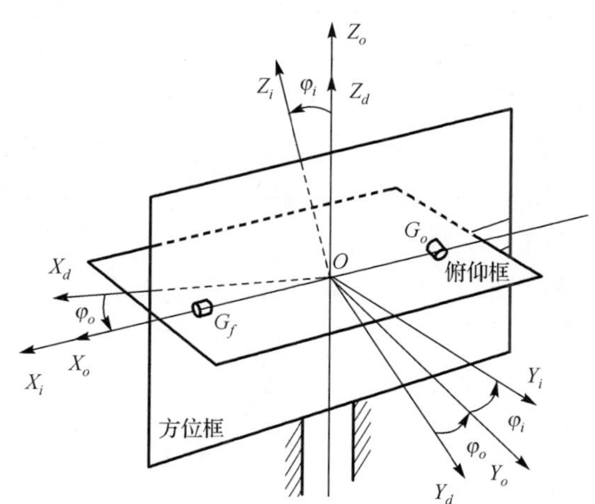

图 3.4　两轴陀螺稳定平台原理结构和坐标系示意图

3. 稳定平台外框架坐标系（方位坐标系）

稳定平台外框坐标系 $OX_oY_oZ_o$ 与稳定平台方位框固连，描述方位框运动。方位框坐标系的原点与载体坐标系的原点重合，方位框作为外框架通过其 Z 轴固定在载体上，初始位置时，方位框的框架平面与载体的纵轴垂直，X_oOZ_o 在外框平台内，OZ_o 沿外框轴方向向上为正，OX_o 沿内框轴方向向左为正，OY_o 按右手坐标系定义。

4. 稳定平台内框架坐标系（俯仰坐标系、视轴坐标系）

稳定平台内框坐标系 $OX_iY_iZ_i$ 与稳定平台俯仰框固连，描述俯仰框运动。俯仰框坐标系的原点与载体坐标系的原点重合，俯仰框通过其 X 轴固定在方位框上，初始位置时，俯仰框的框架平面与载体的纵轴平行，X_iOY_i 在内框平台内，OX_i 沿内框轴方向向左为正，OY_i 沿载体纵轴方向向下为正，OZ_i 按右手系定义。视觉探测器安装在俯仰框上，探测器的光轴与俯仰轴的 Z 平行，OZ_i 轴即视轴。

为了描述运动目标在视场内的运动，有时引入视线坐标系，是光电稳定平台中始终需要稳定的坐标系。视线坐标系与光学探测器固连，描述光学探测器运动，由于光学探测器平面与稳定平台内框（俯仰框）固连，因此视线坐标系即内框坐标系，即视线坐标系与内框坐标系为同一坐标系。速率陀螺 G_f、G_o 是两个单轴速率陀螺，检测平台方位轴和俯仰轴在惯性空间的速率。

以上几个坐标系（除惯性坐标系外）的原点是重合的，下面都记作 O。

3.2.2 坐标变换

1. PIOGRAM 图方法

在进行空间机构的运动分析时，PIOGRAM 图方法可以简单直观地表达多坐标系旋转变换关系，该方法是美国学者 Pio 在 1964 年提出的，它可以清晰直观地用图形的形式将矩阵变换过程表现出来，适合描述各种旋转运动的模拟过程[203]。

假设 $ox_1y_1z_1$ 坐标系绕 oz_1 轴旋转 α 角成为 $ox_2y_2z_2$，用 PIOGRAM 图表示任一点 P 在两个坐标系中坐标变换关系，两个坐标系单位矢量的关系如图 3.5(a)和(b)所示。其中 P 点在 $ox_1y_1z_1$ 系中的坐标为 x_1、y_1、z_1，在 $ox_2y_2z_2$ 系中的坐标为 x_2、y_2、z_2，两个坐标系的单位矢量分别为 $[i_1 \quad j_1 \quad k_1]$ 和 $[i_2 \quad j_2 \quad k_2]$，图 3.5(c)表示的是坐标计算方法。

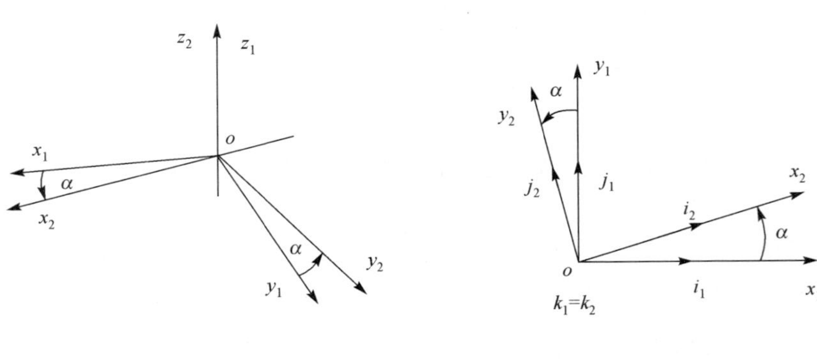

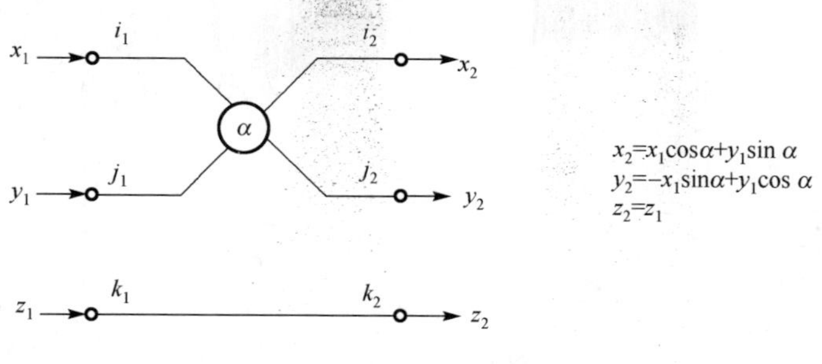

(c) PIOGRAM图及坐标计算公式

图 3.5　PIOGRAM 图坐标变换关系

从图 3.5 中可以看出 $ox_1y_1z_1$ 坐标系到 $ox_2y_2z_2$ 坐标系的变换矩阵为

$$\boldsymbol{T}_{21}=\begin{bmatrix}\cos\alpha & \sin\alpha & 0\\ -\sin\alpha & \cos\alpha & 0\\ 0 & 0 & 1\end{bmatrix}$$

两坐标系中的角速度变换关系也可以用 PIOGRAM 图表示，其表示形式计算公式如图 3.6 所示，其中 $\dot{\alpha}$ 为 $ox_1y_1z_1$ 坐标系绕 oz_1 轴旋转的角速度。

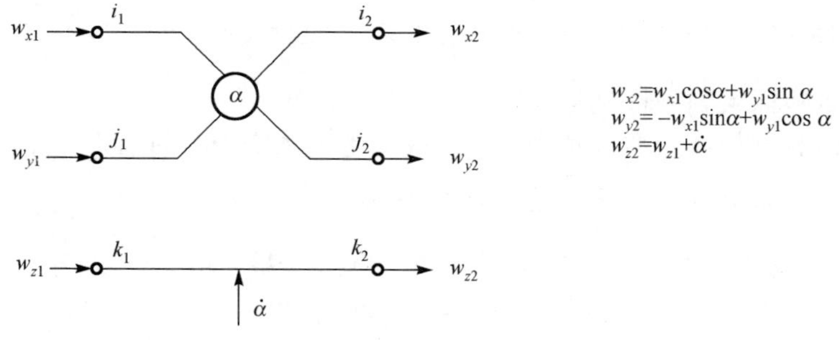

图 3.6　角速度变换关系的 PIOGRAM 图及计算公式

2. 两轴平台的坐标变换

在运动目标跟踪过程中，两轴稳定平台通过控制各个框架的偏转，进而改变探测器的视轴指向，因此在各个框架坐标系之间存在着坐标变换的关系，即坐标变换，坐标变换表示的是将物理量从一个坐标系映射到另一个坐标系的变换关系。两轴平台之间的相对角度、角速度坐标系的关系如图 3.7 所示。图 3.8 描述的是两轴平台坐标系间相对角度和角速度关系的 PIOGRAM 图，根据 PIOGRAM 图的坐标变换的计算方法可以得到以下的变换关系。

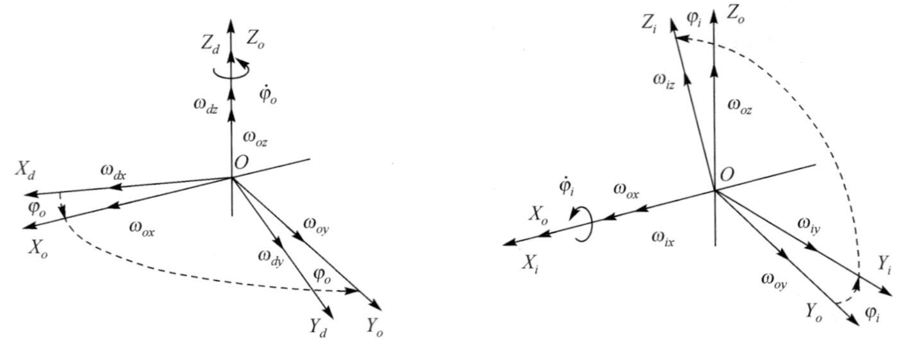

(a) 载体坐标系相对外框坐标系　　(b) 方位坐标系相对内框坐标系

图 3.7　两轴平台坐标系间的相对角度、角速度关系的坐标系旋转示意图

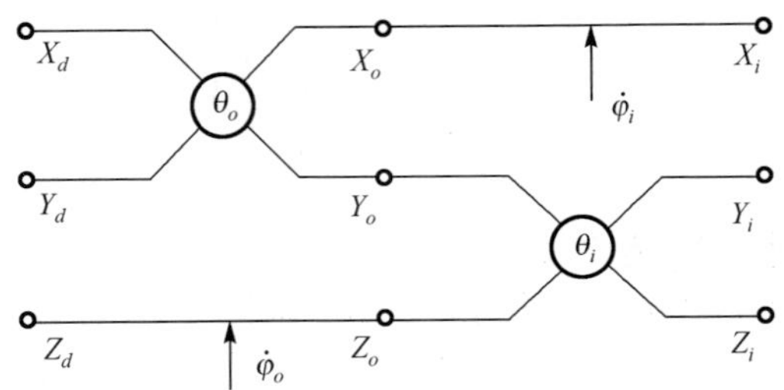

图 3.8　两轴平台坐标系间的相对角度和角速度关系的 PIOGRAM 图

（1）载体坐标系到外框坐标系的变换。

设外框相对于载体的方位角为 φ_o，即载体坐标系绕 OZ_d 轴旋转 φ_o 角得到外框坐标系，载体坐标系到外框坐标系的坐标变换为

$$\boldsymbol{T}_{od}=\begin{bmatrix}\cos\varphi_o & \sin\varphi_o & 0\\ -\sin\varphi_o & \cos\varphi_o & 0\\ 0 & 0 & 1\end{bmatrix}\tag{3.1}$$

（2）外框坐标系到内框坐标系（视轴坐标系）的变换关系。

设内框相对于外框的俯仰角为 φ_i，即外框坐标系绕 OX_o 轴旋转 φ_i 角得到内框坐标系，外框坐标系到内框坐标系的坐标变换为

$$\boldsymbol{T}_{io}=\begin{bmatrix}1 & 0 & 0\\ 0 & \cos\varphi_i & \sin\varphi_i\\ 0 & -\sin\varphi_i & \cos\varphi_i\end{bmatrix}\tag{3.2}$$

以上两个坐标变换矩阵表示的是载体坐标系到外框坐标系（方位坐标系）、外框坐标系到内框坐标系（俯仰坐标系），并且坐标变换过程是可逆的，其逆矩阵表示反

方向变换。坐标变换的定义有助于在不同坐标系中描述角度、角速度及角加速度等物理量。

3.2.3　两轴稳定平台的运动学模型分析

框架在电机的驱动下自身偏转和载体运动都会对视轴产生影响，因此在建模过程中就要考虑框架偏转角速度及载体加速度等物理量，然而这些物理量在不同的坐标系下测得，因此，在建模时需要将这些物理量转换到同一个坐标系内。两轴稳定平台具有两个自由度的旋转，从载体坐标系到视轴坐标系需要经过两次坐标变换。在建模过程中，假设稳定平台各个框架和探测器负载都是刚体，且各个坐标系间没有相对平动，只有相对转动。

1. 框架的角速度

设载体角速度在惯性坐标系中描述为 $\boldsymbol{\omega}_d = [\omega_{dx} \quad \omega_{dy} \quad \omega_{dz}]^{\mathrm{T}}$，通过坐标变换将载体角速度变换到外框坐标系，即

$$\boldsymbol{\omega}_{od} = \boldsymbol{T}_{od}\boldsymbol{\omega}_d \tag{3.3}$$

外框坐标系在惯性空间的外框角速度 $\boldsymbol{\omega}_o = [\omega_{ox} \quad \omega_{oy} \quad \omega_{oz}]^{\mathrm{T}}$ 可以表示成

$$\begin{aligned}
\boldsymbol{\omega}_o &= \boldsymbol{\omega}_{od} + \dot{\boldsymbol{\varphi}}_o = \boldsymbol{T}_{od}\boldsymbol{\omega}_d + \dot{\boldsymbol{\varphi}}_o \\
&= \begin{bmatrix} \cos\varphi_o & \sin\varphi_o & 0 \\ -\sin\varphi_o & \cos\varphi_o & 0 \\ 0 & 0 & 1 \end{bmatrix} [\omega_{dx} \quad \omega_{dy} \quad \omega_{dz}]^{\mathrm{T}} + [0 \quad 0 \quad \dot{\varphi}_o]^{\mathrm{T}} \\
&= \begin{bmatrix} \omega_{dx}\cos\varphi_o + \omega_{dy}\sin\varphi_o \\ -\omega_{dx}\sin\varphi_o + \omega_{dy}\cos\varphi_o \\ \omega_{dz} + \dot{\varphi}_o \end{bmatrix}
\end{aligned} \tag{3.4}$$

其中，$\dot{\boldsymbol{\varphi}}_o = [0 \quad 0 \quad \dot{\varphi}_o]^{\mathrm{T}}$ 中的 $\dot{\varphi}_o$ 定义为外框自身偏转角速度。从式（3.4）中可以看出在外框坐标系内，外框角速度由载体角速度和框架角速度两部分共同构成。

同理，可以推导出视轴坐标系的角速度。利用式（3.2）的坐标变换，将外框角速度变换到视轴坐标系中，得

$$\boldsymbol{\omega}_{io} = \boldsymbol{T}_{io}\boldsymbol{\omega}_o = \boldsymbol{T}_{io}\boldsymbol{T}_{od}\boldsymbol{\omega}_d + \boldsymbol{T}_{io}\dot{\boldsymbol{\varphi}}_o \tag{3.5}$$

设内框角速度在惯性空间中表示为 $\boldsymbol{\omega}_i = [\omega_{ix} \quad \omega_{iy} \quad \omega_{iz}]^{\mathrm{T}}$，则

$$\begin{aligned}
\boldsymbol{\omega}_i &= [\omega_{ix} \quad \omega_{iy} \quad \omega_{iz}]^{\mathrm{T}} = \boldsymbol{\omega}_{io} + \dot{\boldsymbol{\varphi}}_i = \boldsymbol{T}_{io}\boldsymbol{\omega}_o + \dot{\boldsymbol{\varphi}}_i = \boldsymbol{T}_{io}\boldsymbol{T}_{od}\boldsymbol{\omega}_d + \boldsymbol{T}_{io}\dot{\boldsymbol{\varphi}}_o + \dot{\boldsymbol{\varphi}}_i \\
&= \begin{bmatrix} \omega_{dx}\cos\varphi_o + \omega_{dy}\sin\varphi_o + \dot{\varphi}_i \\ -\omega_{dx}\cos\varphi_i\sin\varphi_o + \omega_{dy}\cos\varphi_i\cos\varphi_o + \omega_{dz}\sin\varphi_i + \dot{\varphi}_o\sin\varphi_i \\ \omega_{dx}\sin\varphi_i\sin\varphi_o - \omega_{dy}\sin\varphi_i\cos\varphi_o + \omega_{dz}\cos\varphi_i + \dot{\varphi}_o\cos\varphi_i \end{bmatrix}
\end{aligned} \tag{3.6}$$

其中，$\dot{\boldsymbol{\varphi}}_i = [\dot{\varphi}_i \quad 0 \quad 0]^{\mathrm{T}}$ 中的 $\dot{\varphi}$ 为内框自身偏转角速度。从式（3.6）可以看出视轴坐标系中内框角速度由载体角速度、外框自身偏转角速度和内框自身偏转角速度共同构成。

根据式（3.4）和式（3.6）可知，稳定平台各个框架的角速度都是由两部分构成的：一是载体角速度在各个坐标系的耦合部分；二是各个框架的自身偏转角速度。这表明光电平台的成像质量受电机转动和载体运动的共同影响。

为了保证视轴在惯性空间上的稳定，光电跟踪系统的视轴在方位和俯仰方向上的运动角速度必须为零，即

$$\begin{cases}\omega_{ix} = \cos\varphi_o\omega_{dx} + \sin\varphi_o\omega_{dy} + \dot{\varphi}_i = 0 \\ \omega_{iz} = \omega_{dx}\sin\varphi_i\sin\varphi_o - \omega_{dy}\sin\varphi_i\cos\varphi_o + \omega_{dz}\cos\varphi_i + \dot{\varphi}_o\cos\varphi_i = 0\end{cases} \tag{3.7}$$

根据陀螺组件的安装位置，稳定方式可以分为直接稳定和捷联稳定两种形式，本书采用的系统为直接稳定形式。根据式（3.7）可解出此刻方位和俯仰电机的速度为

$$\begin{cases}\dot{\varphi}_i = -\cos\varphi_o\omega_{dx} - \sin\varphi_o\omega_{dy} = -\omega_{gyro\_x} \\ \dot{\varphi}_o = -(\omega_{dx}\sin\varphi_i\sin\varphi_o - \omega_{dy}\sin\varphi_i\cos\varphi_o - \omega_{dz}\cos\varphi_i)\sec\varphi_i = -\omega_{\mathrm{gyro\_z}}\sec\varphi_i\end{cases} \tag{3.8}$$

其中，$\omega_{\mathrm{gyro\_x}}, \omega_{\mathrm{gyro\_z}}$ 分别表示为俯仰和方位陀螺敏感到的视轴相对惯性系的角速度。为了抑制载体运动所带来的扰动，解算出方位和俯仰框架的补偿角度 φ_i, φ_o，并通过前向通道补偿到系统指令中。

从式（3.8）中可以看出，$\dot{\varphi}_i, \dot{\varphi}_o\cos\varphi_i$ 分别用于补偿载体的扰动角速度，但是当 $\varphi_i = \pm 90^\circ$ 时，$\dot{\varphi}_o\cos\varphi_i$ 将无法补偿，视轴无法实现稳定，这就是所谓的“框架自锁”问题。在跟踪过程中，当 $\varphi_i \to \pm 90^\circ$ 时，要实现目标稳定跟踪 $\varphi_o \to \infty$，此时伺服系统无法提供足够大的角速度对该区域的目标进行跟踪，这类问题称为“跟踪盲区”问题。因此，在两轴框架设计时，要限制俯仰角在 $(-90^\circ, +90^\circ)$ 之内。

保证视轴惯性空间稳定的基本条件是式（3.8），此时视轴滚转方向的角速度分量为

$$\omega_{iy} = -\omega_{dx}\cos\varphi_i\sin\varphi_o + \omega_{dy}\cos\varphi_i\cos\varphi_o + \omega_{dz}\sin\varphi_i + \dot{\varphi}_o\sin\varphi_i \neq 0$$

因此，在两轴光电跟踪系统中，视轴在滚转轴方向上的运动，会引起图像的旋转。如果采用三轴稳定平台，需要在俯仰框上再增加一个自由度，即滚转框架，同样滚转框架上需要安装一个速率陀螺来敏感滚转方向上的扰动量，这样就能消除图像旋转的问题。

2. 框架的角加速度

根据式（3.4）可以求出外框的角加速度，即

$$\dot{\boldsymbol{\omega}}_o = \dot{\boldsymbol{\omega}}_{od} + \ddot{\boldsymbol{\varphi}}_o = \boldsymbol{T}_{od}\dot{\boldsymbol{\omega}}_d + \dot{\boldsymbol{T}}_{od}\boldsymbol{\omega}_d + \ddot{\boldsymbol{\varphi}}_o \tag{3.9}$$

其中，$\dot{\boldsymbol{\omega}}_d = [\dot{\omega}_{dx} \quad \dot{\omega}_{dy} \quad \dot{\omega}_{dz}]^{\mathrm{T}}$ 为载体角加速度，$\ddot{\boldsymbol{\varphi}}_o = [0 \quad 0 \quad \ddot{\varphi}_o]^{\mathrm{T}}$ 为外框架的角加速度，
$\dot{\boldsymbol{T}}_{od} = \begin{bmatrix} -\sin\varphi_o & \cos\varphi_o & 0 \\ -\cos\varphi_o & -\sin\varphi_o & 0 \\ 0 & 0 & 0 \end{bmatrix}$。

将 $\boldsymbol{\omega}_d, \dot{\boldsymbol{\omega}}_d, \boldsymbol{T}_{od}, \dot{\boldsymbol{T}}_{od}, \ddot{\boldsymbol{\varphi}}_o$ 代入式（3.9），求得外框角加速度，即

$$\dot{\boldsymbol{\omega}}_o = \begin{bmatrix} \dot{\omega}_{dx}\cos\varphi_o + \dot{\omega}_{dy}\sin\varphi_o - \omega_{dx}\sin\varphi_o + \omega_{dy}\cos\varphi_o \\ -\dot{\omega}_{dx}\sin\varphi_o + \dot{\omega}_{dy}\cos\varphi_o - \omega_{dx}\cos\varphi_o - \omega_{dy}\sin\varphi_o \\ \dot{\omega}_{dz} + \ddot{\varphi}_o \end{bmatrix} \tag{3.10}$$

同理，对式（3.6）两边求导，可以求出内框的角加速度，即

$$\dot{\boldsymbol{\omega}}_i = \dot{\boldsymbol{\omega}}_{io} + \ddot{\boldsymbol{\varphi}}_i = \dot{\boldsymbol{T}}_{io}\boldsymbol{\omega}_o + \boldsymbol{T}_{io}\dot{\boldsymbol{\omega}}_o + \ddot{\boldsymbol{\varphi}}_i \tag{3.11}$$

其中，$\ddot{\boldsymbol{\varphi}}_i = [\ddot{\varphi}_i \quad 0 \quad 0]^{\mathrm{T}}$ 为内框架的角加速度，$\dot{\boldsymbol{T}}_{io} = \begin{bmatrix} 0 & 0 & 0 \\ 0 & -\sin\varphi_i & \cos\varphi_i \\ 0 & -\cos\varphi_i & -\sin\varphi_i \end{bmatrix}$。

将 $\boldsymbol{\omega}_o, \dot{\boldsymbol{\omega}}_o, \boldsymbol{T}_{io}, \dot{\boldsymbol{T}}_{io}, \ddot{\boldsymbol{\varphi}}_i$ 代入式（3.11），可得内框角加速度，即

$$\dot{\boldsymbol{\omega}}_i = \begin{bmatrix} \dot{\omega}_{dx}\cos\varphi_o - \omega_{dx}\sin\varphi_o + \dot{\omega}_{dy}\sin\varphi + \omega_{dy}\cos\varphi_o + \ddot{\varphi}_i \\ -\dot{\omega}_{dx}\cos\varphi_i\sin\varphi_o + \omega_{dx}\sin\varphi_i\sin\varphi_o - \omega_{dx}\cos\varphi_i\cos\varphi_o + \dot{\omega}_{dy}\cos\varphi_i\cos\varphi_o - \omega_{dy}\sin\varphi_i\cos\varphi_o \\ -\omega_{dy}\cos\varphi_i\sin\varphi_o + \dot{\omega}_{dz}\sin\varphi_i + \omega_{dz}\cos\varphi_i + \ddot{\varphi}_o\sin\varphi_i + \dot{\varphi}_o\cos\varphi_i \\ \dot{\omega}_{dx}\sin\varphi_i\sin\varphi_o + \omega_{dx}\cos\varphi_i\sin\varphi_o + \omega_{dx}\sin\varphi_i\cos\varphi_o - \dot{\omega}_{dy}\sin\varphi_i\cos\varphi_o - \omega_{dy}\cos\varphi_i\cos\varphi_o \\ +\omega_{dy}\sin\varphi_i\sin\varphi_o + \dot{\omega}_{dz}\cos\varphi_i - \omega_{dz}\sin\varphi_i + \ddot{\varphi}_o\cos\varphi_i - \dot{\varphi}_o\sin\varphi_i \end{bmatrix} \tag{3.12}$$

从式（3.10）、式（3.12）可以看出，框架角加速度的构成更加复杂，除了自身的角加速度，载体运动的角速度、角加速度也耦合在框架运动中，影响了框架的运动，同时框架之间的运动也存在耦合，归结起来框架角加速度都是由载体的角速度、角加速度和框架的角速度、角加速度两类参数构成的。在各个框架坐标系内描述角速度和角加速度时，其中都含有载体运动的耦合部分，这正是动基座稳定平台所特有的问题。载体的耦合作用严重影响了视轴的稳定，因此视轴稳定是动基座稳定平台最基本的控制模态，光电跟踪系统要在视轴稳定的前提下跟踪目标，即保证系统在载体运动的条件下具有一定的视轴稳定能力，系统要满足隔离度的指标要求。

3.2.4 两轴稳定平台的动力学模型分析

两轴稳定平台的动力学模型主要是描述视轴的空间角位置、角速度与框架电机

驱动力矩之间的关系，在建模过程中，不考虑弹性因素，假设方位轴和俯仰轴是两个活动的刚体，分别建立每个刚体的动力学模型，然后进行综合分析。

根据欧拉动力学理论[204]，动力学建模的基本关系式为

$$\sum \boldsymbol{M} = \boldsymbol{J}\dot{\boldsymbol{\omega}} + \boldsymbol{\omega} \times \boldsymbol{J}\boldsymbol{\omega} \tag{3.13}$$

其中，$\sum \boldsymbol{M}$ 为合成力矩向量，$\boldsymbol{J}$ 为转动惯量矩阵，$\boldsymbol{\omega}$ 为角速度向量。假设框架的转动惯量与惯性主轴一致，转动惯量矩阵为对角阵，即外框架的转动惯量矩阵为 $\boldsymbol{J}_o = \mathrm{diag}(J_{ox}, J_{oy}, J_{oz})$，内框架的转动惯量矩阵为 $\boldsymbol{J}_i = \mathrm{diag}(J_{ix}, J_{iy}, J_{iz})$。

1. 内框动力学模型

根据式（3.13），内框动力学方程为

$$\sum \boldsymbol{M}_i = \boldsymbol{J}_i\dot{\boldsymbol{\omega}}_i + \boldsymbol{\omega}_i \times \boldsymbol{J}_i\boldsymbol{\omega}_i \tag{3.14}$$

其中，$\sum \boldsymbol{M}_i$ 为内框合成力矩，且

$$\sum \boldsymbol{M}_i = \begin{bmatrix} \sum M_{ix} \\ \sum M_{iy} \\ \sum M_{iz} \end{bmatrix} = \begin{bmatrix} M_{\mathrm{dri\_i}} - M_{fi} - M_{ci} - B_{fi}\dot{\varphi}_i \\ M_{\mathrm{cou\_iy}} \\ M_{\mathrm{cou\_iz}} \end{bmatrix} \tag{3.15}$$

其中，$M_{\mathrm{dri\_i}}$ 为内框电机的驱动力矩，M_{fi} 为内框上的摩擦干扰力矩，M_{ci} 为内框上的电缆柔性干扰力矩，B_{fi} 为内框上的黏性摩擦阻尼系数，$M_{\mathrm{cou\_iy}}, M_{\mathrm{cou\_iz}}$ 是外框对内框耦合力矩在视轴坐标系中的分量。

将式（3.14）展开可得

$$\begin{bmatrix} \sum M_{ix} \\ \sum M_{iy} \\ \sum M_{iz} \end{bmatrix} = \begin{bmatrix} J_{ix}\dot{\omega}_{ix} + (J_{iz} - J_{iy})\omega_{iy}\omega_{iz} \\ J_{iy}\dot{\omega}_{iy} + (J_{ix} - J_{iz})\omega_{iz}\omega_{ix} \\ J_{iz}\dot{\omega}_{iz} + (J_{iy} - J_{ix})\omega_{ix}\omega_{iy} \end{bmatrix} \tag{3.16}$$

将式（3.15）代入式（3.16）可得

$$\begin{cases} M_{\mathrm{dri\_i}} - M_{fi} - M_{ci} - k_{fi}\dot{\varphi}_i = J_{ix}\dot{\omega}_{ix} + (J_{iz} - J_{iy})\omega_{iy}\omega_{iz} \\ M_{\mathrm{cou\_iy}} = J_{iy}\dot{\omega}_{iy} + (J_{ix} - J_{iz})\omega_{iz}\omega_{ix} \\ M_{\mathrm{cou\_iz}} = J_{iz}\dot{\omega}_{iz} + (J_{iy} - J_{ix})\omega_{ix}\omega_{iy} \end{cases} \tag{3.17}$$

令 $M_{\mathrm{unb\_ix}}, M_{\mathrm{unb\_iy}}, M_{\mathrm{unb\_iz}}$ 分别是由内框质量不平衡所导致的干扰力矩在视轴坐标系中的三个分量，即

$$\begin{cases} M_{\text{unb\_ix}} = (J_{iz} - J_{iy})\omega_{iy}\omega_{iz} \\ M_{\text{unb\_iy}} = (J_{ix} - J_{iz})\omega_{iz}\omega_{ix} \\ M_{\text{unb\_iz}} = (J_{iy} - J_{ix})\omega_{ix}\omega_{iy} \end{cases} \tag{3.18}$$

根据式（3.17）和式（3.18）可得内框三个方向上的动力学模型，即

$$\begin{cases} M_{\text{dri\_i}} - M_{fi} - M_{ci} - M_{\text{unb\_ix}} - B_{fi}\dot{\varphi}_i = J_{ix}\dot{\omega}_{ix} \\ M_{\text{cou\_iy}} - M_{\text{unb\_iy}} = J_{iy}\dot{\omega}_{iy} \\ M_{\text{cou\_iz}} - M_{\text{unb\_iz}} = J_{iz}\dot{\omega}_{iz} \end{cases} \tag{3.19}$$

因为内框只在 OX_i 轴方向具有转动自由度，所以内框在其轴方向上的动力学模型为

$$M_{\text{dri\_i}} - M_{fi} - M_{ci} - M_{\text{unb\_ix}} - B_{fi}\dot{\varphi}_i = J_{ix}\dot{\omega}_{ix} \tag{3.20}$$

2. 外框动力学模型

根据式（3.13），外框动力学方程为

$$\sum \boldsymbol{M}_o = \boldsymbol{J}_o\dot{\boldsymbol{\omega}}_o + \boldsymbol{\omega}_o \times \boldsymbol{J}_o\boldsymbol{\omega}_o + \left[\sum \boldsymbol{M}_i\right]_o \tag{3.21}$$

其中，$\sum \boldsymbol{M}_o$ 为外框合成力矩，且

$$\sum \boldsymbol{M}_o = \begin{bmatrix} \sum M_{ox} \\ \sum M_{oy} \\ \sum M_{oz} \end{bmatrix} = \begin{bmatrix} M_{\text{cou\_ox}} \\ M_{\text{cou\_oy}} \\ M_{\text{dri\_o}} - M_{fo} - M_{co} - B_{fo}\dot{\varphi}_o \end{bmatrix} \tag{3.22}$$

其中，$M_{\text{cou\_ox}}, M_{\text{cou\_oy}}$ 为框架间耦合力矩在外框坐标系中的分量，$M_{\text{dri\_o}}$ 为外框电机的驱动力矩，M_{fo} 为外框上的黏性阻尼系数，M_{co} 为外框上的电缆柔性干扰力矩，B_{fo} 为外框上的黏性摩擦阻尼系数。$\left[\sum \boldsymbol{M}_i\right]_o$ 是内框对外框反作用力矩在外框坐标系中的投影，也就是框架间的耦合效应，即内框合力矩经坐标变换到外框坐标系的结果。对式（3.16）进行坐标变换得

$$\begin{bmatrix} \left[\sum \boldsymbol{M}_i\right]_{ox} \\ \left[\sum \boldsymbol{M}_i\right]_{oy} \\ \left[\sum \boldsymbol{M}_i\right]_{oz} \end{bmatrix} = \boldsymbol{T}_{io}^{-1} \begin{bmatrix} \sum M_{ix} \\ \sum M_{iy} \\ \sum M_{iz} \end{bmatrix} = \begin{bmatrix} \sum M_{ix} \\ \sum M_{iy}\cos\varphi_i - \sum M_{iz}\sin\varphi_i \\ \sum M_{iy}\sin\varphi_i + \sum M_{iz}\cos\varphi_i \end{bmatrix}$$

$$= \begin{bmatrix} J_{ix}\dot{\omega}_{ix} + (J_{iz} - J_{iy})\omega_{iy}\omega_{iz} \\ J_{iy}\dot{\omega}_{iy}\cos\varphi_i + (J_{ix} - J_{iz})\omega_{iz}\omega_{ix}\cos\varphi_i - J_{iz}\dot{\omega}_{iz}\sin\varphi_i - (J_{iy} - J_{ix})\omega_{ix}\omega_{iy}\sin\varphi_i \\ J_{iy}\dot{\omega}_{iy}\sin\varphi_i + (J_{ix} - J_{iz})\omega_{iz}\omega_{ix}\sin\varphi_i + J_{iz}\dot{\omega}_{iz}\cos\varphi_i + (J_{iy} - J_{ix})\omega_{ix}\omega_{iy}\cos\varphi_i \end{bmatrix} \tag{3.23}$$

其中，$\boldsymbol{T}_{io}^{-1}=\begin{bmatrix}1 & 0 & 0\\ 0 & \cos\varphi_i & -\sin\varphi_i\\ 0 & \sin\varphi_i & \cos\varphi_i\end{bmatrix}$。

将式（3.21）展开可得

$$\begin{bmatrix}\sum M_{ox}\\ \sum M_{oy}\\ \sum M_{oz}\end{bmatrix}=\begin{bmatrix}J_{ox}\dot{\omega}_{ox}+(J_{oz}-J_{oy})\omega_{oy}\omega_{oz}\\ J_{oy}\dot{\omega}_{oy}+(J_{ox}-J_{oz})\omega_{oz}\omega_{ox}\\ J_{oz}\dot{\omega}_{oz}+(J_{oy}-J_{ox})\omega_{ox}\omega_{oy}\end{bmatrix}+\begin{bmatrix}\left[\sum \boldsymbol{M}_i\right]_{ox}\\ \left[\sum \boldsymbol{M}_i\right]_{oy}\\ \left[\sum \boldsymbol{M}_i\right]_{oz}\end{bmatrix} \tag{3.24}$$

$$\begin{cases}M_{\mathrm{cou\_ox}}=J_{ox}\dot{\omega}_{ox}+(J_{oz}-J_{oy})\omega_{oy}\omega_{oz}+J_{ix}\dot{\omega}_{ix}+(J_{iz}-J_{iy})\omega_{iy}\omega_{iz}\\ M_{\mathrm{cou\_oy}}=J_{oy}\dot{\omega}_{oy}+(J_{ox}-J_{oz})\omega_{oz}\omega_{ox}+J_{iy}\dot{\omega}_{iy}\cos\varphi_i+(J_{ix}-J_{iz})\omega_{iz}\omega_{ix}\cos\varphi_i\\ \qquad -J_{iz}\dot{\omega}_{iz}\sin\varphi_i-(J_{iy}-J_{ix})\omega_{ix}\omega_{iy}\sin\varphi_i\\ M_{\mathrm{dri\_o}}-M_{fo}-M_{co}-B_{fo}\dot{\varphi}_o=J_{oz}\dot{\omega}_{oz}+(J_{oy}-J_{ox})\omega_{ox}\omega_{oy}+J_{iy}\dot{\omega}_{iy}\sin\varphi_i\\ \qquad +(J_{ix}-J_{iz})\omega_{iz}\omega_{ix}\sin\varphi_i+J_{iz}\dot{\omega}_{iz}\cos\varphi_i+(J_{iy}-J_{ix})\omega_{ix}\omega_{iy}\cos\varphi_i\end{cases} \tag{3.25}$$

令 $M_{\mathrm{unb\_ox}},M_{\mathrm{unb\_oy}},M_{\mathrm{unb\_oz}}$ 分别为外框和内框的质量不平衡导致的干扰力矩在外框坐标系中的三个分量，即

$$\begin{cases}M_{\mathrm{unb\_ox}}=(J_{oz}-J_{oy})\omega_{oy}\omega_{oz}+(J_{iz}-J_{iy})\omega_{iy}\omega_{iz}\\ M_{\mathrm{unb\_oy}}=(J_{ox}-J_{oz})\omega_{oz}\omega_{ox}+(J_{ix}-J_{iz})\omega_{iz}\omega_{ix}\cos\varphi_i-(J_{iy}-J_{ix})\omega_{ix}\omega_{iy}\sin\varphi_i\\ M_{\mathrm{unb\_oz}}=(J_{oy}-J_{ox})\omega_{ox}\omega_{oy}+(J_{ix}-J_{iz})\omega_{iz}\omega_{ix}\sin\varphi_i+(J_{iy}-J_{ix})\omega_{ix}\omega_{iy}\cos\varphi_i\end{cases} \tag{3.26}$$

根据式（3.25）和式（3.26）可得外框三个坐标方向的动力学模型，即

$$\begin{cases}M_{\mathrm{cou\_ox}}-M_{\mathrm{unb\_ox}}=J_{ox}\dot{\omega}_{ox}+J_{ix}\dot{\omega}_{ix}\\ M_{\mathrm{cou\_oy}}-M_{\mathrm{unb\_oy}}=J_{oy}\dot{\omega}_{oy}+J_{iy}\dot{\omega}_{iy}\cos\varphi_i-J_{iz}\dot{\omega}_{iz}\sin\varphi_i\\ M_{\mathrm{dri\_o}}-M_{fo}-M_{co}-M_{\mathrm{unb\_oz}}-B_{fo}\dot{\varphi}_o=J_{oz}\dot{\omega}_{oz}+J_{iy}\dot{\omega}_{iy}\sin\varphi_i+J_{iz}\dot{\omega}_{iz}\cos\varphi_i\end{cases} \tag{3.27}$$

令内框对外框的耦合力矩为 $M_{\mathrm{oz\_i}}=J_{iy}\dot{\omega}_{iy}\sin\varphi_i+J_{iz}\dot{\omega}_{iz}\cos\varphi_i$。外框只在 oz_o 轴方向上具有转动自由度，因此外框的动力学模型可描述为

$$M_{\mathrm{dri\_o}}-M_{fo}-M_{co}-M_{\mathrm{unb\_oz}}-M_{\mathrm{oz\_i}}-B_{fo}\dot{\varphi}_o=J_{oz}\dot{\omega}_{oz} \tag{3.28}$$

根据式（3.20）和式（3.28），两轴稳定平台的动力学模型为

$$\begin{cases}M_{\mathrm{dri\_i}}-M_{fi}-M_{ci}-M_{\mathrm{unb\_ix}}-B_{fi}\dot{\varphi}_i=J_{ix}\dot{\omega}_{ix}\\ M_{\mathrm{dri\_o}}-M_{fo}-M_{co}-M_{\mathrm{unb\_oz}}-M_{\mathrm{oz\_i}}-B_{fo}\dot{\varphi}_o=J_{oz}\dot{\omega}_{oz}\end{cases} \tag{3.29}$$

动力学模型的左边是框架的合成力矩，右边都是框架的转动惯量和角加速度。由式（3.29）可以得到以下结论。

（1）框架的动力学方程比较复杂，非线性干扰力矩主要包括：摩擦力矩、电缆柔性干扰力矩、质量不平衡导致的扰动力矩、框架间的耦合力矩等。

（2）从式（3.18）和式（3.26）中可以看出，由质量不平衡所导致的干扰力矩结构比较复杂，其中包括框架自身的转动惯量、随之运动的内部框架和负载的转动惯量、框架各个方向下的角速度分量等因素。为了减少此类干扰力矩，在机械安装过程中应注意提高机械加工及装备精度、合理调整机械部件安装位置以及配重等措施，合理配置各框架的转动惯量，使转动惯量呈轴对称分布来减小转动惯量耦合程度。

（3）框架间的耦合力矩是两轴框架结构系统不可避免的，内层框架对外层框架有负载耦合力矩效应，内框是最内层框架，不含负载耦合力矩，外框受到内框的负载耦合力矩的影响。

（4）在光电设备工作时，各框架轴系通过自身运动来补偿载体的姿态扰动，摩擦力矩在运动过程中不可避免对其带来的影响，主要表现为低速爬行、死区、平顶等现象。另外，载体姿态的扰动也是通过摩擦传递给光电跟踪系统的，其严重影响了视轴的稳定性，因此摩擦力矩是系统中的主要干扰力矩，需要采用先进的补偿方法对其进行有效抑制，以保证视轴能精确地指向目标。

从动力学模型考虑了影响探测器视轴运动各种驱动力矩和干扰力矩，情况比较复杂，一般在工程应用中，通过合理的措施可以抑制或减小干扰的影响，对模型进行简化。

简化条件Ⅰ：假设通过提高机械加工和装配精度，对机械部件合理安装、配重，使得各个框架的转动惯量呈轴对称分布，这样就可以忽略由式（3.18）和式（3.26）定义的质量不平衡扰动力矩对系统的影响，即

$$M_{\text{unb\_ix}} \approx 0,\quad M_{\text{unb\_iy}} \approx 0,\quad M_{\text{unb\_iz}} \approx 0,\quad M_{\text{unb\_ox}} \approx 0,\quad M_{\text{unb\_oy}} \approx 0,\quad M_{\text{unb\_oz}} \approx 0$$

另外，通过提高机械加工和装配精度，减小轴承摩擦系数，保持良好的润滑条件等措施，未知扰动 M_{fi}、M_{ci}、M_{fo}、M_{co} 对系统的影响减小，但是在某些场合不能完全忽略摩擦、电缆柔性等扰动力矩的影响，因此在后续的分析和仿真实验时，模型中保留此部分的干扰。将不平衡力矩不能完全近似为零的部分、框架间的耦合力矩和电缆柔性扰动力矩定义为未知扰动，即

$$M_{di} = M_{ci} + M_{\text{unb\_ix}},\quad M_{do} = M_{co} + M_{\text{unb\_oz}} + M_{\text{oz\_i}} \tag{3.30}$$

此时，近似认为各个框架的转动惯量呈轴对称分布，两轴稳定平台的动力学模型可以简化为

$$\begin{cases} M_{\text{dri\_i}} - M_{fi} - M_{di} - B_{fi}\dot{\varphi}_i = J_i\dot{\omega}_{ix} \\ M_{\text{dri\_o}} - M_{fo} - M_{do} - B_{fo}\dot{\varphi}_o = (J_o + J_i)\dot{\omega}_{oz} \end{cases} \tag{3.31}$$

3.3　机电模型的分析

两轴稳定平台的每一个自由度都是一个典型的运动控制伺服系统，3.2 节给出的稳定平台动力学模型是框架及负载的动力学模型，两轴稳定平台的各个框架都是由直流力矩电机直接驱动的，对于整个框架系统而言，框架电机还包含了电流环和其他内在因素，因此需要对上述模型（3.31）作进一步分析。直流电机凭其工作特性好、数学模型简单的优势，作为执行元件被广泛地应用于高精度伺服系统中。下面就介绍以直流电机为驱动的稳定平台系统的数学模型。平台框架作为惯性负载被加载在驱动力矩电机的轴系上，其结构如图 3.9 所示。

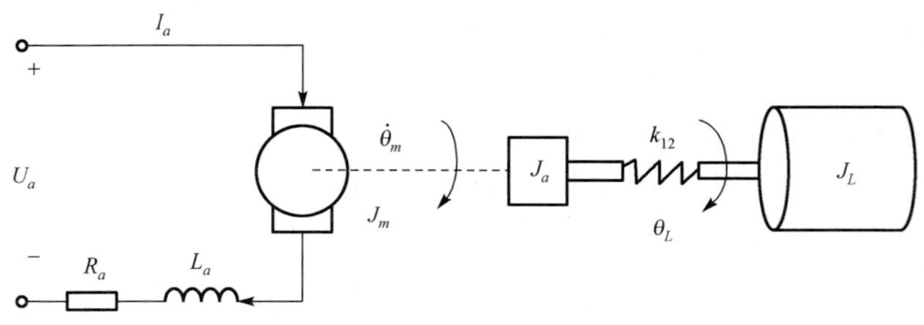

图 3.9　电机-传动机构-负载模型

3.3.1　采用直流力矩电机驱动的系统数学模型

考虑机械谐振模态的直流电机模型情况下，采用双质量体模型描述的系统动态结构如下：

$$R_a i + L_a \frac{\mathrm{d}i}{\mathrm{d}t} + K_e \dot{\theta}_m = u_m \tag{3.32a}$$

$$M_{dir} = K_t i \tag{3.32b}$$

$$J_m \ddot{\theta}_m + B_m \dot{\theta}_m = M_{\mathrm{dir}} - M_l \tag{3.32c}$$

$$M_l = K_s(\theta_m - \theta_l) \tag{3.32d}$$

$$J_l \ddot{\theta}_l + B_l \dot{\theta}_l = M_l - M_d \tag{3.32e}$$

其中，R_a 为电枢电阻，L_a 为电枢电感，i 为电枢电流，K_e 为反电动势系数，θ_m 为电机转角，M_{dir} 为电机输出力矩，K_t 为电磁转矩常数，J_m 为电机转动惯量，B_m 为电机端黏性阻尼系数，M_l 为扭转力矩，K_s 为转轴的机械刚度，θ_l 为负载的转角，(即框架相对角度，它可以表示为内框自身的偏转角 φ_i 或外框自身的偏转角 φ_o)，J_l

为负载转动惯量，B_l 为负载端黏性阻尼系数，M_d 为扰动力矩，包括摩擦力矩、耦合力矩及外部干扰力矩等。

假设系统为完全刚性，即 $K_s = \infty$，则 $\theta_l = \theta_m = \theta$，这里用 θ 表示框架伺服系统的角位置。根据式（3.32a）和式（3.32b），电机电流环模型为

$$\begin{aligned} M_{\text{dir}} &= \frac{K_t}{L_a s + R_a}(u_m - K_e \dot{\theta}_m) \\ &= \frac{K_t}{L_a s + R_a}(u_m - K_e \dot{\theta}_l) \end{aligned} \tag{3.33}$$

考虑电流时间常数比较小，对系统动态性能影响较小，对电机电流模型进行简化。

简化条件 II：电枢电感 $L_a \approx 0$。

于是电机电流环模型简化为

$$M_{\text{dir}} = \frac{K_t}{R_a}(u_m - K_e \dot{\theta}_l) \tag{3.34}$$

把电机环简化模型式（3.34）代入式（3.31）中，可得两轴稳定平台的两个框架的机电模型，即

$$\begin{cases} \dfrac{K_{ti}}{R_{ai}}(u_{mi} - K_{ei}\dot{\varphi}_i) - M_{fi} - M_{di} - B_{fi}\dot{\varphi}_i = J_i \dot{\omega}_{ix} \\ \dfrac{K_{to}}{R_{ao}}(u_{mo} - K_{eo}\dot{\varphi}_o) - M_{fo} - M_{do} - B_{fo}\dot{\varphi}_o = (J_o + J_i)\dot{\omega}_{oz} \end{cases} \tag{3.35}$$

根据式（3.4）和式（3.6）可知

$$\begin{cases} \dot{\varphi}_i = \omega_{ix} - \omega_{dx}\cos\varphi_o - \omega_{dy}\sin\varphi_o \\ \dot{\varphi}_o = \omega_{oz} - \omega_{dz} \end{cases} \tag{3.36}$$

将式（3.36）代入式（3.35）整理可得

$$\begin{cases} \omega_{ix} = \dfrac{K_{ti}u_{mi}}{J_i R_{ai} s + (K_{ti}K_{ei} + R_{ai}B_{fi})} - \dfrac{R_{ai}(M_{fi} + M_{di})}{J_i R_{ai} s + (K_{ti}K_{ei} + R_{ai}B_{fi})} + \dfrac{K_{ti}K_{ei}(\omega_{dy}\sin\varphi_o + \omega_{dx}\cos\varphi_o)}{J_i R_{ai} s + (K_{ti}K_{ei} + R_{ai}B_{fi})} \\ \omega_{oz} = \dfrac{K_{to}u_{mo}}{(J_o + J_i)R_{ao} s + (K_{to}K_{eo} + R_{ao}B_{fo})} - \dfrac{R_{ao}(M_{fo} + M_{do})}{(J_o + J_i)R_{ao} s + (K_{to}K_{eo} + R_{ao}B_{fo})} \\ \qquad + \dfrac{K_{to}K_{eo}\omega_{dz}}{(J_o + J_i)R_{ao} s + (K_{to}K_{eo} + R_{ao}B_{fo})} \end{cases} \tag{3.37}$$

根据式（3.37）可以得到以下结论。

（1）未知扰动包含了不可测量和不可精确建模的扰动因素。

（2）载体对视轴角速度的耦合扰动是载体角速度经坐标变换和反电动势系数 K_{ei}、K_{eo}，力矩系数 K_{ti}、K_{to}，摩擦阻尼系数 k_{fi}、k_{fo} 等因素共同作用的结果。载体运动的三轴角速度对两轴稳定平台的视轴角速度具有耦合影响，载体的方位和俯仰角速度经过坐标变换耦合到两轴稳定平台的内框俯仰通道，载体的滚转角速度直接耦合到两轴稳定平台的外框方位通道。

将干扰按照来自框架自身的扰动和来自载体的扰动分类，令

$$\begin{cases} T_{\text{fra\_i}} = M_{fi} + M_{di} \\ T_{\text{fra\_o}} = M_{fo} + M_{do} \\ \omega_{\text{car\_i}} = \omega_{dy} \sin\varphi_o + \omega_{dx} \cos\varphi_o \\ \omega_{\text{car\_o}} = \omega_{dz} \end{cases} \tag{3.38}$$

其中，$\omega_{\text{car\_i}}, \omega_{\text{car\_o}}$ 定义为载体运动对视轴产生耦合的等效扰动角速率，则整理式（3.37）可得

$$\begin{cases} \omega_{ix} = \dfrac{K_{ti}u_{mi}}{J_iR_{ai}s + (K_{ti}K_{ei} + R_{ai}B_{fi})} + \dfrac{R_{ai}T_{\text{fra\_i}}}{J_iR_{ai}s + (K_{ti}K_{ei} + R_{ai}B_{fi})} + \dfrac{K_{ti}K_{ei}\omega_{\text{car\_i}}}{J_iR_{ai}s + (K_{ti}K_{ei} + R_{ai}B_{fi})} \\ \omega_{oz} = \dfrac{K_{to}u_{mo}}{(J_o + J_i)R_{ao}s + (K_{to}K_{eo} + R_{ao}B_{fo})} + \dfrac{R_{ao}T_{\text{fra\_o}}}{(J_o + J_i)R_{ao}s + (K_{to}K_{eo} + R_{ao}B_{fo})} \\ \qquad + \dfrac{K_{to}K_{eo}\omega_{\text{car\_o}}}{(J_o + J_i)R_{ao}s + (K_{to}K_{eo} + R_{ao}B_{fo})} \end{cases} \tag{3.39}$$

由于两轴稳定平台的模型分析具有相似性，所以以两轴稳定平台框架的某一自由度为例进行分析，其框架的速度传递函数可以描述为

$$\omega = \frac{K_tu_m}{J_aR_as + (K_tK_e + R_aB_f)} + \frac{R_aT_{\text{fra}}}{J_aR_as + (K_tK_e + R_aB_f)} + \frac{K_tK_e\omega_{\text{car}}}{J_aR_as + (K_tK_e + R_aB_f)} \tag{3.40}$$

其中，J_a 是电机和框架负载转动惯量之和。式（3.40）的第一部分为电机与框架负载的模型，第二部分描述了框架自身存在干扰的传递特性，第三部分表示的是由运动载体所带来的干扰传递特性，不难看出，扰动角速度是通过反电势、摩擦等因素传递给框架负载的。

当 $u_m = 0$ 时，扰动的速度传递模型为

$$\begin{aligned} G_{\text{v\_dis}} &= \frac{\omega}{T_{\text{fra}}} + \frac{\omega}{\omega_{\text{car}}} \\ &= \frac{R_a}{J_aR_as + (K_tK_e + R_aB_f)} + \frac{K_tK_e}{J_aR_as + (K_tK_e + R_aB_f)} \end{aligned} \tag{3.41}$$

从式（3.41）中可知，扰动传递模型对干扰信号的传递具有低通特性，稳定平台自身具有对高频扰动信号的响应能力弱的特点，这正好可以弥补主动稳定带宽有限的不足，在扰动主动抑制带宽范围外，稳定平台对扰动信号的抑制工作是靠其自身的隔振特性实现的。因此在扰动主动抑制控制器的设计方面，重点考虑中低频扰动的抑制问题。

当扰动输入为零时，系统的速度传递函数被描述为

$$G_{v\_p}=\frac{\omega}{u_m}=\frac{K_m}{T_m s+1} \tag{3.42}$$

其中，$T_m=\dfrac{J_a R_a}{K_t K_e+R_a B_f}$ 为电机系统时间常数，$K_m=\dfrac{K_t}{K_t K_e+R_a B_f}$ 为电机系统增益系数。由速度传递函数可知系统的位置传递函数为

$$G_M=\frac{\omega}{u_m}=\frac{K_m}{T_m s^2+s} \tag{3.43}$$

值得一提的是针对伺服控制系统，实际对象除了电机，还包括 D/A 及采样保持单元、功率放大器、传感器及测量电路等单元，这些单元具有不同的特性，其传递函数如下。

D/A 及采样保持器的特性可以简单描述为

$$G_H(s)\approx\frac{1}{\dfrac{T_c}{2}s+1} \tag{3.44}$$

其中，T_c 为系统采样周期。

功率放大器特性表示为

$$G_A(s)=\frac{K_a}{1+\dfrac{1}{2f_s}s} \tag{3.45}$$

其中，K_a 为放大倍数，f_s 为调制频率。

传感器和测量电路的动态输出，可以近似表示为

$$G_S(s)=\frac{\theta(s)}{\theta_m(s)}=\frac{\omega_s^2}{s^2+2\xi_s\omega_s s+\omega_s^2}\mathrm{e}^{-\tau_1 s} \tag{3.46}$$

其中，θ 为测量输出，τ_1 为不确定的时间延迟，ξ_s、ω_s 为常数。

显而易见，在不考虑干扰力矩的情况下，上述四个环节的串联才是广义开环对象的数学模型，即

$$G_P(s)=G_H(s)\cdot G_A(s)\cdot G_M(s)\cdot G_S(s) \tag{3.47}$$

由于系统通频带远小于计算机控制系统的采样频率和功率放大器的调制频率，且 D/A 环节和功放环节的时间常数也非常小，同时考虑传感器测量电路的动态过程很快，因此在控制系统设计时，忽略其影响，将上述几个环节视为模型的不确定性，则系统的等效模型为

$$G_P(s) \approx G_M(s) = \frac{1}{Js^2 + Bs} \tag{3.48}$$

其中，J、B 分别为等效转动惯量和等效阻尼系数。

通过上述的分析，可知实际对象模型中存在着载体的扰动力矩、摩擦力矩、机械谐振模态及其他高频未建模动态、延迟环节等非线性因素。

3.3.2 影响机械谐振模态的主要因素

在伺服系统中，机械传动装置结构形式的多样性，致使对其性能分析变得十分复杂，为了简化分析方法，如图 3.9 所示，将整个机构传动装置的弹性形变集中在系统输出轴上。因此在对机电模型的分析过程中，需要考虑当两个刚性环节中间存在弹性连接部分时会在一定程度上引起机械谐振的问题。根据式（3.32）可得如图 3.10 所示的机电伺服系统结构图。

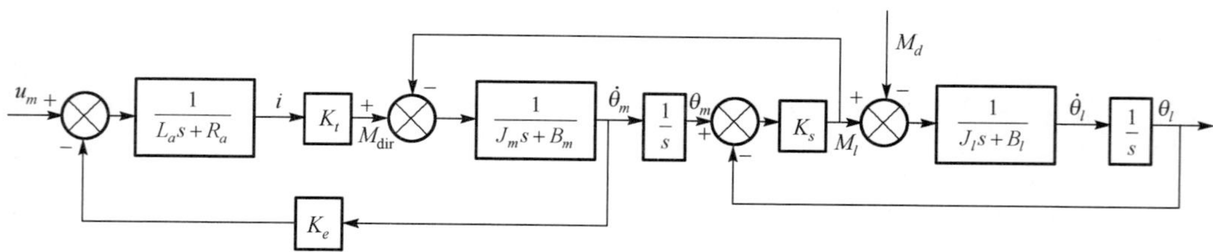

图 3.10　考虑谐振模态的机械伺服系统框图

经过等效变换，可以得到如图 3.11 的结构。

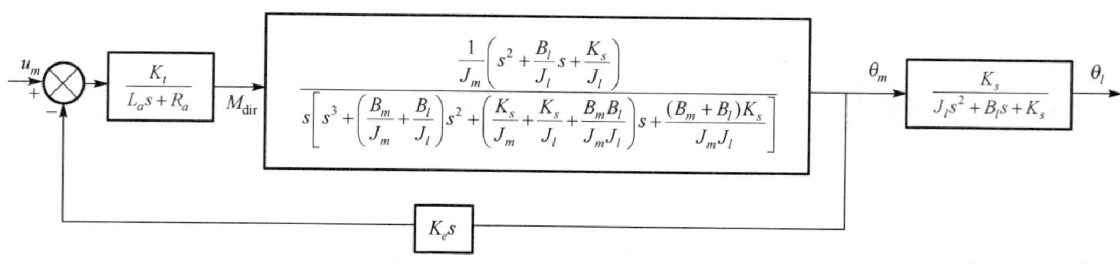

图 3.11　简化框图

由于轴系的弹性弯曲变形，系统存在机械谐振模态，从图 3.11 可知，电机端与负载端的输出转角之间的动态关系可以表示为

$$\frac{\theta_l(s)}{\theta_m(s)}=\frac{K_s}{J_l s^2+B_l s+K_s} \tag{3.49}$$

电机和负载之间串入了一个二阶振荡环节，这个环节通常具有很低的阻尼系数。

在考虑简化条件 II 的基础上，忽略电机黏性阻尼系数 B_m 和传动装置黏性阻尼系数 B_l，可得系统闭环传递函数为

$$G_l(s)=\frac{\theta_l(s)}{u_m(s)}=\frac{1}{K_e s[T_m T^2 s^3+T^2 s^2+(T_m+T_l)s+1]} \tag{3.50}$$

其中，$T_m=\dfrac{R_a J_m}{K_e K_t}$ 为电机时间常数，$T_l=\dfrac{R_a J_l}{K_e K_t}$ 为负载等效时间常数，$T=\sqrt{J_l/K_s}$ 为机械自振角频率。

对式（3.50）进行因式分解，可以近似等效为

$$G_l(s)\approx\frac{1}{K_e s(T'_m s+1)[T'^2 s^2+2\xi T' s+1]} \tag{3.51}$$

其中，机械谐振频率 $\omega_n=\dfrac{1}{T'}\approx\sqrt{K_s/J_l}$，容易证明 T'_m 与 T_m 近似相等，T' 与 T 近似相等，式（3.51）包含一个积分环节、一个惯性环节和一个振荡环节，振荡环节具有一对靠虚轴很近的共轭复根，相对阻尼系数很小（一般在 $0.01<\xi<0.1$ 内）[205]。

当机械刚度足够大、转动惯量足够小时，机械谐振频率远远大于系统通频带，则系统动态性能受机械谐振的影响可以忽略不计；反之亦然。运动载体为了保证有效载荷、飞行速度以及飞行距离，机载稳定平台的质量要有严格的限制，但增加机械刚度的同时必然导致质量的增加，所以不能无限增长重量。可以尽量采用紧凑的结构布局，保证质量大的零件靠近回转轴线以减小转动惯量，转动惯量是系统设计的基本原始参数，是进行机械设计、电气选型及伺服控制的依据。此外，在机械传动装置刚度受限的情况下，可以采用增加机械阻尼的方法来减小机械谐振对系统的影响。

图 3.12 是几个不同机械框架开环频率特性曲线，采用白噪声辨识，通过最小二乘法拟合图中曲线中、低频段的近似等效转动惯量（按二阶模型进行拟合）。从图中可以看出，当对象的等效转动惯量小时，传动轴机械刚度较好，谐振频率发生在高频区，对对象中、低频特性的影响可以忽略；而当对象的负载惯量相对较大且传动轴机械刚度不足时，机械谐振的频率会靠近中频段，由于机械谐振实际上是机电耦合相互作用的结果，此时如果还按二阶模型进行拟合，则会带来建模误差。当谐振点低时相角裕度相对变小，系统的稳定裕度变小，影响了系统跟踪精度的提高。因此，对于机械谐振频率靠近中频段且快速性能要求较高的伺服系统，为了消除机械谐振，需考虑采用适当的控制策略来抑制。

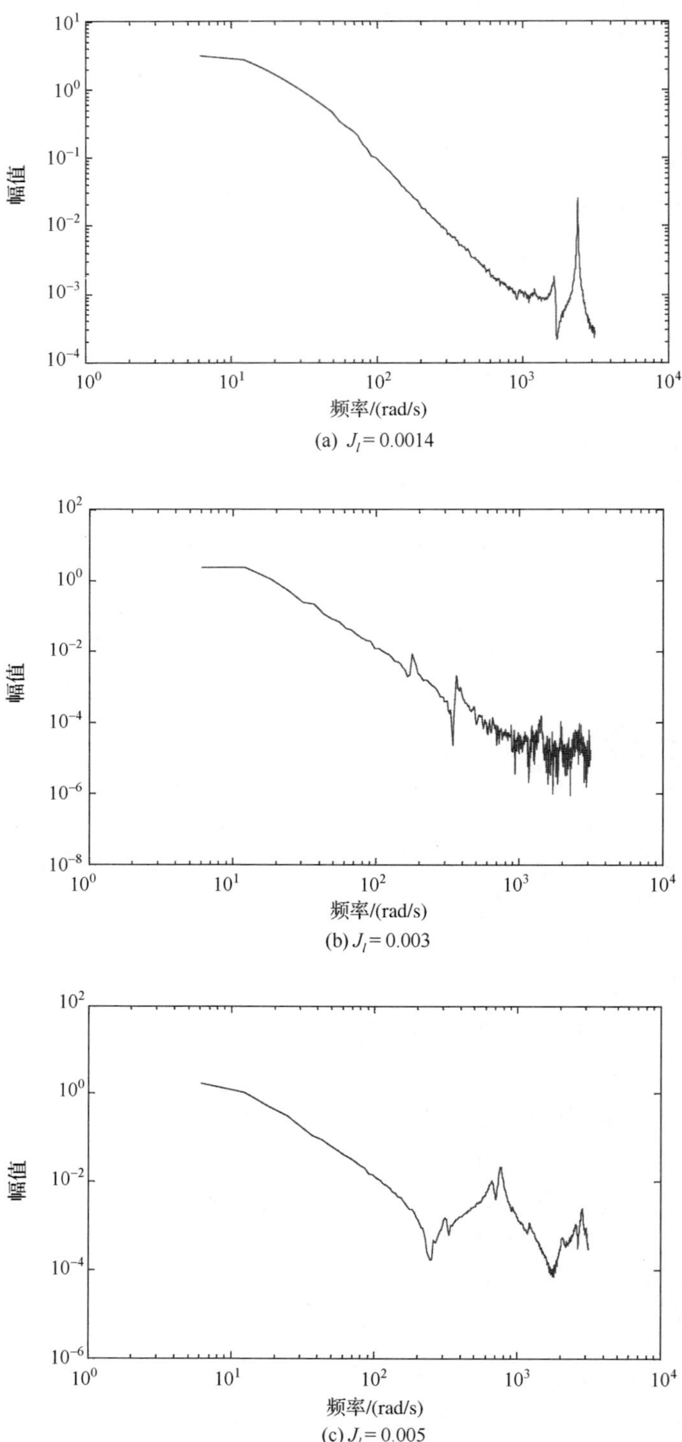

(a) $J_l = 0.0014$

(b) $J_l = 0.003$

(c) $J_l = 0.005$

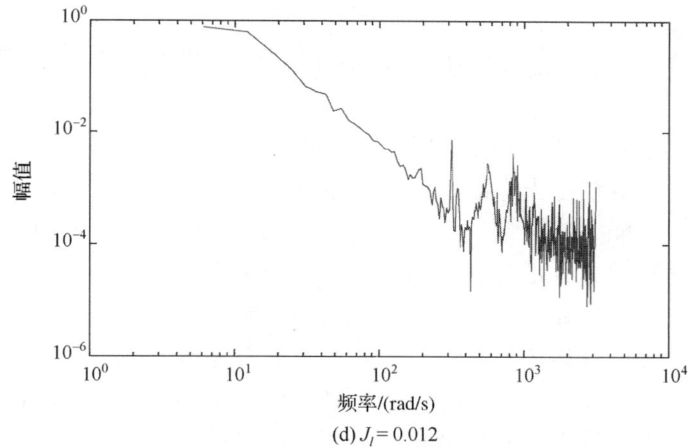

(d) $J_l=0.012$

图 3.12　几个不同机械框架的开环频率特性曲线对比图

当 K_s 取值很大时，式（3.49）中的时间常数会很小，在低频范围内，$\dfrac{\theta_l(s)}{\theta_m(s)}\approx 1$，即 $\theta_l\approx\theta_m$，也就是说谐振模态对负载转角的动态影响不大。在不考虑摩擦等扰动力矩的情况下，因为式（3.49）的静态增益为 1，机械谐振模态不引入静态误差；但如果考虑摩擦力矩，由式（3.32d）和式（3.32e），可得

$$\frac{\left|J_l\ddot{\theta}_l+B_l\dot{\theta}_l\right|+\left|M_d\right|}{K_s}\geqslant\left|\theta_m-\theta_l\right| \tag{3.52}$$

当系统处于低速时，$\left|J_l\ddot{\theta}_l+B_l\dot{\theta}_l\right|\to\varepsilon$，其中 ε 是一个小正数，则有

$$\frac{\left|M_d\right|+\varepsilon}{K_s}\geqslant\left|\theta_m-\theta_l\right| \tag{3.53}$$

设静摩擦力矩的最大值为 M_s，当摩擦力矩存在时，转轴两端的转角有差值，且位于 $\left[-\dfrac{M_s-\varepsilon}{K_s},\dfrac{M_s+\varepsilon}{K_s}\right]$ 内。因此，改善摩擦特性，也能减少机械谐振对伺服系统的影响。

上面分析了影响机械谐振的主要因素，根据这些因素，抑制机械谐振的方法主要有以下几方面。

（1）从机械加工和设计角度方面考虑，可以减少转动惯量，增加机械刚度，增大相对阻尼系数，但是该方法将会增加成本，提高设计难度。

（2）从控制角度出发采用主动抑制方法，即通过设计控制算法来补偿抑制机械谐振，目前应用比较广泛的方法包括陷波器[206]、负载转矩反馈[207]及加速度反馈[208]等。

3.4　基于加性分解理论的稳定平台模型分析

在两轴稳定平台控制器的设计时，能否实现对载体扰动等非线性干扰的隔离任务、保证平台稳定成像是光电跟踪系统实现视轴稳定的关键所在，并且在实现视轴稳定的基础上，才能完成对运动目标的高精度跟踪。然而，从前面分析可知，两轴稳定平台的数学模型具有很强的非线性特性，而采用非线性控制方法时，一般有两种思路：一是直接采用非线性控制器作为闭环控制器，消除跟踪误差；二是采用观测器对非线性干扰进行估计并补偿，此时系统的性能得到改善，控制器可以按照二阶等效名义模型进行设计。第二种方法正是我们所要期望实现的，在选择合适的方法对非线性模型进行线性化补偿之前，需要考虑对模型如何进行分解。

3.4.1　系统模型描述的等效问题

图 3.13 为稳定平台控制系统的结构图，实际对象的传递函数表示为 G_p，θ_r 为参考输入指令，U 为输入到实际系统的控制量，T_f 表示摩擦等效力矩，T_D 为系统所受其他扰动力矩之和，包括电机波动力矩，载体运动所带来的扰动力矩及框架不平衡力矩等各种扰动力矩。

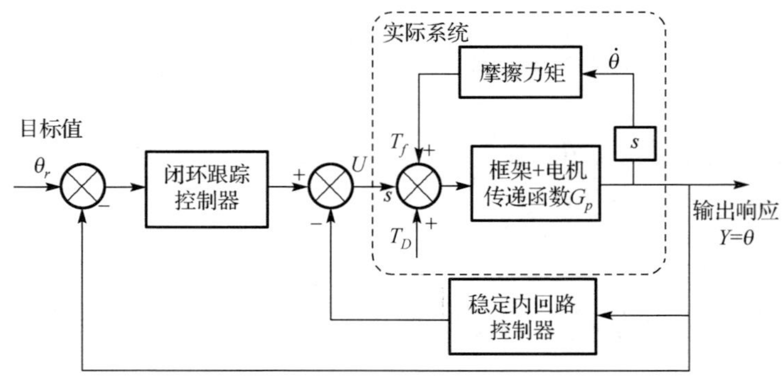

图 3.13　稳定平台控制系统的一般表示图

令外界等效干扰力矩为 $D_{\text{ext}} = T_f + T_D$，则系统的输出为 $Y = \theta = G_P(s)(U + D_{\text{ext}})$，由于实际对象参数存在不确定因素，因此可以用系统的名义模型 $G_n(s) = \dfrac{1}{(J_n s + B_n)s}$ 来代替系统的实际模型 $G_P(s)$，即

$$G_P(s) = G_n(s)(1 + \Delta(s)) \tag{3.54}$$

其中，J_n, B_n 分别为名义模型的转动惯量和阻尼系数，$\Delta(s)$ 为模型的不确定项。从式（3.54）可以看出，实际模型可由名义模型乘性摄动的形式来描述。此时，将外

界干扰与系统模型的不确定项折合成统一的等效输入干扰 $D_{\rm eq}$，等效过程如图 3.14 所示。

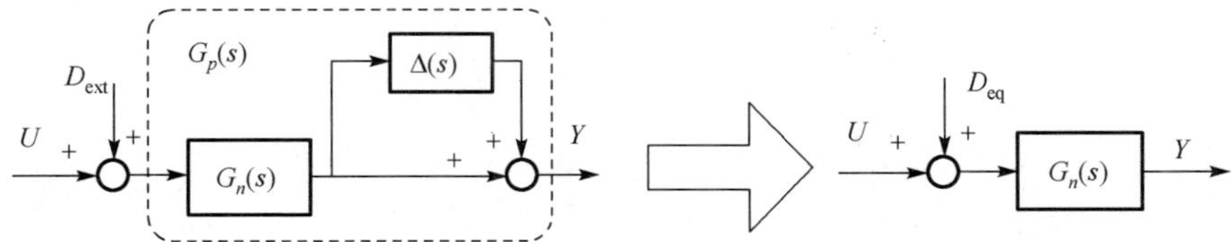

图 3.14　被控对象模型的等效变换

此时，系统的输出可表示为

$$X = G_n(s)(1+\Delta(s))(U + D_{\rm ext}) = G_n(s)(U + D_{\rm eq}) \tag{3.55}$$

其中，$D_{\rm eq} = (1+\Delta(s))D_{\rm ext} + \Delta(s)U$。

针对稳定平台而言，传统控制方法是采用被控对象的名义模型或辨识模型 $G_n(s)$来设计稳定回路和跟踪回路的控制器，由于系统内回路中存在等效输入干扰 $D_{\rm eq}$，严重影响了稳定成像的效果与跟踪目标的精度，因此本书将在内回路的设计中，设计一个专门用来补偿干扰的控制器，估计出干扰信号并进行补偿，这是一个解决稳定问题的直观思路。在按照 $G_n(s)$设计干扰补偿器时，由于系统中存在着非线性等不确定因素，干扰估计时存在干扰的未估计状态，因此，要保证系统的控制性能就要对等效输入干扰进行精细化补偿。为了能提高系统的控制性能，本书首先要从对象的模型入手分析。

3.4.2　光电稳定平台系统基于加性分解原理的分析

考虑两轴稳定平台两个框架采用相同的方法建立数学模型，本书就以某一框架为例，从新的角度出发对系统模型进行分析，即采用加性分解理论对模型进行分解与分析。从前面的分析可知，在考虑模型参数的不确定性的前提下，对系统（3.53）建立状态空间描述形式，选择框架的转动角度 θ 和角速度 $\dot{\theta}$ 为状态变量，即 $\dot{\boldsymbol{x}} = [x_1 \quad x_2]^{\rm T} = [\theta \quad \dot{\theta}]^{\rm T}$，系统输出 $y = \theta$，则系统的状态空间描述可以表示为

$$\begin{cases} \dot{\boldsymbol{x}}(t) = [\boldsymbol{A} + \Delta\boldsymbol{A}]\boldsymbol{x}(t) + [\boldsymbol{B} + \Delta\boldsymbol{B}](u(t) + d_{\rm ext}(t)) \\ y(t) = [\boldsymbol{C} + \Delta\boldsymbol{C}]\boldsymbol{x}(t) \end{cases} \tag{3.56}$$

其中，$\boldsymbol{A} = \begin{bmatrix} 0 & 1 \\ 0 & -B_n / J_n \end{bmatrix}$，$\boldsymbol{B} = \begin{bmatrix} 0 \\ 1/J_n \end{bmatrix}$，$\boldsymbol{C} = [1 \quad 0]$，$\Delta\boldsymbol{A}, \Delta\boldsymbol{B}, \Delta\boldsymbol{C}$ 表示为时变有界的不确定矩阵。系统的跟踪误差可以描述为 $e = \theta_r(t) - \theta(t) = \theta_r(t) - [\boldsymbol{C} + \Delta\boldsymbol{C}]\boldsymbol{x}(t)$，则系统状态空间描述还可以表示成

$$\begin{cases} \dot{\boldsymbol{x}}(t) = [\boldsymbol{A} + \Delta\boldsymbol{A}]\boldsymbol{x}(t) + [\boldsymbol{B} + \Delta\boldsymbol{B}](u(t) + d_{\rm ext}(t)) \\ e(t) = -[\boldsymbol{C} + \Delta\boldsymbol{C}]\boldsymbol{x}(t) + \theta_r(t) \end{cases} \tag{3.57}$$

采用引理 2.9 的方法对系统进行分解。

选择主系统为

$$\begin{cases}\dot{\boldsymbol{x}}_p(t)=\boldsymbol{A}\boldsymbol{x}_p(t)+\boldsymbol{B}u_p(t)\\ e_p(t)=-\boldsymbol{C}\boldsymbol{x}_p(t)+\theta_r(t)\end{cases} \tag{3.58}$$

将原系统（3.57）与主系统（3.58）相减，可得辅系统为

$$\begin{aligned}\dot{\boldsymbol{x}}_s(t)=&[\boldsymbol{A}+\Delta\boldsymbol{A}][\boldsymbol{x}_p(t)+\boldsymbol{x}_s(t)]+[\boldsymbol{B}+\Delta\boldsymbol{B}][u(t)+d_{\text{ext}}(t)]\\&-\boldsymbol{A}\boldsymbol{x}_p(t)-\boldsymbol{B}u_p(t)\\ e_s(t)=&-[\boldsymbol{C}+\Delta\boldsymbol{C}]\boldsymbol{x}(t)-\theta_r(t)-[-\boldsymbol{C}\boldsymbol{x}_p(t)+\theta_r(t)]\end{aligned} \tag{3.59}$$

整理可得

$$\begin{cases}\dot{\boldsymbol{x}}_s(t)=[\boldsymbol{A}+\Delta\boldsymbol{A}]\boldsymbol{x}_s(t)+\Delta\boldsymbol{A}\boldsymbol{x}_p(t)+[\boldsymbol{B}+\Delta\boldsymbol{B}][u(t)+d_{\text{ext}}(t)]-\boldsymbol{B}u_p(t)\\ e_s(t)=-[\boldsymbol{C}+\Delta\boldsymbol{C}]\boldsymbol{x}_s(t)-\Delta\boldsymbol{C}\boldsymbol{x}_p(t)\end{cases} \tag{3.60}$$

下面讨论分解的合理性。假设系统（3.57）在时间 $[0,+\infty)$ 上有唯一解 $\boldsymbol{x}^*$，系统状态初值为 $\boldsymbol{x}_0$，$\theta_r,u_r,d_{\text{ext}}(t)$ 为外部输入信号，$\boldsymbol{x}_p^*,\boldsymbol{x}_s^*$ 分别为系统（3.58）和系统（3.60）在时间 $[0,+\infty)$ 上的解，如果系统（3.57）、系统（3.58）及系统（3.60）的初始条件满足 $\boldsymbol{x}_0=\boldsymbol{x}_{p,0}+\boldsymbol{x}_{s,0}$，则有

$$\begin{aligned}\dot{\boldsymbol{x}}_p^*+\dot{\boldsymbol{x}}_s^*&=\boldsymbol{A}\boldsymbol{x}_p^*(t)+\boldsymbol{B}u_p(t)+[\boldsymbol{A}+\Delta\boldsymbol{A}]\boldsymbol{x}_s^*(t)+\Delta\boldsymbol{A}\boldsymbol{x}_p^*(t)+[\boldsymbol{B}+\Delta\boldsymbol{B}][u(t)+d_{\text{ext}}(t)]-\boldsymbol{B}u_p(t)\\&=[\boldsymbol{A}+\Delta\boldsymbol{A}][\boldsymbol{x}_p^*(t)+\boldsymbol{x}_s^*(t)]+[\boldsymbol{B}+\Delta\boldsymbol{B}][u(t)+d_{\text{ext}}(t)]\end{aligned} \tag{3.61}$$

那么 $\boldsymbol{x}_p^*+\boldsymbol{x}_s^*$ 也是系统（3.57）的解。通过解的唯一性，可得 $\boldsymbol{x}^*=\boldsymbol{x}_p^*+\boldsymbol{x}_s^*$。所以，原系统可以分解成主系统（3.58）和辅系统（3.60）。

同理，可以得到

$$\begin{aligned}e_p(t)+e_s(t)&=-\boldsymbol{C}\boldsymbol{x}_p(t)+\theta_r(t)-[\boldsymbol{C}+\Delta\boldsymbol{C}]\boldsymbol{x}_s(t)-\Delta\boldsymbol{C}\boldsymbol{x}_p(t)\\&=\theta_r(t)-[\boldsymbol{C}+\Delta\boldsymbol{C}](\boldsymbol{x}_p(t)+\boldsymbol{x}_s(t))\\&=e(t)\end{aligned} \tag{3.62}$$

根据以上分解情况，讨论一下主系统与辅系统的稳定情况。

（1）主系统满足稳定的充要条件：对于任意 $\varepsilon_1>0$，总存在 δ_p 和一个与初始时间 $t_{0,p}$ 无关的时间 T_p，当 $\|e(t_{0,p})\|<\delta_p$ 且 $T_p(\varepsilon,\delta_p)>0$ 时，有 $\|e(t,\delta_p)\|<\varepsilon_1$，$\forall t\geqslant t_{0,p}+T_p$。

（2）辅系统满足稳定的充要条件：对于任意 $\varepsilon_2>0$，总存在 δ_s 和一个与初始时间 $t_{0,s}$ 无关的时间 T_s，当 $\|e(t_{0,s})\|<\delta_s$ 且 $T_s(\varepsilon,\delta_s)>0$ 时，有 $\|e(t,\delta_s)\|<\varepsilon_2$，$\forall t\geqslant t_{0,s}+T_s$。

由上面分析可知，原系统的稳定条件为：对于任意 $\varepsilon=\varepsilon_1+\varepsilon_2>0$，总存在 $\delta=\max(\delta_p,\delta_s)$ 和一个与初始时间 t_0 无关的时间 T，当 $\|e(t_0)\|<\delta$ 且 $T(\varepsilon,\delta)>0$ 时，有

$$\|e(t,\delta)\| = \|e(t,\delta_p) + e(t,\delta_s)\| \leqslant \|e(t,\delta_p)\| + \|e(t,\delta_s)\| = \varepsilon, \quad \forall t \geqslant t_{0,s} + T$$

因此，本书可以将稳定平台系统按设计需求分解成满足要求的主系统和辅系统，然后按设计任务逐一设计。在主系统中仅包含了原系统的期望信号，不包含系统的扰动信号；而在辅系统中包含原系统的扰动信号，因此要针对辅系统设计稳定控制器，该方案可以将建模误差等问题等效到辅系统的设计中，从而减小建模误差对于主系统设计的影响。因此，原系统的跟踪控制问题可以转化成主系统的跟踪控制问题和辅系统稳定问题进行分析讨论。

从上述分解可知，采用此种分解方法，主系统为线性时不变系统，且不考虑系统的建模误差，针对系统名义模型可以采用线性化的方法设计控制器，这样简化了控制器的设计任务。辅系统包含了系统的扰动信号，针对辅系统设计补偿器，减小建模误差、外干扰等因素对系统的影响，保证辅系统的稳定，即保证稳定平台的稳定成像功能。

综上所述，当系统中存在参数不确定、各种内外干扰等非线性因素的情况时，针对能否采用其名义模型在线性条件下设计控制器这一问题，加性分解为其设计提供了理论依据，将原系统的跟踪问题转化为主系统的跟踪问题和辅系统的稳定问题，这样根据控制的目标，抓住控制的主要任务，系统化地设计各系统的控制器（图 3.15）。

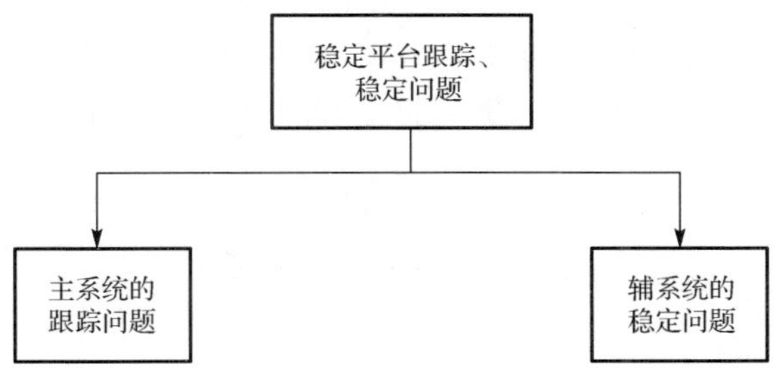

图 3.15　分解后系统处理问题的方法和步骤

3.5　本 章 小 结

本章介绍了两轴稳定平台的组成和功能，对其运动学和动力学模型进行了详细的分析，对平台机电模型的简化问题做了合理的说明，并给出了稳定平台数学模型表达形式。

载体飞行姿态、摩擦、系统未建模动态和参数不确定性等非线性因素的存在，致使系统稳定抗干扰任务变得尤为重要。基于此原因，本章结合了加性分解原理，给出了稳定平台加性分解方法，通过分解将系统的稳定跟踪问题，转化为主系统的跟踪控制问题和辅系统的稳定控制问题，该分解方法不仅明确了控制系统的设计任务，同时也减小了建模误差等非线性因素对主系统的影响。

第 4 章　基于加性分解的鲁棒内回路控制

稳定平台的成像质量与载体姿态变化以及载体振动等因素有密切的关系，角位置控制系统通常工作在低速状态，在此过程中非线性摩擦扰动、力矩波动（包括直流电机自身的力矩波动和飞机姿态角速度变化引起的力矩波动）、惯量变化以及大气湍流等环境因素产生的干扰成为稳定成像过程中的主要干扰源。光电平台的控制系统既要实现稳定控制又要完成跟踪控制，传统控制方法要同时考虑这两种控制任务，控制器的设计任务过于沉重，因此合理地分离控制任务，明确设计目标成了研究人员考虑的重要问题。

由于各种扰动的存在，人们难以获得较好的成像质量和较高的速度或位置跟踪性能。为了隔离扰动源的影响，在执行器输出控制回路之内，建立视轴稳定控制内回路，即设计一个能够独立于输出控制的、专门抑制各种干扰的控制器，该控制器可以提高系统的干扰抑制能力，实现对运动目标的高性能跟踪控制。本章首先介绍干扰观测器、状态观测器的机理，结合 EID 的概念，提出了基于 EID 补偿的滑模干扰观测器的设计方法，并讨论其参数的取值问题；然后依据加性分解理论对干扰补偿后的系统进行模型分解，实现分离控制任务的目的，并分析系统控制器的稳定收敛条件，最后给出实验结果。

4.1　干扰观测器

4.1.1　基本原理

在光电跟踪稳定平台系统中为了抑制干扰，可以采用鲁棒内回路的控制思想，设计干扰补偿稳定控制器。干扰观测器（DOB）的基本思想是将系统中存在的各种干扰等效到系统输入端，通过被控对象的逆模型与输入控制量来估计出等效干扰值，然后再补偿到控制输入中，其基本结构如图 4.1 所示。

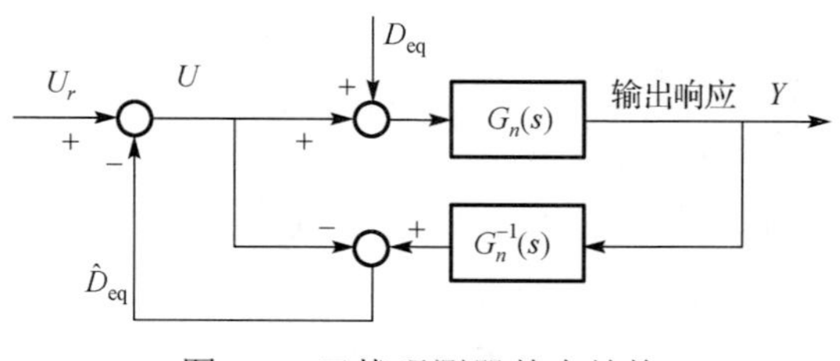

图 4.1　干扰观测器基本结构

图 4.1 中 $G_n(s)$ 为系统名义模型的传递函数，D_{eq} 为等效到系统输入端的干扰，$\hat{D}_{\text{eq}}$ 为等效观测干扰，$U = U_r - \hat{D}_{\text{eq}}$ 为经过干扰补偿后输入给被控对象的控制输入。由图 4.1 可求出等效干扰的估计值为

$$\hat{D}_{\text{eq}} = (U + D_{\text{eq}}) \cdot G_n(s) \cdot G_n^{-1}(s) - U = D_{\text{eq}} \tag{4.1}$$

由式（4.1）可以看出，上述结构可以实现对干扰的精确估计与补偿。但是对于实际物理系统而言，需要考虑测量噪声和逆模型 $G_n^{-1}(s)$ 的实现问题，因此一般通过设计低通滤波器来解决，图 4.2 中虚线框架部分为干扰观测器，$Q(s)$ 为低通滤波器。

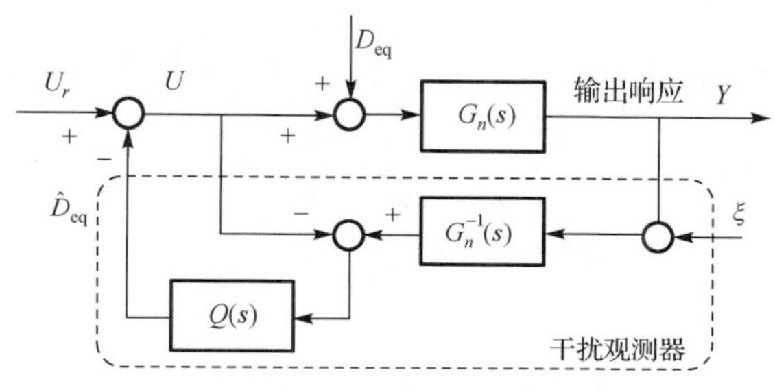

图 4.2　干扰观测器原理框图

此时，系统的输出可以表示为

$$Y = G_n(s)U_r + G_n(s)[1 - Q(s)]D_{\text{eq}} + Q(s)\xi \tag{4.2}$$

由式（4.2）可以看出，在低频段时，$Q(s) \approx 1$，则 $Y = G_n(s)U_r + Q(s)\xi$，即在低频段干扰观测器能保证系统的实际响应与名义模型的响应保持一致，对系统外干扰和模型参数不确定性具有一定的鲁棒性。此时，干扰观测器对低频测量噪声非常敏感，在实际应用中，针对运动状态的测量问题，必须采取适当的措施来减小低频噪声。在高频段时，$Q(s) \approx 0$，则 $Y = G_n(s)(U_r + D_{\text{eq}})$，即在高频段干扰观测器对等效干扰没有抑制作用。因此，$Q(s)$ 是干扰观测器的设计关键，它的特性决定了干扰观测器的实际效果。

4.1.2　滤波器的设计与分析

对包含干扰观测器的被控对象求取灵敏度函数 $S(s)$ 和补灵敏度函数 $T(s)$，求取 $S(s)$ 结果如下：

$$S(s) = \frac{[1 - Q(s)]G_n(s)}{[1 - Q(s)]G_n(s) + Q(s)G_P(s)} = \frac{[1 - Q(s)]G_n(s)}{G_n(s) + Q(s)\Delta(s)} \tag{4.3}$$

其中，$G_P(s)$ 为系统实际对象的传递函数，且 $G_P(s) = G_n(s)[1 + \Delta(s)]$。一般情况下，被控对象的不确定性 $|\Delta(\text{j}\omega)|$ 随频率 ω 的增大而增大，但是当系统工作在一般工作频

率范围内时，$|\Delta(\mathrm{j}\omega)|$很小。此时$S(s)\approx 1-Q(s)$，则补灵敏度函数为

$$T(s)=1-S(s)=Q(s) \tag{4.4}$$

由小增益定理[209]，系统鲁棒稳定的充分必要条件是

$$\|\Delta(\mathrm{j}\omega)T(\mathrm{j}\omega)\|_\infty=\|\Delta(\mathrm{j}\omega)Q(\mathrm{j}\omega)\|_\infty\leqslant 1 \tag{4.5}$$

其中，$\|\cdot\|_\infty$为H_∞范数。

由此可见，干扰观测器的设计中，有两个问题值得注意：一是名义模型的估计；二是低通滤波器$Q(s)$的设计。低滤波器$Q(s)$的设计直接影响了干扰观测器的稳定性。

目前对于低通滤波器$Q(s)$的设计多采用 Lee 提出的设计方法[210]，其表达形式为

$$Q_{NM}(s)=\frac{\displaystyle\sum_{k=0}^{M}\frac{N!(\tau s)^k}{(N-k)!k!}}{(\tau s+1)^N},\quad M=0,1,\cdots,N-1 \tag{4.6}$$

其中，N为分母的阶数，M为分子的阶数，$N-M$为相对阶。因此，$Q(s)$滤波器的设计归结为参数N, M和τ的确定，需要考虑以下几个方面。

（1）参数τ决定了$Q(s)$的带宽，即τ的取值大小与$Q(s)$的带宽成反比。如图 4.3 所示，τ越小，$Q(s)$频带越宽，系统干扰的抑制能力越强，与此同时也导致$S(s)$的增益在高频段增大，使得干扰观测器的鲁棒稳定性变差；相反，τ越大，$Q(s)$频带越窄，干扰的抑制能力越弱，干扰观测器的稳定性越好。因此，在设计参数τ时，要综合考虑干扰抑制能力和鲁棒稳定性[211]。

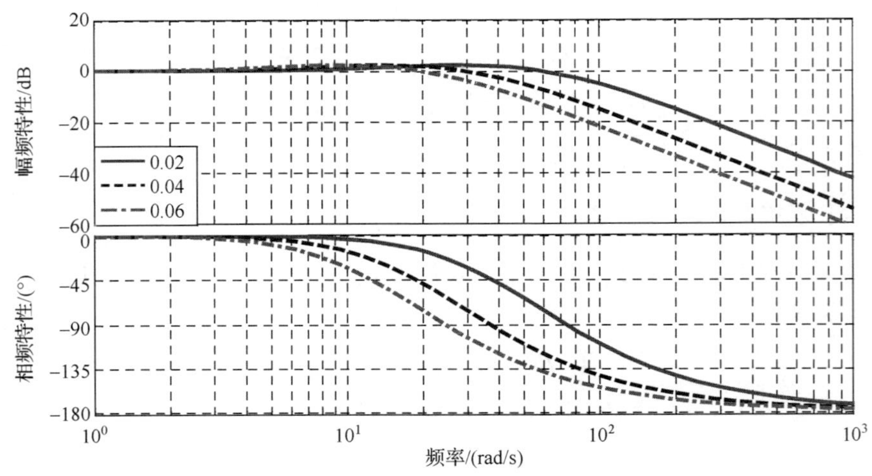

图 4.3　滤波器$Q_{31}(s)$中τ取 0.02、0.04 及 0.06 时的 Bode 图

（2）确定 $Q(s)$ 分子分母阶数 N、M 时，首先为了保证干扰观测器可以实现，$Q_{NM}(s)G_n^{-1}(s)$ 满足正则条件。对于名义模型为二阶模型的机电系统来说，如果对速度输出设计干扰观测器，$N-M$ 的值不小于 1；如果对位置输出设计干扰观测器，$N-M$ 的值不小于 2。下面分析 $\tau=0.02$ 时 $Q_{20}(s)$、$Q_{21}(s)$、$Q_{30}(s)$ 及 $Q_{31}(s)$ 的频率特性，特性曲线如图 4.4 所示。

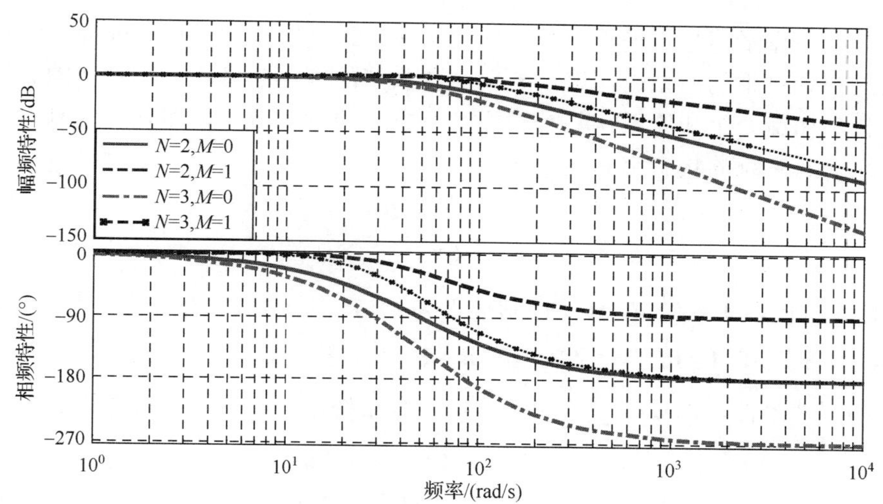

图 4.4　干扰观测器中 $Q(s)$滤波器的 Bode 图

从图 4.4 中可以看出，在低频动态时，加入干扰观测器的系统与名义模型相同，在高频动态时，系统的补灵敏度越小，系统越稳定。当 $N=2$，$M=0$ 时，$\|Q_{20}(\mathrm{j}\omega)\|_\infty=1$；当 $N=3$，$M=0$ 时，$\|Q_{30}(\mathrm{j}\omega)\|_\infty=1$；当 $N=2$，$M=1$时，$\|Q_{21}(\mathrm{j}\omega)\|_\infty=1.15$；当 $N=3$，$M=1$时，$\|Q_{31}(\mathrm{j}\omega)\|_\infty=1.29$。当 $M=0$ 时，$Q(s)$ 可以保证其幅频特性不大于 0dB，分母阶数的增大在一定程度上使得增益特性曲线变好，但同时也会使 $Q(s)$ 的相位滞后增大，干扰估计的相位滞后增大，从而削弱了干扰观测器对干扰的补偿作用。然而分子阶数 $M\neq 0$ 时，$\|Q_{NM}(\mathrm{j}\omega)\|_\infty$ 值会随 $Q_{NM}(\mathrm{j}\omega)$ 阶数的增加而增大，其幅频特性会出现大于 0dB 的情况，放大了干扰估计值。分子阶数的增大虽然改善了相位特性，但是也增大了补灵敏度，若系统在高频段有严重的寄生动态，则鲁棒稳定条件有可能被破坏。因此，在设计干扰观测器时，在考虑抗干扰特性的同时更应该注重系统的稳定性，可以通过减小滤波器的截止频率来提高系统的稳定性。

对于光电稳定平台伺服系统而言，建模误差也会影响干扰观测器的作用频带，且系统中测量噪声的存在也是一个不可忽视的问题。

4.2 滑模干扰观测器

4.2.1 状态观测器的基本原理

系统在运行过程中与环境总是有信息的交流，系统在从外部获取信息的同时，也将部分状态变量信息传递给外部，换句话说，系统运行的过程是同外部信息进行交流的过程。对于动态系统而言，若要估计系统的内部信息，一个直观的想法是采用仿真技术构造一个和原系统具有同样动态方程的物理装置，即状态观测器。

线性动态系统的状态空间表达式为

$$\begin{cases}\dot{\boldsymbol{x}} = \boldsymbol{A}\boldsymbol{x} + \boldsymbol{B}\boldsymbol{u} \\ \boldsymbol{y} = \boldsymbol{C}\boldsymbol{x}\end{cases} \tag{4.7}$$

其中，对象的状态变量为 $\boldsymbol{x} \in \mathbf{R}^{n}$，控制输入为 $\boldsymbol{u} \in \mathbf{R}^{n_u}$，$\boldsymbol{y} \in \mathbf{R}^{n_y}$ 为系统输出，且 $n_u < n$，$n_y < n$，系统矩阵 $\boldsymbol{A} \in \mathbf{R}^{n \times n}$，控制矩阵 $\boldsymbol{B} \in \mathbf{R}^{n \times n_u}$，输出 $\boldsymbol{C} \in \mathbf{R}^{n_y \times n}$。如果系统（4.7）满足能观测性条件，以 $\boldsymbol{u}$ 和 $\boldsymbol{y}$ 为输入，按照全系统结构构造状态观测器为

$$\begin{aligned}\dot{\hat{\boldsymbol{x}}} &= \boldsymbol{A}\hat{\boldsymbol{x}} - \boldsymbol{L}(\boldsymbol{C}\hat{\boldsymbol{x}} - \boldsymbol{y}) + \boldsymbol{B}\boldsymbol{u} \\ &= (\boldsymbol{A} - \boldsymbol{L}\boldsymbol{C})\hat{\boldsymbol{x}} + \boldsymbol{L}\boldsymbol{y} + \boldsymbol{B}\boldsymbol{u}\end{aligned} \tag{4.8}$$

其中，$\boldsymbol{L} \in \mathbf{R}^{n \times n_y}$ 是观测器的增益矩阵，$\hat{\boldsymbol{x}} \in \mathbf{R}^{n}$ 是状态变量 $\boldsymbol{x}$ 的估计值。观测器设计的原则要满足两点：$\lim\limits_{t \to \infty}[\hat{\boldsymbol{x}}(t) - \boldsymbol{x}(t)] \to 0$ 和 $\hat{\boldsymbol{X}}$ 逼近 $\boldsymbol{X}$ 的速度。定义观测误差为 $\boldsymbol{E} = \hat{\boldsymbol{x}} - \boldsymbol{x}$，则式（4.7）与式（4.8）相减，可得

$$\dot{\boldsymbol{E}} = (\boldsymbol{A} - \boldsymbol{L}\boldsymbol{C})\boldsymbol{E} \tag{4.9}$$

选取适当的 $\boldsymbol{L}$ 矩阵，使得 $\boldsymbol{A} - \boldsymbol{L}\boldsymbol{C}$ 稳定，即其特征值均具有负实部，就有

$$\boldsymbol{E} = \hat{\boldsymbol{x}}(t) - \boldsymbol{x}(t) = \mathrm{e}^{(\boldsymbol{A} - \boldsymbol{L}\boldsymbol{C})t}\boldsymbol{E}(0) \to \boldsymbol{0}$$

从而实现 $\hat{\boldsymbol{x}} \to \boldsymbol{x}$。系统（4.8）的状态 $\hat{\boldsymbol{x}}$ 能够近似逼近系统（4.7）的状态变量 $\boldsymbol{x}$。这个观测器也可以写成

$$\begin{cases}\boldsymbol{e} = \boldsymbol{C}\hat{\boldsymbol{x}} - \boldsymbol{y} \\ \dot{\hat{\boldsymbol{x}}} = (\boldsymbol{A} - \boldsymbol{L}\boldsymbol{C})\hat{\boldsymbol{x}} + \boldsymbol{L}\boldsymbol{e} + \boldsymbol{B}\boldsymbol{u}\end{cases} \tag{4.10}$$

其中，$\boldsymbol{e} \in \mathbf{R}^{n_y}$ 为系统的输出误差。因此，状态观测器是利用输出误差的“反馈”来改造原系统而构造出来的新系统。

4.2.2 滑模干扰观测器的基本原理

传统 DOB 的设计要考虑系统逆模型的实现问题，因此在 DOB 的设计中滤波

器的设计至关重要。而本节所提的滑模干扰观测器（SMDOB）在针对 EID 设计干扰观测器的过程中，利用线性系统状态观测器来代替 DOB 中被控对象名义模型的逆模型，避免了其逆模型的不存在或存在不稳定极点的问题。SMDOB 设计的关键问题是如何能够快速、精确地估计出 EID $d_{\mathrm{eq}}(t)$。依据滑模技术对系统的不确定性及外界干扰的鲁棒性的特点，在状态观测器基础上结合滑模控制的快速切换特点，设计一种新型的 SMDOB，对系统的 EID 进行有效的估计和补偿，其结构如图 4.5 所示。

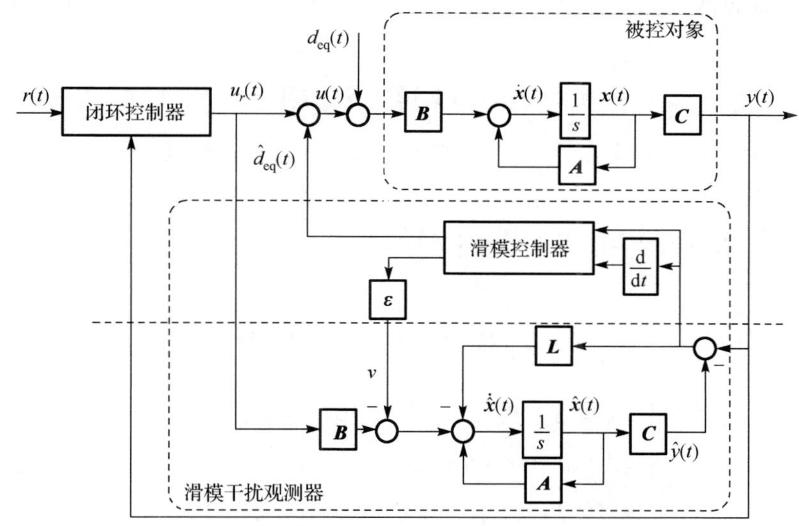

图 4.5　滑模干扰观测器结构图

在考虑系统中存在干扰的情况下，且 $n_u = n_y = 1$，式（4.7）可以描述为

$$\begin{cases} \dot{\boldsymbol{x}}(t) = \boldsymbol{A}\boldsymbol{x}(t) + \boldsymbol{B}[u + d_{\mathrm{eq}}(t)] \\ y(t) = \boldsymbol{C}\boldsymbol{x}(t) \end{cases} \tag{4.11}$$

其中，$d_{\mathrm{eq}}(t)$ 表示按照 EID 定义对系统干扰进行等效变换后的 EID。

关于对象进行如下假设。

假设 4.1　存在适当维数的正定矩阵 $\boldsymbol{P}$ 和 $\boldsymbol{Q}$ 以及矩阵 $\boldsymbol{K}$ 满足如下等式：

$$(\boldsymbol{A} - \boldsymbol{B}\boldsymbol{K})^{\mathrm{T}}\boldsymbol{P} + \boldsymbol{P}(\boldsymbol{A} - \boldsymbol{B}\boldsymbol{K}) = -\boldsymbol{Q}$$

假设 4.2　等效输入干扰 d_{eq} 范数有界，即 $\|d_{\mathrm{ext}}\| \leqslant d_M$。

对系统（4.11）设计滑模观测器，其形式可以描述为

$$\dot{\hat{\boldsymbol{x}}} = \boldsymbol{A}\hat{\boldsymbol{x}} + \boldsymbol{B}u_r - \boldsymbol{L}\boldsymbol{C}(\hat{\boldsymbol{x}} - \boldsymbol{x}) - \boldsymbol{v} \tag{4.12}$$

其中，$\boldsymbol{v} = \boldsymbol{\varepsilon}\,\mathrm{sgn}(S)$，$\boldsymbol{\varepsilon}$ 为切换增益常数矩阵，$\boldsymbol{\varepsilon} \in \mathbf{R}^n$；观测器增益矩阵 $\boldsymbol{L} \in \mathbf{R}^n$。设

计观测器增益矩阵 $\boldsymbol{L}$，通过 $\boldsymbol{L}$ 的选取使观测器状态矩阵 $\boldsymbol{A}-\boldsymbol{LC}$ 的特征值均在左半开复平面。

先假设 $r(t)=0$， $d_{\mathrm{eq}}(t)=0$，这时系统（4.11）可表示为

$$\dot{\boldsymbol{x}}=\boldsymbol{A}\boldsymbol{x}+\boldsymbol{B}u \tag{4.13}$$

系统的控制律采用

$$u=u_r-\hat{d}_{\mathrm{eq}} \tag{4.14}$$

令观测器的误差为： $\boldsymbol{E}=\hat{\boldsymbol{x}}-\boldsymbol{x}$ ，则由式（4.12）～式（4.14）得到观测偏差系统方程为

$$\dot{\boldsymbol{E}}=(\boldsymbol{A}-\boldsymbol{LC})\boldsymbol{E}+\boldsymbol{B}\hat{d}_{\mathrm{eq}}(t)-\boldsymbol{v} \tag{4.15}$$

滑模控制中，由于非线性干扰等诸多不确定因素会给系统带来稳态误差，使其性能指标无法达到满足。而积分器可以使得控制器具有很强的自适应能力[212]，增强了系统的鲁棒性，因此在反馈控制理论的基础上采用包含观测器误差 $\boldsymbol{E}$ 的积分型滑模面函数

$$S=\boldsymbol{H}\left(\boldsymbol{E}-\int_0^t(\boldsymbol{A}-\boldsymbol{BK})\boldsymbol{E}(\tau)\mathrm{d}\tau\right) \tag{4.16}$$

其中，滑模面反馈增益矩阵 $\boldsymbol{K}\in\mathbf{R}^n$； 正常数矩阵 $\boldsymbol{H}\in\mathbf{R}^n$ 。

$$\begin{aligned}\dot{S}&=\boldsymbol{H}[\dot{\boldsymbol{E}}-(\boldsymbol{A}-\boldsymbol{BK})\boldsymbol{E}]\\&=\boldsymbol{H}[(\boldsymbol{A}-\boldsymbol{LC})\boldsymbol{E}+\boldsymbol{B}\hat{d}_{\mathrm{eq}}(t)-\boldsymbol{v}-(\boldsymbol{A}-\boldsymbol{BK})\boldsymbol{E}]\\&=\boldsymbol{H}[-(\boldsymbol{LC}-\boldsymbol{BK})\boldsymbol{E}+\boldsymbol{E}\hat{d}_{\mathrm{eq}}(t)-\boldsymbol{v}]\end{aligned} \tag{4.17}$$

令 $\boldsymbol{B}\hat{d}_{\mathrm{eq}}(t)=\boldsymbol{B}u_o$ ，其中 u_o 是滑模干扰观测器的输出量，即估计的 EID 信号，则

$$\begin{aligned}\dot{S}&=\boldsymbol{H}[-(\boldsymbol{LC}-\boldsymbol{BK})\boldsymbol{E}+\boldsymbol{B}u_o-\boldsymbol{v}]\\&=-\boldsymbol{H}(\boldsymbol{LC}-\boldsymbol{BK})\boldsymbol{E}+\boldsymbol{HB}u_o-\boldsymbol{Hv}\end{aligned} \tag{4.18}$$

对于包含不确定性干扰的系统，控制律采用等效控制加切换控制，即 $u_o=u_{\mathrm{eq}}+u_{\mathrm{ss}}$ 。

设计切换控制为

$$\dot{S}=(\boldsymbol{HB})^{-1}\boldsymbol{Hv} \tag{4.19}$$

当系统状态进入滑动模态运动时， $\dot{S}=0$ ，则等效控制和切换控制为

$$\begin{cases}u_{\mathrm{eq}}=(\boldsymbol{HB})^{-1}\boldsymbol{H}(\boldsymbol{LC}-\boldsymbol{BK})\boldsymbol{E}\\u_{\mathrm{vss}}=(\boldsymbol{HB})^{-1}\boldsymbol{Hv}\end{cases} \tag{4.20}$$

$$\begin{aligned}u_o&=u_{\mathrm{eq}}+u_{\mathrm{vss}}\\&=(\boldsymbol{HB})^{-1}\boldsymbol{H}(\boldsymbol{LC}-\boldsymbol{BK})\boldsymbol{E}+(\boldsymbol{HB})^{-1}\boldsymbol{Hv}\end{aligned} \tag{4.21}$$

滑模面反馈增益矩阵选取如下的形式：

$$\boldsymbol{K} = \boldsymbol{B}^{\mathrm{T}}\boldsymbol{P}'/r \tag{4.22}$$

其中，$\boldsymbol{P}'$ 是对称正定阵。

定理 4.1　对于含有非线性不确定项的系统（4.11）设计鲁棒滑模观测器（4.12），采用滑模面（4.16）和控制策略（4.21），设计参数矩阵 $\boldsymbol{L}$，使得误差系统（4.15）中的 $\boldsymbol{A}-\boldsymbol{LC}$ 为 Hurwitz 矩阵，矩阵 $\boldsymbol{K}$ 的设计采用式（4.22）的形式，则滑模观测器渐近稳定，同时对系统（4.11）中的等效输入干扰 $d_{\mathrm{eq}}(t)$ 进行有效估计。

证明　选择 Lyapunov 函数为 $V_o = \boldsymbol{E}^{\mathrm{T}}\boldsymbol{P}\boldsymbol{E} + \frac{1}{2}S^2$，其中 $\boldsymbol{P}$ 为对称正定矩阵。

$$\begin{aligned}\dot{V}_o &= \dot{\boldsymbol{E}}^{\mathrm{T}}\boldsymbol{P}\boldsymbol{E} + \boldsymbol{E}^{\mathrm{T}}\boldsymbol{P}\dot{\boldsymbol{E}} + S\dot{S}\\ &= [(\boldsymbol{A}-\boldsymbol{LC})\boldsymbol{E} + \boldsymbol{B}u_o - \boldsymbol{v}]^{\mathrm{T}}\boldsymbol{P}\boldsymbol{E} + \boldsymbol{E}^{\mathrm{T}}\boldsymbol{P}[(\boldsymbol{A}-\boldsymbol{LC})\boldsymbol{E} + \boldsymbol{B}u_o - \boldsymbol{v}] + S(\boldsymbol{HB})^{-1}\boldsymbol{H}\boldsymbol{\varepsilon}\,\mathrm{sgn}(S)\\ &= [(\boldsymbol{A}-\boldsymbol{LC})\boldsymbol{E} + \boldsymbol{B}u_o - \boldsymbol{v}]^{\mathrm{T}}\boldsymbol{P}\boldsymbol{E} + \boldsymbol{E}^{\mathrm{T}}\boldsymbol{P}[(\boldsymbol{A}-\boldsymbol{LC})\boldsymbol{E} + \boldsymbol{B}u_o - \boldsymbol{v}] + (\boldsymbol{HB})^{-1}\boldsymbol{H}\boldsymbol{\varepsilon}|S|\end{aligned} \tag{4.23}$$

当系统处于滑动模态时，$S = \dot{S} = 0$，所以 $-\boldsymbol{H}(\boldsymbol{LC}-\boldsymbol{BK})\boldsymbol{E} + \boldsymbol{HB}u_o - \boldsymbol{H}\boldsymbol{v} = 0$

$$\boldsymbol{H}(\boldsymbol{LC}-\boldsymbol{BK})\boldsymbol{E} = \boldsymbol{H}(\boldsymbol{B}u_o - \boldsymbol{v})$$

根据 Moore-Penrose 逆矩阵性质可知：$\boldsymbol{H}^{+} = (\boldsymbol{H}^{\mathrm{H}}\boldsymbol{H})^{+}\boldsymbol{H}^{\mathrm{H}}$，则

$$\boldsymbol{H}^{+}\boldsymbol{H}(\boldsymbol{LC}-\boldsymbol{BK})\boldsymbol{E} = \boldsymbol{H}^{+}\boldsymbol{H}(\boldsymbol{B}u_o - \boldsymbol{v})$$

$$(\boldsymbol{H}^{\mathrm{H}}\boldsymbol{H})^{+}\boldsymbol{H}^{\mathrm{H}}\boldsymbol{H}(\boldsymbol{LC}-\boldsymbol{BK})\boldsymbol{E} = (\boldsymbol{H}^{\mathrm{H}}\boldsymbol{H})^{+}\boldsymbol{H}^{\mathrm{H}}\boldsymbol{H}(\boldsymbol{B}u_o - \boldsymbol{v})$$

$$\boldsymbol{B}u_o - \boldsymbol{v} = (\boldsymbol{LC}-\boldsymbol{BK})\boldsymbol{E} \tag{4.24}$$

将式（4.24）代入式（4.23），可得

$$\begin{aligned}\dot{V}_o &= \dot{\boldsymbol{E}}^{\mathrm{T}}\boldsymbol{P}\boldsymbol{E} + \boldsymbol{E}^{\mathrm{T}}\boldsymbol{P}\dot{\boldsymbol{E}} + S\dot{S}\\ &= [(\boldsymbol{A}-\boldsymbol{LC})\boldsymbol{E} + (\boldsymbol{LC}-\boldsymbol{BK})\boldsymbol{E}]^{\mathrm{T}}\boldsymbol{P}\boldsymbol{E} + \boldsymbol{E}^{\mathrm{T}}\boldsymbol{P}[(\boldsymbol{A}-\boldsymbol{LC})\boldsymbol{E} + (\boldsymbol{LC}-\boldsymbol{BK})\boldsymbol{E}] + (\boldsymbol{HB})^{-1}\boldsymbol{H}\boldsymbol{\varepsilon}|S|\\ &= \boldsymbol{E}^{\mathrm{T}}[(\boldsymbol{A}-\boldsymbol{BK})^{\mathrm{T}}\boldsymbol{P} + \boldsymbol{P}(\boldsymbol{A}-\boldsymbol{BK})]\boldsymbol{E} + (\boldsymbol{HB})^{-1}\boldsymbol{H}\boldsymbol{\varepsilon}|S|\\ &= -\boldsymbol{E}^{\mathrm{T}}\boldsymbol{Q}\boldsymbol{E} + (\boldsymbol{HB})^{-1}\boldsymbol{H}\boldsymbol{\varepsilon}|S|\end{aligned} \tag{4.25}$$

其中，$\boldsymbol{B}$、$\boldsymbol{H}$ 都是正常数矩阵，选择适当的 $\boldsymbol{\varepsilon}$，使 $(\boldsymbol{HB})^{-1}\boldsymbol{H}\boldsymbol{\varepsilon}$ 成立，又有 $\boldsymbol{Q} > 0$，可知 $\dot{V} < 0$，即状态估计误差最终趋向于零，观测器是渐近稳定的。

定理 4.1 证明完毕。

4.2.3　矩阵 L 和矩阵 K 的求解方法

根据式（4.9）的讨论可知，矩阵 $\boldsymbol{L}$ 的设计要保证 $\boldsymbol{A}-\boldsymbol{LC}$ 的特征值均在左半开

复平面中，即 $\boldsymbol{A}-\boldsymbol{LC}$ 所有的特征值都具有负实部，则误差动态系统式（4.9）随时间 $t\to\infty$，状态观测器的误差也趋近于零，因此式（4.15）中的矩阵 $\boldsymbol{L}$ 的设计也要保证 $\boldsymbol{A}-\boldsymbol{LC}$ 的特征值均具有负实部。

评注 4.1　$\boldsymbol{A}-\boldsymbol{LC}$ 的极点反映了 $\hat{\boldsymbol{x}}$ 逼近 $\boldsymbol{x}$ 的速度，极点的实部越小则逼近速度越快，SMDOB 的响应速度越快；$\boldsymbol{A}-\boldsymbol{LC}$ 的极点还决定了观测器的抗干扰能力，响应速度越快，观测器的频带越窄，抗干扰能力越差。增益矩阵 $\boldsymbol{L}$ 的参数也并非越大越好，增益矩阵 $\boldsymbol{L}$ 的参数越大，会受到元器件饱和特性的限制，此外在实际系统的测量输出 $y(t)$ 中通常存在干扰和测量噪声，若 $\boldsymbol{L}$ 的参数较大，会大幅度地放大 $y(t)$ 中的干扰和测量噪声。当传感器噪声较大时，要尽量减小 $\boldsymbol{L}$ 的参数，并且对噪声进行平滑处理，因此在求解矩阵 $\boldsymbol{L}$ 时要根据实际情况综合考虑。

式（4.16）中的矩阵 $\boldsymbol{K}$ 可以采用 LQR 最优控制理论方法进行设计。该部分的设计对象是系统观测误差所构成的线性误差系统，可由式（4.26）表示：

$$\dot{\boldsymbol{E}}=\boldsymbol{AE}+\boldsymbol{B}u' \tag{4.26}$$

因为系统（4.26）是可控的，可以任意地配置 $\boldsymbol{A}-\boldsymbol{BK}$ 的特征值到期望的位置，从而保证滑模运动具有较好的渐近收敛特性，此时会有 $\boldsymbol{E}\to\boldsymbol{0}$。根据 LQR 最优控制理论，可设计最优状态反馈控制律为

$$u'=-\boldsymbol{K}^{*}\boldsymbol{E} \tag{4.27}$$

使得如下的二次型性能指标 $J=\dfrac{1}{2}\displaystyle\int_0^{\infty}[\boldsymbol{E}^{\mathrm{T}}\boldsymbol{Q}_1\boldsymbol{E}+ru'^2]\mathrm{d}t$ 取得极小值。其中，$\boldsymbol{Q}_1=\begin{bmatrix}q_1 & 0\\ 0 & q_2\end{bmatrix}$，$q_1>0$，$q_2>0$，且 $r>0$。此时，最优反馈阵 $\boldsymbol{K}^{*}$ 可以表示为

$$\boldsymbol{K}^{*}=\boldsymbol{B}^{\mathrm{T}}\boldsymbol{P}'/r \tag{4.28}$$

其中，$\boldsymbol{P}'$ 是对称正定阵，应该满足矩阵 Riccati 方程

$$-\boldsymbol{P}'\boldsymbol{A}-\boldsymbol{A}^{\mathrm{T}}\boldsymbol{P}'+\boldsymbol{P}'\boldsymbol{B}r^{-1}\boldsymbol{B}^{\mathrm{T}}\boldsymbol{P}'-\boldsymbol{Q}_1=0 \tag{4.29}$$

这时，理想滑模运动（4.16）将变为 $\dot{\boldsymbol{E}}=(\boldsymbol{A}-\boldsymbol{BK}^{*})\boldsymbol{E}$，可认为是系统（4.26）关于 J 的最优状态轨迹。

评注 4.2　在伺服系统的控制中，滑模控制主要应用于闭环控制器设计，其目标是纠正系统速度或位置响应与指令之间的偏差，使系统对速度或位置指令的跟踪误差沿滑模面收敛至零。而本节提出的滑模干扰观测器的任务是对 EID 进行估计与补偿，从实践经验来看，传统的 DOB 对干扰的低频分量都能进行有效的补偿，而对于干扰高频分量的估计则显得无能为力。而滑模控制的快速切换特性，能有效地跟随干扰高频分量的变化，可以对其进行有效的估计与补偿。从 SMDOB 干扰估计结果 $u_o=u_{\mathrm{eq}}+u_{\mathrm{ss}}$ 中可以看到，u_{eq} 相当于估计了干扰的低频分量，u_{ss} 相当于估计了

干扰的高频分量。同时，根据矩阵 $\boldsymbol{K}$ 的取值调整滑模面的状态变量趋近滑模面的速度，在干扰估计中，u_{ss} 所要面对的干扰高频分量是比较小的，其切换增益的值可以设计得很小，从而大大减小 u_o 中切换控制作用的幅值，这将有利于工程上的实现。

4.2.4 低通滤波器的设计

在实际工程中，系统的输出都是依靠传感器测量得到的，那会不可避免地引入测量噪声。为了便于工程实现，减少实际中测量噪声对干扰估计的影响，在 EID 估计的输出端引入滤波器 $Q(s)$。由前面关于滤波器的介绍可知，$Q(s)$的设计决定了 SMDOB 对实际干扰的估计效果，它的频带限定了 SMDOB 估计干扰的频率范围，它的设计也影响了系统的稳定性，因此 $Q(s)$是 SMDOB 设计中的一个非常重要的环节。引入滤波器 $Q(s)$，则等效输入干扰估计为

$$\hat{D}_{\text{eq\_real}}(s)=Q(s)\hat{D}_{\text{eq}}(s) \tag{4.30}$$

其中，$\hat{D}_{\text{eq\_real}}(s)$ 和 $\hat{D}_{\text{eq}}(s)$ 分别是 $\hat{d}_{\text{eq\_real}}(t)$ 和 $\hat{d}_{\text{eq}}(t)$ 的拉普拉斯变换。此时式（4.14）变为

$$u(t)=u_r(t)-\hat{d}_{\text{eq\_real}}(t) \tag{4.31}$$

结合式（4.12）、式（4.13）和式（4.31），可得

$$\dot{\boldsymbol{E}}=(\boldsymbol{A}-\boldsymbol{LC})\boldsymbol{E}+\boldsymbol{B}\hat{d}_{\text{eq\_real}}(t)-\boldsymbol{v} \tag{4.32}$$

根据式（4.21），可知

$$\hat{d}_{\text{eq}}(t)=(\boldsymbol{HB})^{-1}\boldsymbol{H}(\boldsymbol{LC}-\boldsymbol{BK})\boldsymbol{E}+(\boldsymbol{HB})^{-1}\boldsymbol{H\varepsilon}\,\text{sgn}(S) \tag{4.33}$$

由式（4.32）和式（4.33）可得

$$\begin{aligned}\hat{d}_{\text{eq}}(t)=&(\boldsymbol{HB})^{-1}\boldsymbol{H}(\boldsymbol{LC}-\boldsymbol{BK})[s\boldsymbol{I}-(\boldsymbol{A}-\boldsymbol{LC})]^{-1}\boldsymbol{B}\hat{d}_{\text{eq\_real}}(t)\\&-\left\{(\boldsymbol{HB})^{-1}\boldsymbol{H}(\boldsymbol{LC}-\boldsymbol{BK})[s\boldsymbol{I}-(\boldsymbol{A}-\boldsymbol{LC})]^{-1}\boldsymbol{\varepsilon}+(\boldsymbol{HB})^{-1}\boldsymbol{H\varepsilon}\right\}\text{sgn}(S)\end{aligned} \tag{4.34}$$

令 $\hat{d}_{\text{eq\_real}}(t)$ 到 $\hat{d}_{\text{eq}}(t)$ 的传递函数为 $G_{\text{dis}}(s)$，$\text{sgn}(S)$ 到 $\hat{d}_{\text{eq}}(t)$ 的传递函数为 $G_{\text{sgn}}(s)$，则

$$\begin{cases}G_{\text{dis}}(s)=(\boldsymbol{HB})^{-1}\boldsymbol{H}(\boldsymbol{LC}-\boldsymbol{BK})[s\boldsymbol{I}-(\boldsymbol{A}-\boldsymbol{LC})]^{-1}\boldsymbol{B}\\G_{\text{sgn}}(s)=-(\boldsymbol{HB})^{-1}\boldsymbol{H}(s\boldsymbol{I}+2\boldsymbol{LC}-\boldsymbol{BK}-\boldsymbol{A})[s\boldsymbol{I}-(\boldsymbol{A}-\boldsymbol{LC})]^{-1}\boldsymbol{\varepsilon}\end{cases} \tag{4.35}$$

由小增益定理[209]，系统鲁棒稳定的充分条件是 $\|G_{\text{dis}}(\text{j}\omega)Q(\text{j}\omega)\|_\infty\leqslant 1$。可见，低通滤波器 $Q(s)$对于 SMDOB 的稳定性也有直接的影响。此处滤波器 $Q(s)$一般采用一阶低通滤波器，其形式为

$$Q(s)=\frac{1}{\tau s+1}=\frac{g_c}{s+g_c} \tag{4.36}$$

其中，$g_c=\tau^{-1}$为一阶滤波器的截止频率。

结合前面对$Q(s)$的分析可知，参数τ决定了$Q(s)$的带宽，τ越小，$Q(s)$频带越宽，系统干扰的抑制能力越强，与此同时也导致$\|G_{\text{dis}}(\text{j}\omega)Q(\text{j}\omega)\|_\infty$的增益在高频段增大，使得干扰观测器的鲁棒稳定性变差；相反τ越大，$Q(s)$频带越窄，干扰抑制能力越弱，干扰观测器的稳定性越好。因此，在设计参数g_c时，要综合考虑干扰抑制能力和鲁棒稳定性。

4.2.5 干扰估计的仿真验证

为了验证本章所提 SMDOB 方法对干扰估计的有效性，本节将采用 MATLAB 搭建仿真环境与传统 DOB 方法进行对比，初步分析检验这两种方法的效果，为在实际系统中应用打下基础。

DOB 和 SMDOB 都适用于一般的伺服系统，在仿真实验中采用直流力矩电机驱动伺服系统，因此系统的被控对象可以视为一个电机控制系统，其模型采用第 3 章中介绍的等效二阶模型。考虑被控对象的数学描述形式为

$$\ddot{x}(t)=-\frac{B_n}{J_n}\dot{x}(t)-\frac{1}{J_n}u(t)+d(t)$$

其中，$d(t)$表示作用于系统总的等效扰动，控制输入采用$u(t)=3\cos\left(\frac{t}{2}\right)$。在传统 DOB 的设计中，滤波器采用$Q_{31}(s)=\frac{3\tau_1 s+1}{\tau_1^3 s^3+3\tau_1^2 s^2+3\tau_1 s+1}$。MATLAB 仿真中采用一阶欧拉法求解微分方程，仿真步长为 0.001s，干扰观测器的设计参数如表 4.1 所示。

表 4.1 仿真实验中干扰观测器相关参数

相关参数	表示符号	数值
名义模型转动惯量	J_n	$0.00125\text{kg}\cdot\text{m}^2$
名义模型阻尼系数	B_n	$0.08125\text{N}\cdot\text{s/m}$
观测器增益矩阵	$\boldsymbol{L}$	$[15\quad 50]^\text{T}$
滑模面反馈矩阵	$\boldsymbol{K}$	$[7.93\quad 0.56]$
正常数矩阵	$\boldsymbol{H}$	$[1\quad 0.5]$
切换律增益矩阵	$\boldsymbol{\varepsilon}$	$[-0.1\quad 0.02]^\text{T}$
SMDOB 中的 $Q(s)$时间常数	τ	0.01s
DOB 中的 $Q(s)$的时间参数	τ_1	0.01s

实验一，$d=\text{sign}(\sin(0.5*\pi t))$，仿真结果如图 4.6 所示。

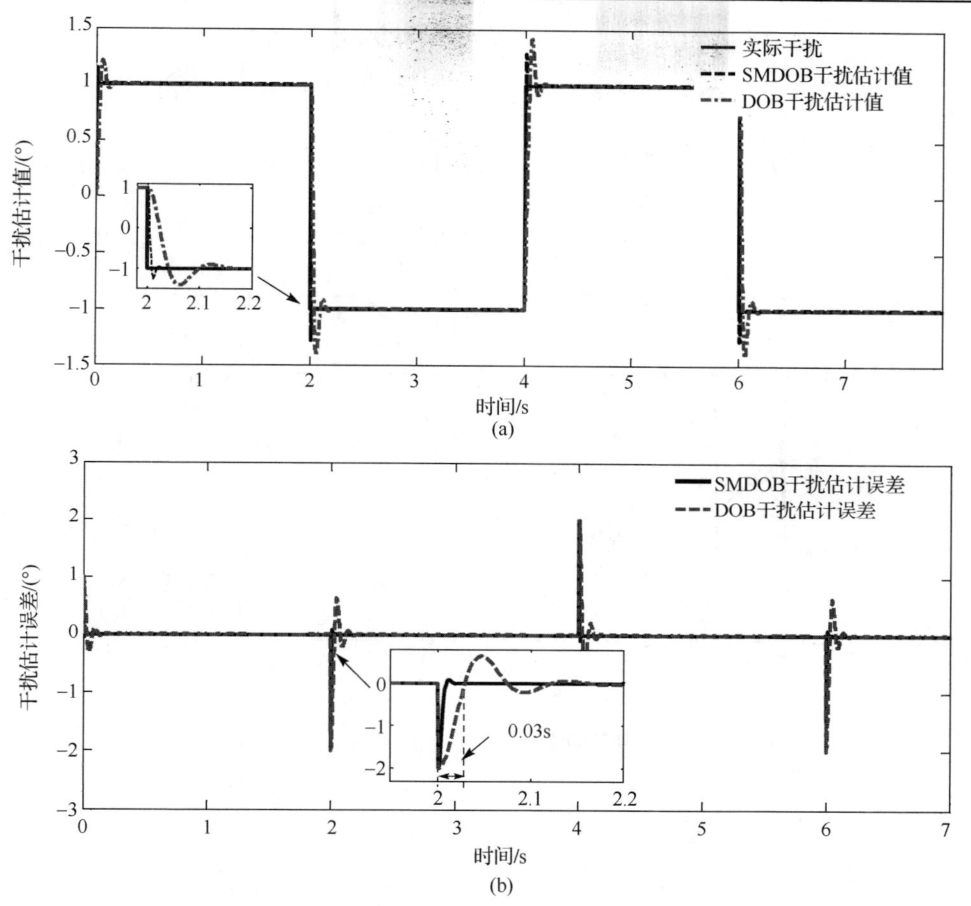

图 4.6　DOB 和 SMDOB 干扰估计结果

在这个实验中，干扰 $d(t)$ 具有符号函数的形式，除了可以验证 SMDOB 对常值干扰的估计，还能考查在常值突变点处，SMDOB 对快速变化干扰的估计能力。干扰为常值时，$\dot{d}(t)=0$，此时两种干扰估计方法都能对干扰进行有效的估计；但是当干扰发生突变时，从图 4.7 中可以看出，由于滑模控制思想的引入，加快了 SMDOB 对突变干扰的估计速度。从图 4.7 干扰估计误差图中可以清晰地看出，SMDOB 在 0.03s 内实现对突变干扰的有效估计，而传统 DOB 方法要在 0.2s 后才能跟踪上实际干扰。

实验二，$d=\sin(0.25*2\pi t)$，仿真结果如图 4.7 所示。

在这个实验中，干扰 $d(t)$为正弦信号，它的导数在绝大部分时间内是非零的，DOB、SMDOB 都可以很好地跟踪变化的干扰信号，但是 DOB 的干扰估计误差要大于 SMDOB 的干扰估计误差，因此，从这个实验可以看出 SMDOB 对干扰估计的准确性优于传统 DOB 干扰估计方法。

实验三，$d(t)=\sin(10\pi t)$，仿真结果如图 4.8 所示。

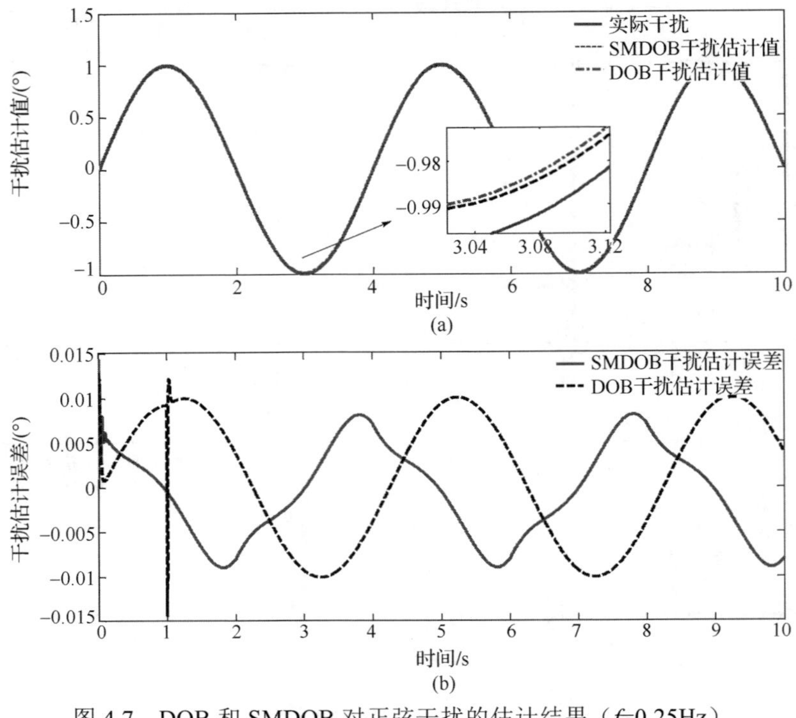

图 4.7　DOB 和 SMDOB 对正弦干扰的估计结果（f=0.25Hz）

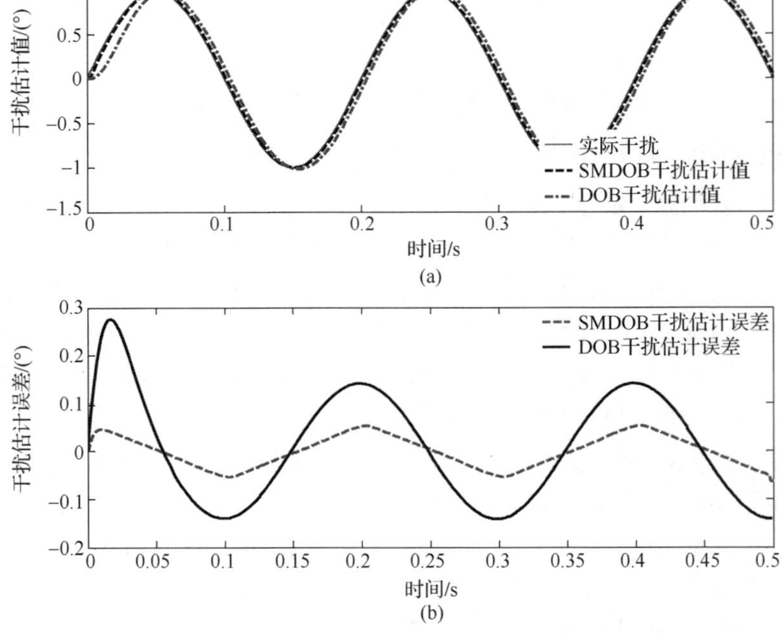

图 4.8　DOB 和 SMDOB 对正弦干扰估计误差的结果（f=5Hz）

从图 4.8 干扰估计值中可以看到，SMDOB 对于频率为 5Hz 的正弦干扰仍然可以进行精确地估计，而传统 DOB 干扰估计方法在估计干扰时产生了相移，无法准确地获得干扰估计信号，存在干扰估计不足的问题。在图 4.8 的干扰估计误差图中，SMDOB 的稳态估计误差是 0.05，传统 DOB 干扰估计方法的稳态估计误差接近 0.14，这进一步证明了 SMDOB 对于快速变化的干扰可以进行有效的估计。

实验四，$d(t)=0.5\cos(4t)\mathrm{e}^{\sin(2\pi t)}+0.3\cos(3t)\mathrm{e}^{\sin(2\pi t)}+\sin(0.25\pi t)$，仿真结果如图 4.9 所示。

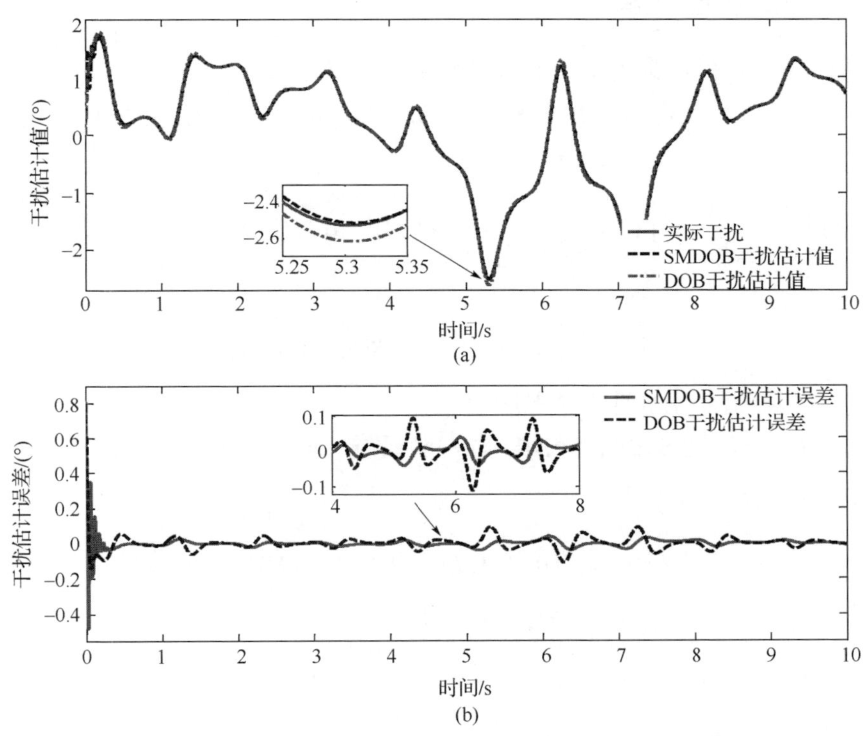

图 4.9　DOB 和 SMDOB 对任意干扰估计误差的结果

从图 4.9 的仿真结果可以看出，传统 DOB 和 SMDOB 都可以有效地估计出仿真实验给定的干扰信号，但是 DOB 方法对干扰估计的误差要大于 SMDOB 方法。

综合上述仿真结果，可知 SMDOB 的收敛速度比传统 DOB 快，且干扰估计精度也优于传统 DOB。传统 DOB 对常值或慢时变的干扰可以进行有效的估计，但是系统受到突然变化的外力、摩擦等具有快速变化性质的干扰作用时，应用其只能补偿这些快变干扰的低频分量，无法补偿掉这些干扰的高频分量，估计效果会有显著的下降；SMDOB 的性能虽然也会随着干扰频率的增大而有所降低，但是依然能够有效地估计干扰。总而言之，传统 DOB 是一种线性化的方法，在处理非线性特征很强的系统必然导致很大的不确定性；而 SMDOB 利用滑模控制这一非线性、强鲁棒性的方法直接面对系统中的非线性干扰，它不但可以有效地估计出干扰的低频分量，对于干扰的高频分量也可以进行有效的估计，保证观测器对于干扰的充分估计和补偿。

4.3 基于模型分解的滑模干扰观测器复合控制策略

4.3.1 模型的加性分解

根据第 3 章介绍，稳定平台的数学模型可以描述为

$$\begin{cases}\dot{\boldsymbol{x}}(t)=[\boldsymbol{A}+\Delta\boldsymbol{A}]\boldsymbol{x}(t)+[\boldsymbol{B}+\Delta\boldsymbol{B}](u(t)+d_{\text{ext}}(t))\\ y(t)=\boldsymbol{C}\boldsymbol{x}(t)\end{cases} \tag{4.37}$$

其中，$\boldsymbol{A}=\begin{bmatrix}0 & 1\\ 0 & -B_n/J_n\end{bmatrix}$，$\boldsymbol{B}=\begin{bmatrix}0\\ 1/J_n\end{bmatrix}$，$\boldsymbol{C}=[1\quad 0]$，$\boldsymbol{x}(t)=\begin{bmatrix}x_1\\ x_2\end{bmatrix}$。对干扰进行等价变换可得

$$\begin{cases}\dot{\boldsymbol{x}}(t)=[\boldsymbol{A}+\Delta\boldsymbol{A}]\boldsymbol{x}(t)+\boldsymbol{B}[u(t)+d_{\text{eq}}(t)]\\ y(t)=\boldsymbol{C}\boldsymbol{x}(t)\end{cases} \tag{4.38}$$

其中，$\boldsymbol{B}d_{\text{eq}}(t)=(\boldsymbol{B}+\Delta\boldsymbol{B})d_{\text{ext}}(t)+\Delta\boldsymbol{B}u(t)$。对系统（4.38）构造滑模干扰观测器估计 $d_{\text{eq}}(t)$ 的估计值 $\hat{d}_{\text{eq\_real}}(t)$，即

$$\begin{cases}\hat{d}_{\text{eq}}(t)=(\boldsymbol{HB})^{-1}\boldsymbol{H}(\boldsymbol{LC}-\boldsymbol{BK})\boldsymbol{E}+(\boldsymbol{HB})^{-1}\boldsymbol{H}\boldsymbol{v}\\ \hat{D}_{\text{eq\_real}}(t)=Q(s)\hat{D}_{\text{eq}}(t)\end{cases} \tag{4.39}$$

其中，$\boldsymbol{E}=\hat{\boldsymbol{x}}-\boldsymbol{x}$，$\hat{\boldsymbol{x}}$ 为 $\boldsymbol{x}$ 的状态观测值。将 $\hat{d}_{\text{eq\_real}}(t)$ 代入原系统进行补偿，此时系统模型可表示为

$$\begin{cases}\dot{\boldsymbol{x}}(t)=[\boldsymbol{A}+\Delta\boldsymbol{A}]\boldsymbol{x}(t)+\boldsymbol{B}[u_r+u_s+\tilde{d}_{\text{eq}}(t)]\\ y(t)=\boldsymbol{C}\boldsymbol{x}(t)\end{cases} \tag{4.40}$$

其中，定义 SMDOB 的干扰估计误差 $\tilde{d}_{\text{eq}}(t)=d_{\text{eq}}(t)-\hat{d}_{\text{eq\_real}}(t)$，如果 EID 的估计值 $\hat{d}_{\text{eq\_real}}(t)$ 等于干扰 d_{eq}，即 $\tilde{d}_{\text{eq}}=0$，但实际中 SMDOB 也会存在干扰观测不足的问题，因此 EID 的观测误差 $\tilde{d}_{\text{eq}}\neq 0$。此时，系统动态方程表达式为

$$J_n\ddot{x}+B_n\dot{x}=u_r+u_s+\delta(t) \tag{4.41}$$

其中，$\delta(t)$ 为系统的不确定项，且 $\boldsymbol{B}\delta(t)=\Delta\boldsymbol{A}\boldsymbol{x}(t)+\boldsymbol{B}\tilde{d}_{\text{eq}}(t)$。

依据加性分解原理，对系统（4.40）采用第 3 章所介绍的分解形式进行分解。

主系统形式为

$$\begin{cases} \dot{\boldsymbol{x}}_p(t) = \boldsymbol{A}\boldsymbol{x}_p(t) + \boldsymbol{B}u_p(t) \\ y_p(t) = \boldsymbol{C}\boldsymbol{x}_p(t) \\ e_p(t) = -\boldsymbol{C}\boldsymbol{x}_p(t) + r(t), \quad \boldsymbol{x}_p(0) = 0 \end{cases} \tag{4.42}$$

其中，$\boldsymbol{x}_p(t) = [x_{p,1} \quad x_{p,2}]^{\mathrm{T}}$，$u_p = u_r$，则系统方程可以写成

$$J_n \ddot{x}_{p,1} + B_n \dot{x}_{p,1} = u_r \tag{4.43}$$

辅系统形式为

$$\begin{cases} \dot{\boldsymbol{x}}_s(t) = [\boldsymbol{A} + \Delta\boldsymbol{A}]\boldsymbol{x}_s(t) + \Delta\boldsymbol{A}\boldsymbol{x}_p(t) + \boldsymbol{B}[u_s + \tilde{d}_{\mathrm{eq}}(t)] \\ \qquad\;\; = \boldsymbol{A}\boldsymbol{x}_s(t) + \boldsymbol{B}u_s + \boldsymbol{B}\delta(t) \\ y_s(t) = \boldsymbol{C}\boldsymbol{x}_s(t) \\ e_s(t) = -\boldsymbol{C}\boldsymbol{x}_s(t), \quad \boldsymbol{x}_s(0) = \boldsymbol{x}_o \end{cases} \tag{4.44}$$

其中，$\boldsymbol{x}_s(t) = [x_{s,1} \quad x_{s,2}]^{\mathrm{T}}$。根据分解原理 $\boldsymbol{x} = \boldsymbol{x}_p + \boldsymbol{x}_s$，$y = y_p + y_s$。

从分解结构可知，系统不确定性被分解到辅系统中，对于主系统设计控制器 $u_p(t)$ 去跟踪 $r(t)$，辅系统则需要设计补偿器 $u_s(t)$ 去保证其稳定，因此，有 $y = y_p + y_s \to r(t)$。接下来介绍 $u_p(t)$ 和 $u_s(t)$ 的设计方法。

4.3.2　系统控制器和辅系统补偿器的设计

迄今为止机电伺服系统控制任务一般被描述为：①位置的函数；②速度的函数；③位置+速度的函数；④位置+速度+加速度的函数。根据不同的情况选择适当的控制方式。目前设计可以分为两个不同的方面，一是基于指令响应的设计，二是基于渐近或有限时间内收敛的 Lyapunov 条件的设计方法。这两种方法都可以归结为加速度的控制结构。为了选择适当的控制力矩使平衡点处的控制误差达到稳定，所以系统控制器的设计选择与输出误差相关的力矩加速度作为控制输入信号，系统的控制结构图如图 4.10 所示。

定义跟踪误差 $e = r - y = r - x$，$r(t)$ 为给定的参考信号，假设 $r(t)$ 具有 2 阶时间导数。定义广义跟踪误差为

$$\sigma_c = \dot{e} + c_1 e \tag{4.45}$$

其中，c_1 是常数。如果要实现输出误差函数 σ_c 渐近收敛于零，闭环系统的理想渐近收敛律将被设计为：$\dot{\sigma}_c + k_c\sigma_c = 0$，其中，$k_c$ 为正的比例增益系数。因此系统（4.43）中的线性控制输入的设计分为两个过程：一是设计等效加速度 $\ddot{x}_{\mathrm{eq}}$，二是设计收敛性加速度 $\ddot{x}_{\mathrm{con}}$。此时，系统的期望加速度可以表示为 $\ddot{x}_{\mathrm{des}} = \ddot{x}_{\mathrm{eq}} + \ddot{x}_{\mathrm{con}}$。$\ddot{x}_{\mathrm{eq}}$ 可以从已知的控制输出中推导得到，$\ddot{x}_{\mathrm{con}}$ 可由理想收敛律中获得。

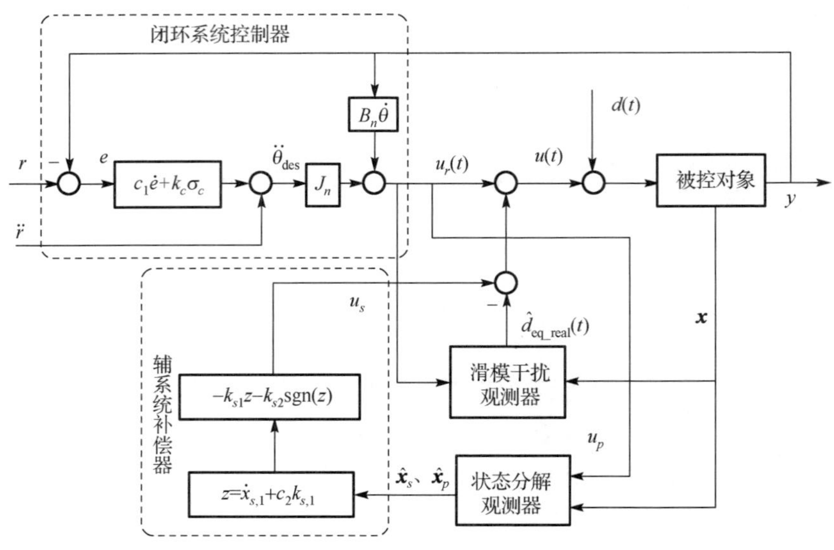

图 4.10　闭环系统控制结构图

为了保证 $\dot{\sigma}_c=0$，则 $\ddot{x}_{eq}=\ddot{r}-c_1\dot{e}$；令收敛性加速度 $\ddot{x}_{con}=-k_c\sigma_c$，那么动态闭环系统 $\dot{\sigma}_c+k_c\sigma_c=0$。期望加速度可以表示为

$$\ddot{x}_{des}=\ddot{r}-c_1\dot{e}-k_c\sigma_c \tag{4.46}$$

根据控制力矩 $\ddot{x}_{des}$ 可以设计出基于系统名义模型的控制律，即

$$u_r=J_n\left[\frac{B_n}{J_n}\dot{x}+\ddot{x}_{des}\right]=J_n\left[\frac{B_n}{J_n}\dot{\theta}-k_c\sigma_c+\ddot{r}-(c_1\dot{e})\right] \tag{4.47}$$

从模型分解的结果可以看出，辅系统中存在系统的不确定项，因此需要设计补偿器对其进行补偿，从而实现辅系统的稳定。辅系统的动态方程可以表示为

$$J_n\ddot{x}_{s,1}+B_n\dot{x}_{s,1}=u_s+\delta(t) \tag{4.48}$$

u_s 的设计目标就是使得 $\boldsymbol{x}_s\to 0$，即 $u_s\to\delta(t)$。定义辅系统滑模面为

$$z=\dot{x}_{s,1}+c_2x_{s,1} \tag{4.49}$$

其中，$c_2=\dfrac{B_n}{J_n}$，此时的设计目标变为 $z\to 0$。定义控制量为

$$u_s=-k_{s1}z-k_{s2}\mathrm{sgn}(z) \tag{4.50}$$

其中，$k_{s1}>0$，$k_{s2}>0$ 且满足 $k_{s2}\geqslant|\delta(t)|$，$k_{s1}$ 决定了滑模的收敛速度，k_{s2} 决定了辅系统的干扰抑制能力。

评注 4.3　“抖振”现象是滑模控制中系统状态来回穿越滑模面而引起的，这与实际系统存在惯性和传统滑模控制中切换作用有关。在传统单一的滑模控制中，

控制输出值中存在大幅快速切换的控制量，难以在实际系统中应用。本节参数设计时满足 $k_{s2} \geqslant |\delta(t)|$ 条件，由于 SMDOB 对干扰可以进行有效的估计，所以 $\delta(t)$ 是一个较小的数，k_{s2} 可以选取一个较小的值，这样大大减小了 u_s 中切换控制的幅度，减小了控制中的“抖振”问题，可以满足实际应用的效果。

定理 4.2 证明了辅系统（4.44）是收敛的。

定理 4.2　经过等效输入干扰补偿后的系统（4.40），采用加性分解，将系统分解为主系统式（4.42）和辅系统式（4.44），如果主系统控制律 u_r 采用式（4.47）的形式，辅系统的补偿控制律 u_s 采用式（4.50）的形式，则

（1）滑模面（4.49）将指数收敛至 0。

（2）辅系统中的状态 $\boldsymbol{x}_s$ 将渐近至 0，即 $\lim\limits_{t\to\infty}\|x_s\| = 0$ 。

（3）闭环系统（4.40）将渐近稳定。

（4）$\lim\limits_{t\to\infty} y = r$ ，$\lim\limits_{t\to\infty} y_p = r$ 和 $\lim\limits_{t\to\infty} \dot{y}_p = 0$ 。

证明　针对辅系统选择一个正定的 Lyapunov 函数

$$V_s = \frac{1}{2} J_n z^2 \tag{4.51}$$

对 Lyapunov 函数求导可得

$$\begin{aligned}
\dot{V}_s &= z J_n \dot{z} \\
&= z J_n (\ddot{x}_{s,1} + c_2 \dot{x}_{s,1}) \\
&= z[u_s + \delta(t)] \\
&= -k_{s1} z^2 - k_{s2} z \operatorname{sgn}(z) + z\delta(t) \\
&\leqslant -k_{s1} z^2 - k_{s2}|z| - |z||\delta(t)| \\
&\leqslant -k_{s1} z^2 - |z|\left[k_{s2} - |\delta(t)|\right]
\end{aligned} \tag{4.52}$$

若条件 $k_{s2} \geqslant |\delta(t)|$ 成立，有 $|z|\left[k_{s2} - |\delta(t)|\right] \geqslant 0$，则

$$\dot{V}_s \leqslant -k_{s1} z^2 \leqslant 0 \tag{4.53}$$

又由 $z\dot{z} = (z^2)'/2$ 可得

$$(z^2)' \leqslant -\frac{2k_{s1}}{J_n} z^2 \tag{4.54}$$

设变量 z 的初始值为 $z(0)$，则有

$$z^2(t) = z^2(0)\exp\left(-\frac{2k_{s1}}{J_n} t\right) \tag{4.55}$$

以及

$$
|z(t)| = |z(0)| \exp\left(-\frac{2k_{s1}}{J_n}t\right) \tag{4.56}
$$

式（4.56）意味着滑模面 z 将指数收敛至零。根据 $z = \dot{x}_{s,1} + c_2 x_{s,1}$，可知 $\lim_{t\to\infty} x_{s,1}(t) = 0$ 和 $\lim_{t\to\infty} x_{s,2}(t) = 0$，从而 $\boldsymbol{x}_s(t)$ 将渐近收敛于零，即有 $\lim_{t\to\infty}\|x_s\| = 0$ 成立。

接下来讨论闭环系统的稳定性，针对闭环系统控制回路定义一个正定的 Lyapunov 函数：

$$
V_c = \frac{1}{2}\sigma_c^2 \tag{4.57}
$$

则

$$
\dot{V}_c = \sigma_c \dot{\sigma}_c = -k_c \sigma_c^2 \leqslant 0 \tag{4.58}
$$

因此，闭环系统（4.40）是渐近稳定的。

依据上述求解过程，可得

$$
|\sigma_c(t)| = |\sigma_c(0)| \exp(-2k_c t) \tag{4.59}
$$

式（4.59）意味着 σ_c 的大小随时间变化将指数收敛至零，即 $\lim_{t\to\infty}\sigma_c = 0$。根据 $\sigma_c = \dot{e} + c_1 e$ 可知 e 收敛至零，即 $\lim_{t\to\infty} y = r = x$。再根据 $\boldsymbol{x} = \boldsymbol{x}_p + \boldsymbol{x}_s$，可得 $\lim_{t\to\infty}\boldsymbol{x}_p = \lim_{t\to\infty}(\boldsymbol{x} - \boldsymbol{x}_s) = \boldsymbol{x}$，即 $\lim_{t\to\infty} y_p = r$ 和 $\lim_{t\to\infty}\dot{y}_p = 0$ 也成立，因此，定理 4.2 中的四个结论都成立。

4.3.3　光滑化的设计

由于采用 SMC 的系统中必然存在抖振现象，且若完全消除了抖振，也就消除了 SMC 抑制干扰的能力，所以只能在一定程度上减弱抖振现象。模型不确定性和外部干扰的存在，控制律（4.50）在穿过滑模面时是不连续的；另外，相应控制切换的实现必然是非理想的，这就导致了抖振。实际系统中，抖振需要高的控制功率，并且它可能进一步激发在建模中被忽略的高频动态，因此为了减小抖振，在切换面附近引入一个薄边界层，即采用式（4.60）连续饱和函数来代替控制律（4.50）中的不连续符号函数：

$$
\mathrm{sat}\left(\frac{x}{\varDelta}\right) = \begin{cases} 1, & x > \varDelta \\ \dfrac{x}{\varDelta}, & |x| \leqslant \varDelta \\ -1, & x < -\varDelta \end{cases} \tag{4.60}
$$

其中，$\varDelta$ 为边界层厚度，且 $\varDelta > 0$。采用边界层控制的方法，控制律（4.61）变为

$$u_s = -k_{s1}z - k_{s2}\text{sat}\left(\frac{k_{s2}z}{4\varepsilon}\right) \tag{4.61}$$

其中，ε 是一个很小的正实数。

定理 4.3 经过等效输入干扰补偿后的系统（4.40），采用加性分解，将系统分解为主系统式（4.42）和辅系统式（4.44），如果辅系统的补偿控制律 u_s 采用式（4.61）的形式，辅系统将渐近稳定，且

（1）滑动模态 z 的大小指数收敛至一定范围内，且 $\lim\limits_{t\to\infty}|z(t)| \leqslant \sqrt{\varepsilon / k_1}$。

（2）辅系统中的状态 $\boldsymbol{x}_s$ 将渐近收敛至一定范围内，即 $\lim\limits_{t\to\infty}\|\boldsymbol{x}_s\| \leqslant \sqrt{(\varepsilon+4c_2^2\varepsilon)/c_2^2k_1}$。

证明 选取与式（4.51）相同的 Lyapunov 函数，并对时间求导，可得

$$\begin{aligned}\dot{V}_s &= zJ_n\dot{z}\\ &= zJ_n(\ddot{x}_{s,1} + c_2\dot{x}_{s,1})\\ &= z\left[-k_{s1}z - k_{s2}\text{sat}\left(\frac{k_{s2}z}{4\varepsilon}\right) + \delta(t)\right]\\ &\leqslant -k_{s1}z^2 - k_{s2}z\text{sat}\left(\frac{k_{s2}z}{4\varepsilon}\right) + |z||\delta(t)|\end{aligned} \tag{4.62}$$

当 $|z| \geqslant \dfrac{4\varepsilon}{k_{s2}}$ 时，有 $\text{sat}\left(\dfrac{k_{s2}z}{4\varepsilon}\right) = \text{sgn}(z)$。根据定理 4.2 的证明可知，$\dot{V}_s \leqslant -k_{s1}z^2 \leqslant 0$ 成立。因此，z 的大小将指数收敛至 $|z| < \dfrac{4\varepsilon}{k_{s2}}$。

当 $|z| < \dfrac{4\varepsilon}{k_{s2}}$ 时，根据式（4.61）和式（4.62），有

$$\begin{aligned}\dot{V} &\leqslant -k_{s1}z^2 - \frac{k_{s2}^2|z|^2}{4\varepsilon} + k_{s2}|z|\\ &= -k_{s1}z^2 - \frac{1}{\varepsilon}\left(\frac{k_{s2}|z|}{2} - \varepsilon\right)^2 + \varepsilon\\ &\leqslant -k_{s1}z^2 - \frac{1}{\varepsilon}\left(\frac{k_{s2}|z|}{2} - \varepsilon\right)^2 + \varepsilon\\ &\leqslant -\frac{2k_{s1}}{J_n}V + \varepsilon\end{aligned} \tag{4.63}$$

因此

$$z^2(t) \leqslant z^2(0)\exp\left(-\frac{2k_{s1}}{J_n}t\right) + \frac{\varepsilon}{k_{s1}}\left[1 - \exp\left(-\frac{2k_{s1}}{J_n}t\right)\right] \tag{4.64}$$

则有

$$\lim_{t\to\infty}|z(t)|\leqslant\sqrt{\varepsilon/k_{s1}} \tag{4.65}$$

滑动模态 z 以指数速率收敛到有界区域内，根据滑动函数定义式（4.49）可得

$$\lim_{t\to\infty}|x_{s,1}(t)|\leqslant\frac{1}{c_2}\sqrt{\varepsilon/k_{s1}} \tag{4.66}$$

由式（4.49），有 $|z|=|\dot{x}_{s,1}+c_2x_{s,1}|$，根据不等式 $|\dot{x}_{s,1}|-|c_2x_{s,1}|\leqslant|\dot{x}_{s,1}+c_2x_{s,1}|=|z|$，则

$$\lim_{t\to\infty}|\dot{x}_{s,1}(t)|\leqslant 2\sqrt{\frac{\varepsilon}{k_{s1}}} \tag{4.67}$$

根据欧几里得范数的定义、式（4.66）和式（4.67）可得，$\lim\limits_{t\to\infty}\|\boldsymbol{x}_s\|\leqslant\sqrt{\dfrac{\varepsilon+4c_2^2\varepsilon}{c_2^2k_1}}$，因此可知，辅系统是渐近稳定的。

定理 4.3 证明完毕。

评注 4.4　由定理 4.3 可知，当采用饱和函数设计控制律时，辅系统状态变量将会收敛至一个边界内。边界的大小与 ε 和 k_{s1} 有关。ε 越小，k_{s1} 越大则边界越小，误差 $x_{s,1}$ 也越小，干扰估计得会更精确。但是过小的 ε 会更贴近符号函数从而失去采用饱和函数的意义。过大的 k_{s1} 对于实际系统存在一定频率的机械谐振的情况，有可能使系统不稳定。因此，在实际系统中需要反复调节 ε 和 k_{s1} 使得在保证系统稳定的前提下抖振较小。光滑处理后，可以缓解滑模控制的抖振问题，但是系统的运动轨迹 z、$x_{s,1}$ 及 $\dot{x}_{s,1}$ 不是收敛于 0，而是收敛至一个有界的范围，这样相当于放宽了辅系统设计的保守性。

此外，主、辅系统状态变量的获取也是控制器设计时需要考虑研究的问题。

4.3.4　状态分解观测器的设计

在基于模型分解的前提条件下设计控制器时，需要考虑 $\boldsymbol{x}_s(t)$ 的获取问题，而在实际系统中 $\boldsymbol{x}_s(t)$ 往往是不容易被直接测量出来的，$\boldsymbol{x}_s(t)$ 的获取可根据下面介绍的状态分解观测器的方法获取。

根据主系统建立状态分解观测器

$$\begin{cases}\dot{\hat{\boldsymbol{x}}}_p(t)=\boldsymbol{A}\hat{\boldsymbol{x}}_p(t)+\boldsymbol{B}u_p(t)\\ \hat{\boldsymbol{x}}_s(t)=\boldsymbol{x}(t)-\hat{\boldsymbol{x}}_p(t),\quad \hat{\boldsymbol{x}}_p(0)=0\end{cases} \tag{4.68}$$

式（4.68）与式（4.42）相减可得

$$\dot{\tilde{\boldsymbol{x}}}_p(t)=\boldsymbol{A}\tilde{\boldsymbol{x}}_p(t),\quad \dot{\tilde{\boldsymbol{x}}}_p(0)=0 \tag{4.69}$$

其中，$\tilde{\boldsymbol{x}}_p = \hat{\boldsymbol{x}}_p - \boldsymbol{x}_p$。如果 $\boldsymbol{A}$ 满足稳定条件，可得 $\hat{\boldsymbol{x}}_p \equiv \boldsymbol{x}_p$，再由 $\boldsymbol{x} = \boldsymbol{x}_p + \boldsymbol{x}_s$ 可得 $\boldsymbol{x}_s = \boldsymbol{x} - \hat{\boldsymbol{x}}_p$。

评注 4.5　比起传统的观测器以渐近或者指数方式估计系统状态来说，本书所设计的观测器能够直接估计出主系统和辅系统的状态变量。从另一个角度来说，即便初值 $\boldsymbol{x}_o$ 未知，经过分解处理，主系统或辅系统中的一个初值也能准确获得，而不像其他系统无法确定状态的初值。实际系统中状态 $\boldsymbol{x}$ 和参数的测量往往存在误差，在这种情况下，$\hat{\boldsymbol{x}}_p$ 是接近 $\boldsymbol{x}_p$ 的，但是鉴于矩阵 $\boldsymbol{A}$ 的稳定性，保证了在系统具有不确定性的情况下 $\tilde{\boldsymbol{x}}_p$ 为一个较小的值。

在上述设计中，先对系统中的 EID 进行估计和补偿，然后再将干扰补偿后的系统进行加性分解，此时系统的控制任务就被分解为主系统的跟踪任务和辅系统的稳定任务。从定理 4.2 和定理 4.3 可知，辅系统的状态变量渐近收敛至 0 或收敛至一个很小的范围内，即辅系统稳定的控制任务可以实现，而主系统的控制任务就是实现对运动目标的跟踪。值得一提的是辅系统补偿器的设计补偿了 SMDOB 对 EID 未估计状态的估计与补偿，更好地实现了干扰的精细化补偿。因此在系统模型加性分解的基础上设计控制器更好地明确了系统的控制任务，规范了系统的设计过程。

4.4　实 验 验 证

本节将通过实验验证本章所提的基于模型加性分解下的复合控制策略的有效性。

4.4.1　实验设置

本书实验装置采用视轴运动控制实验装置，其组成如图 4.11（a）和（b）所示，该装置采用转动平台模拟两轴两框架的光电稳定跟踪平台，控制计算机采用研华 IPC 610 工控机，该工控机的微处理器为双核 PIV，2.8GHz，内置扩展槽 14 个，中断指令 15 个。D/A 板卡选用 16 位 D/A 板卡，可以输出−10～10V 的电压。前置运放是一个比例为 1 的放大环节。如果仅仅使用位置环反馈，则前置运放可以起到隔离作用，并方便 D/A 板卡输出的调试；如果需要引入速度环反馈或电流环反馈，也可以通过该环节实现。测角系统采用海德汉的 33554432 线码盘，角分辨率可以达到 0.00001°/s，系统的准确度为±5″。码盘测量得到的信号数据通过采集卡进行采集，采集卡与码盘一起构成数字式测角装置。在基于 Windows-RTX 实时操作系统下通过 VC 编写实验中的控制算法，采样周期为 0.001s。如无特殊说明，本书实验中的控制对象硬件系统参数即如本节所述。

利用白噪声扫频的方法获得该装置某一轴的频率特性，通过频率特性拟合，辨识出系统名义模型的参数 $J_n = 0.00014\text{kg}\cdot\text{m}^2$， $B_n = 0.0071\text{N}\cdot\text{s}\cdot\text{m}^{-1}$，图 4.11(c)所示为实际对象模型与名义模型频率特性拟合曲线。

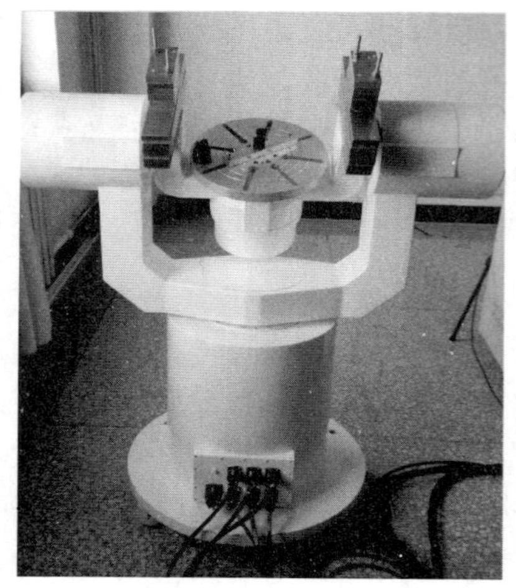

(a) 转动平台

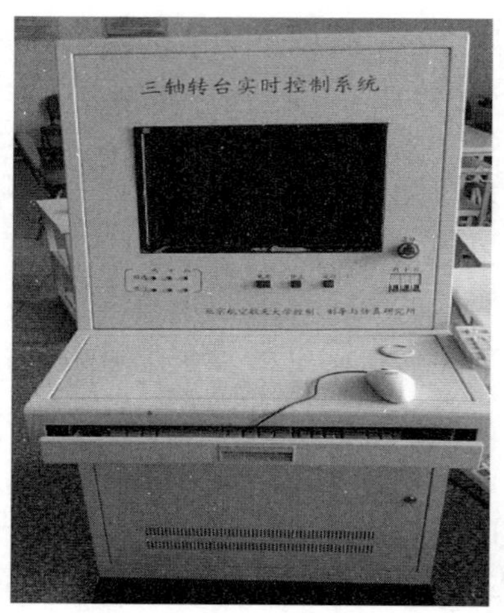

(b) 实验设备控制柜

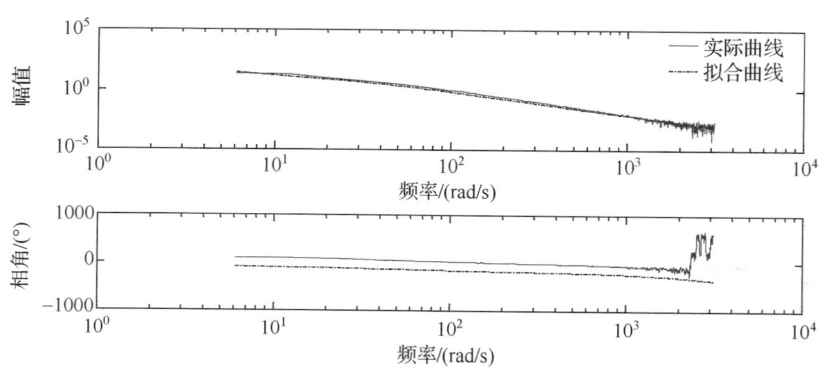

(c) 转动平台某一框架幅频特性曲线图

图 4.11　实验装置设备图

通过前面的分析可知，摩擦干扰是机电伺服系统受到的主要干扰，且载体运动给视轴传感器带来的扰动也是通过摩擦耦合到平台上的。尤其在系统低速运行时，系统轴系间的摩擦力矩是系统受到的主要干扰，而摩擦力矩具有很强的非线性特性。首先对转动平台系统的内部摩擦等干扰进行死区特性测试，对系统进行开环测试，直接在 D/A 输出端加入不同大小的输出电压，从 0.15V 开始每 2s 增加 0.01V 输出电压，从图 4.12 中可以看出，当系统电压增加到 0.2V 时，电机角位置跟随输出电压值发生改变，电机开始运动，这说明在机电伺服系统内部，由于摩擦等干扰的影响，控制系统存在一定范围的控制死区，所以可知系统所受干扰是一个与 x、$\dot{x}$ 及 t

有关、强非线性的函数 $d_{\text{ext}}(x,\dot{x},t)$。所以转动平台本身就是一个具有强非线性特性的系统，其数学模型（4.35）可以进一步描述为

$$\begin{cases}\dot{\boldsymbol{x}}(t)=[\boldsymbol{A}+\Delta\boldsymbol{A}]\boldsymbol{x}(t)+[\boldsymbol{B}+\Delta\boldsymbol{B}][u(t)+d_{\text{ext}}(x,\dot{x},t)]\\ y(t)=\boldsymbol{C}\boldsymbol{x}(t)\end{cases}\tag{4.70}$$

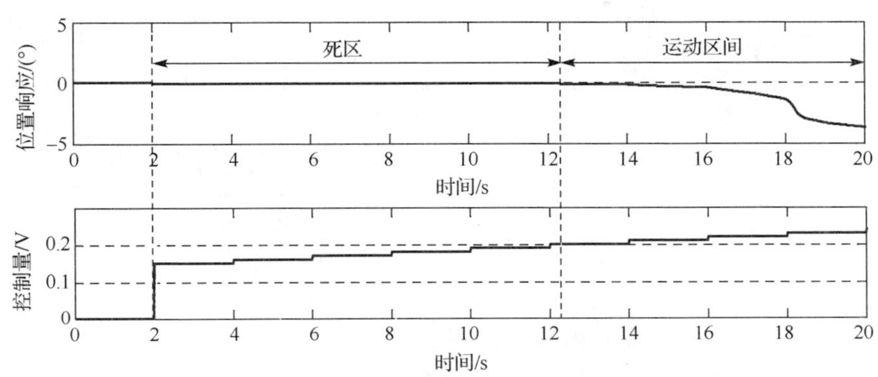

图 4.12　摩擦死区特性测试曲线图

本节实验中电机初始位置和初始速度为 0，所涉及的控制策略参数如表 4.2 所示。

表 4.2　实验中控制器相关参数的设置

相关参数	表示符号	数值
观测器增益矩阵	$\boldsymbol{L}$	$[15\quad 50]^{\text{T}}$
滑模面反馈矩阵	$\boldsymbol{K}$	$[10\quad 0.01]$
正常数矩阵	$\boldsymbol{H}$	$[1\quad 0.5]$
切换律增益矩阵	$\boldsymbol{\varepsilon}$	$[-0.1\quad 0.02]^{\text{T}}$
比例增益系数	k_c	130
常数	c_1	–220
滑模控制常数增益 1	k_{s1}	0.01
滑模控制常数增益 2	k_{s2}	0.02
滑模控制边界层参数	ε	0.00005
$Q(s)$滤波器时间常数	τ	0.01

4.4.2　实验结果及分析

针对本章所提控制方案分别从三个方面进行实验验证：运动目标跟踪的实验、突加外干扰的实验、具有输入延时的实验。从 4.2.5 节的仿真实验可知，SMDOB 的干扰估计效果优于传统的 DOB 方法，因此为了验证本章所提基于模型加性分解的复合控制策略的有效性，在本节实验中将与基于 SMDOB 的复合控制策略实验结果进行对比。实验中所采用的控制结构如图 4.10 和图 4.13 所示，结构图 4.13 为典型的鲁棒内回路控制结构图，其中内环采用 SMDOB 方法补偿干扰，外环控制器的控

制输出采用式(4.47)的形式;图4.10闭环系统控制结构采用基于模型分解的SMDOB复合控制策略，为了减缓滑模控制中的抖振问题，辅系统控制律采用光滑处理后式（4.61）的形式。

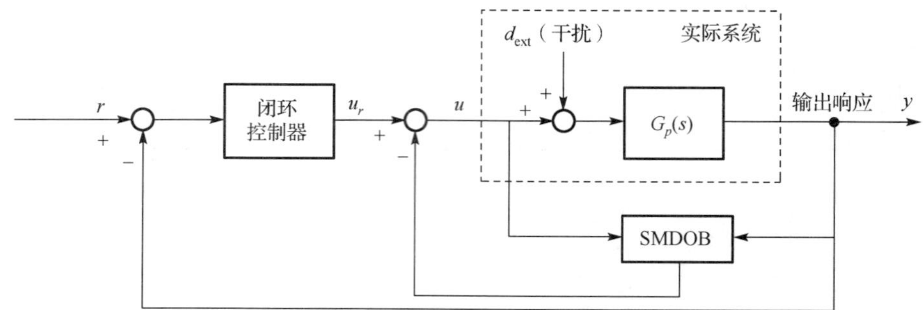

图 4.13　基于 DOB/SMDOB 复合控制策略实验验证结果框图

实验一：验证平台伺服系统跟踪给定目标值的运动情况。

当实验中目标指令信号采用 $0.5\sin(0.5*2\pi t)$ 正弦信号时，针对两种控制策略（基于 SMDOB 复合控制策略及基于模型分解的 SMDOB 复合控制策略）进行实验验证的结果分别如图 4.14 和图 4.15 所示。当目标指令信号为 $0.5\sin(4*2\pi t)$ 正弦信号时，针对两种控制策略进行实验验证的结果分别如图 4.16 和图 4.17 所示。

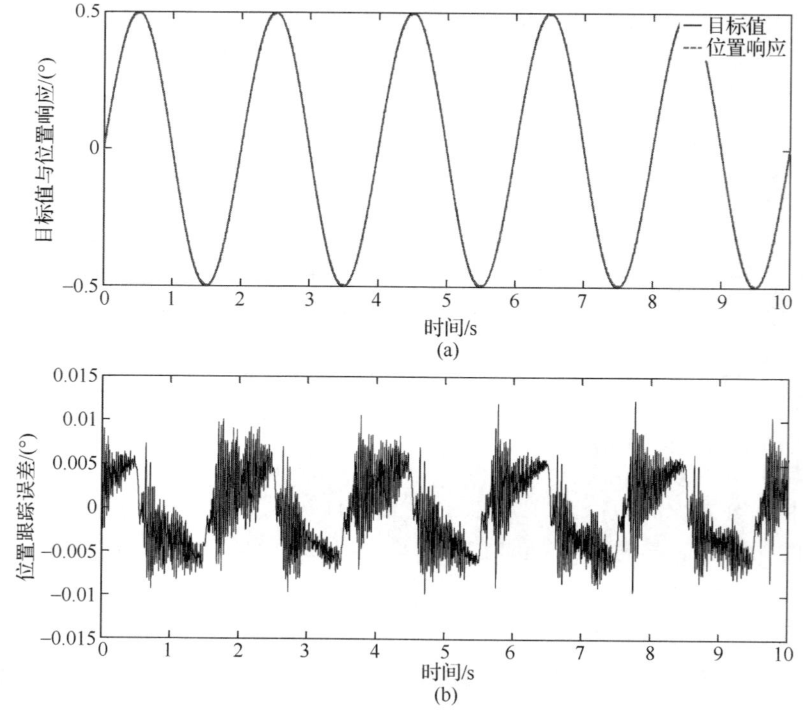

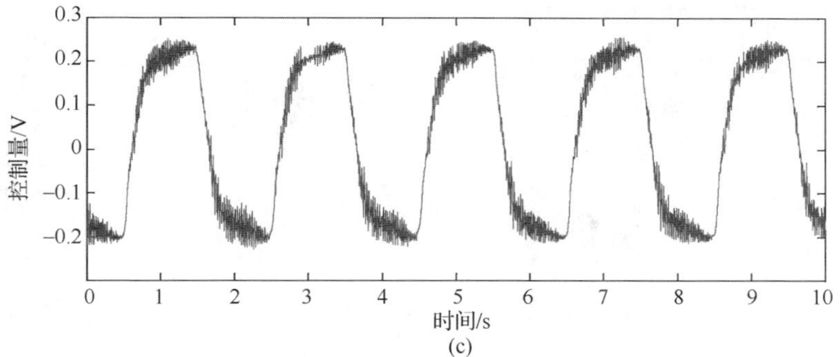

(c)

图 4.14　基于 SMDOB 复合控制策略的实验结果图（输入指令 $0.5\sin(0.5*2\pi t)$）

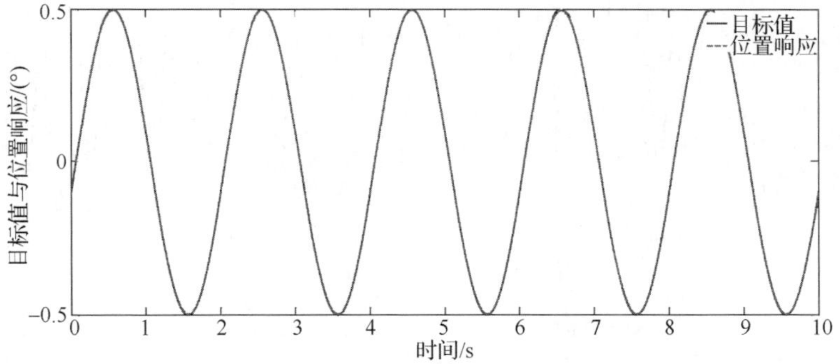

目标值
位置响应
目标值与位置响应/(°)
时间/s

(a)

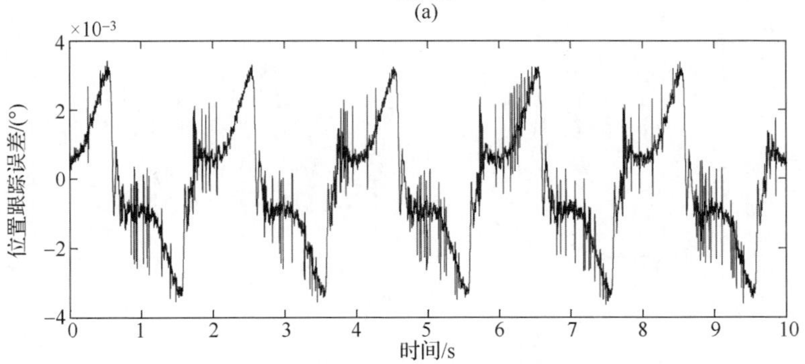

$\times10^{-3}$
位置跟踪误差/(°)
时间/s

(b)

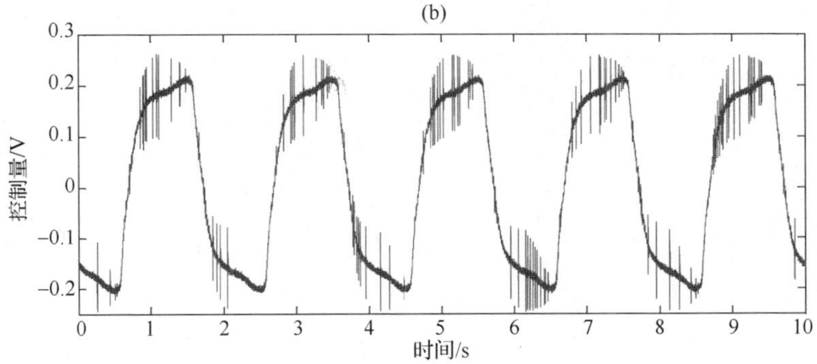

控制量/V
时间/s

(c)

图 4.15　基于模型分解的 SMDOB 复合控制策略的实验结果图（输入指令 $0.5\sin(0.5*2\pi t)$）

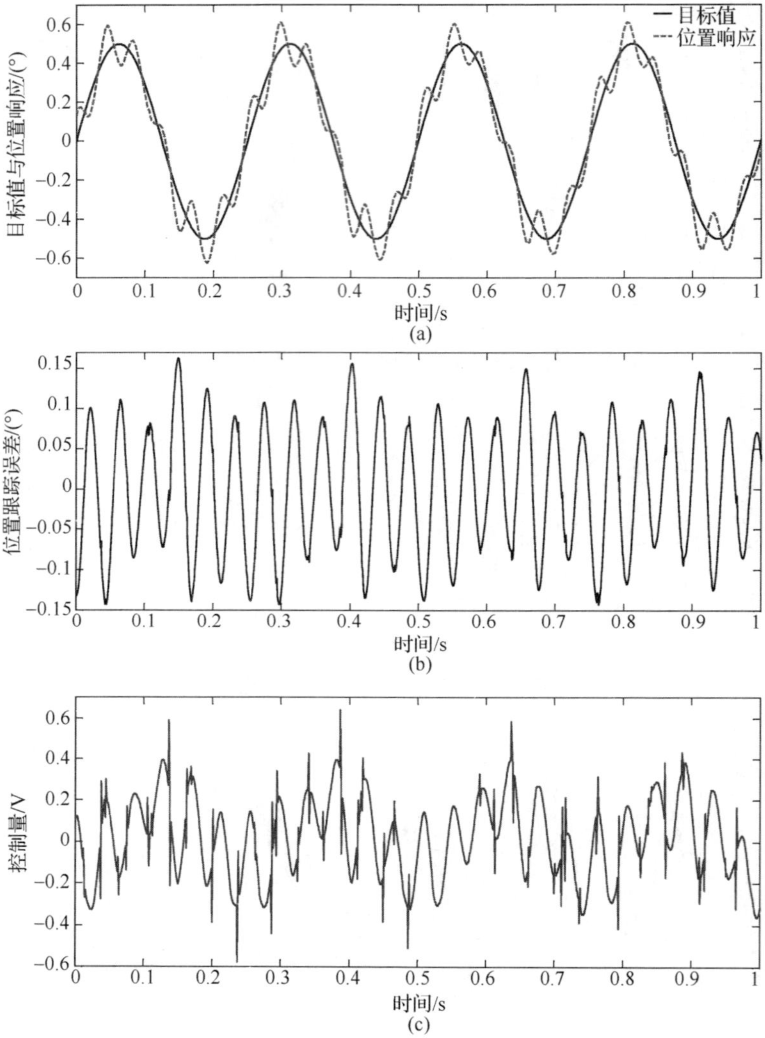

(a)

(b)

(c)

图 4.16　基于 SMDOB 复合控制策略实验结果图（输入指令 $0.5\sin(4*2\pi t)$）

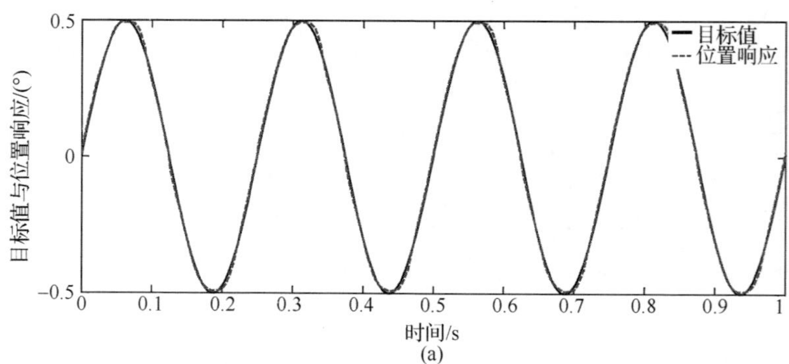

(a)

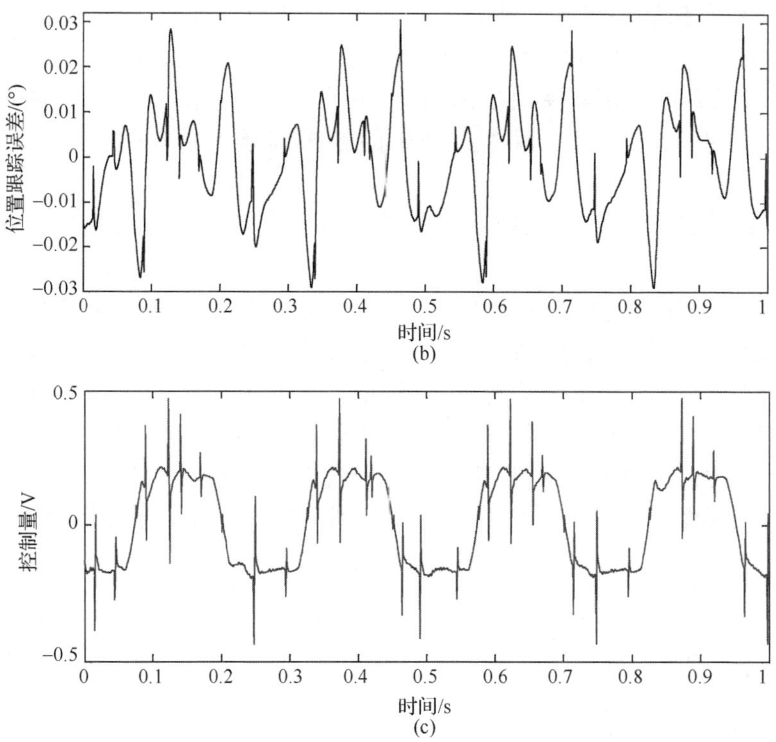

图 4.17　基于模型分解的 SMDOB 复合控制策略的实验结果图（输入指令 $0.5\sin(4*2\pi t)$）

当输入信号频率为 0.5Hz 的正弦时，输入信号不断变化，系统中的 EID 值也会发生变化。在实际系统中，摩擦、电机安装角度等干扰是一个与位置、速度及时间有关的强非线性变量，由于它的影响，系统位置响应跟踪目标值时存在一定误差，由图 4.14 和图 4.15 中位置响应误差的结果可以明显地看出，基于 SMDOB 复合控制方法稳定运行时跟踪误差最大值约为 0.012，而基于模型分解的 SMDOB 复合控制方法在达到稳定运行时，跟踪误差约为 0.0033，从控制结果可知，在滑模补偿器的作用下，EID 得到了更加充分的补偿，系统的性能由于 SMDOB 和补偿器的共同作用而得到了提升。从图 4.15 可见，控制量中虽然存在一定的抖振情况，但是仍可视为允许范围内的抖振。

输入信号的频率增大到 4Hz 时，系统的等效干扰更多地体现出动态特性，由图 4.16 和图 4.17 可以看出，此时，SMDOB 方法的跟踪误差最大值达 0.16，而基于模型分解的 SMDOB 复合控制方法的跟踪误差最大值则为 0.03。从跟踪曲线可以看出，滑模补偿器的引入，使得系统的动态性能得到了一定的提升。

与采用 SMDOB 的干扰补偿情况相比，采用基于模型分解的 SMDOB 复合控制方法，位置偏移量大大减小，系统抗干扰能力大大加强。设计基于模型分解的 SMDOB 复合控制方法时，辅系统控制量 u_s 进一步补偿了系统的不确定干扰，由于 SMDOB 可以有效地估计出干扰信号，所以滑模补偿器的切换系数 k_{s2} 取值很小，有效地减小了滑模控制中的抖振问题，另外，控制律中采用饱和函数代替符号函数，也同样缓解了滑模控制中的抖振问题，抖动被抑制在一个较小的水平内。

实验二：验证平台伺服系统在突加外干扰的影响下，跟踪给定目标值的运动情况。

载体运动姿态的变化、载体的发动机和飞行中的风阻力矩等外界扰动会给航空光电成像与测量设备的成像和测量能力带来严重影响，因此光电平台的抗干扰能力直接影响光电系统的稳定成像能力。为了使实验环境更能模拟真实的环境，针对平台伺服实验系统，跟踪指令采用 $\sin(0.1*2\pi t)$ 信号，通过程序在平台伺服系统中加入如图 4.18 所示的方波干扰，此时系统的运动除了受摩擦等自身干扰的影响还受外加干扰的影响，三种控制策略的实验结果如图 4.19 及图 4.20 所示。

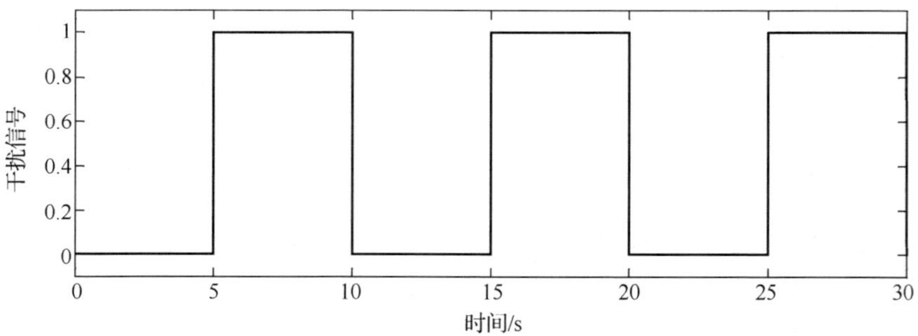

图 4.18　实验加入的方波干扰信号（幅值为 1，频率为 0.1Hz）

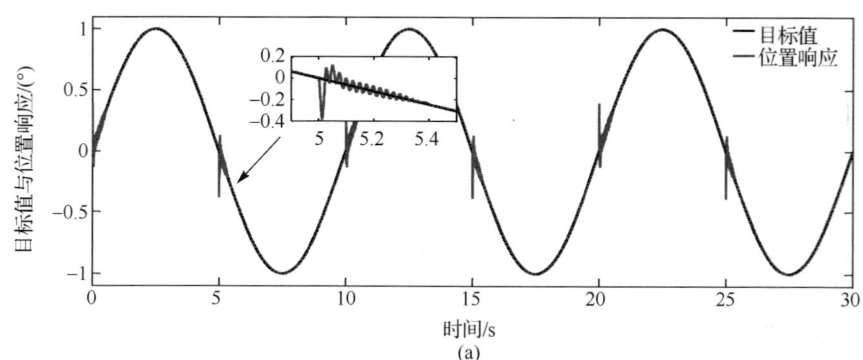

(a)

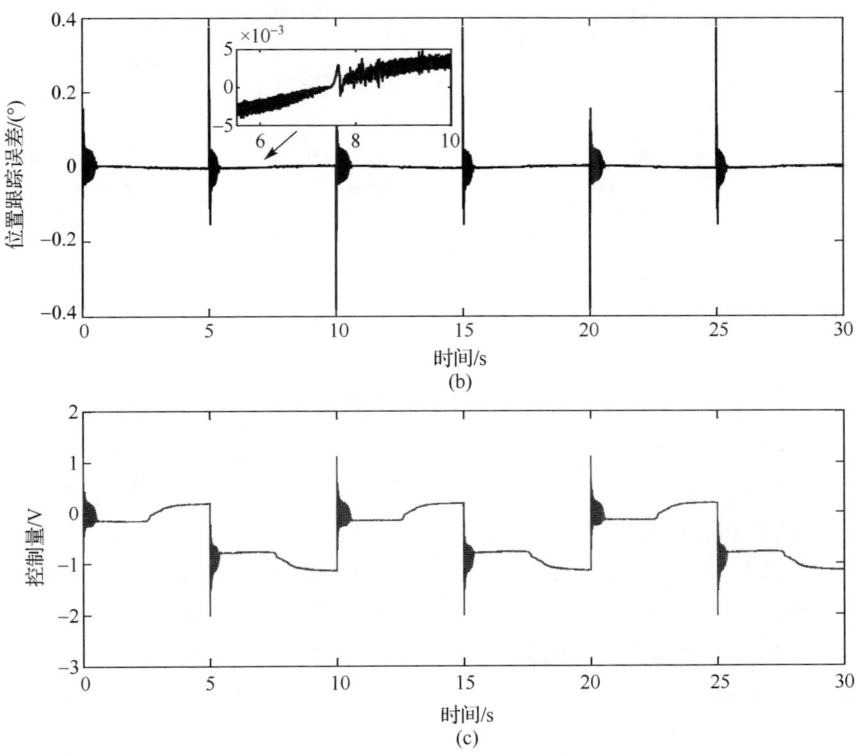

图 4.19　基于 SMDOB 复合控制策略实验结果图（加入方波干扰）

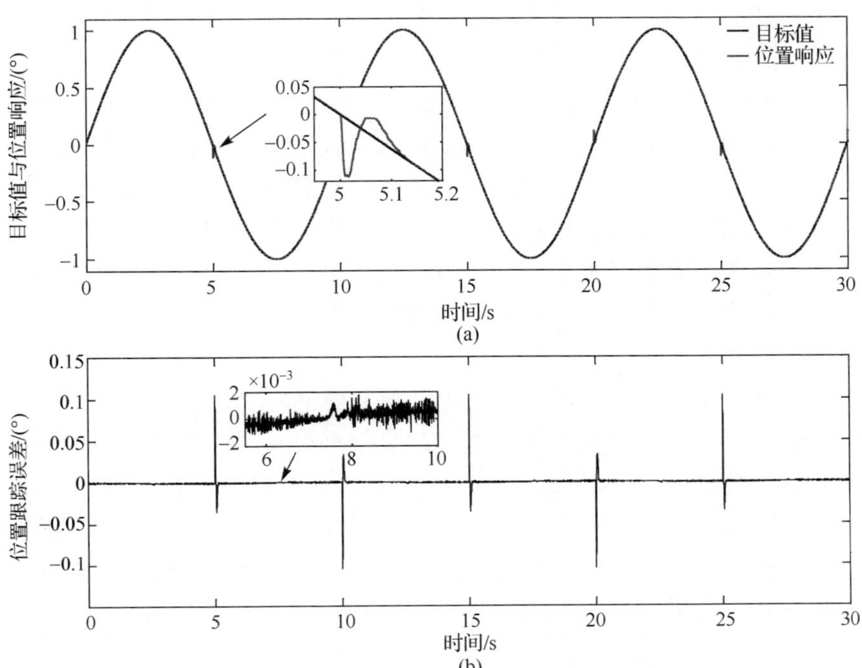

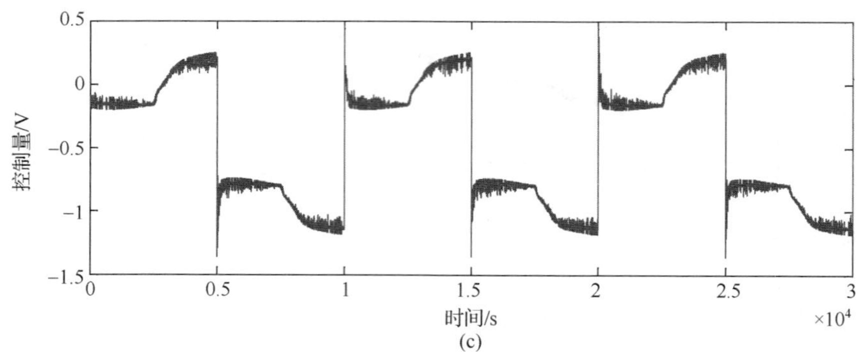

(c)

图 4.20　基于加性分解的 SMDOB 复合控制策略实验结果图（加入方波干扰）

在系统中加入幅值为 1、频率为 0.1Hz 的方波干扰信号时，从图 4.19 和图 4.20 中可见，在外加方波干扰发生突变时，位置响应会在偏移目标值一定距离后再回到目标值上，从偏移量来看，基于 SMDOB 的复合控制策略偏移量较大，且重新回到目标之上的时间也较长，而基于加性分解的 SMDOB 复合控制策略的偏移量最小，在较短的时间内重新回到目标值上，因此该控制策略具有更好的干扰抑制能力。图中从控制量来看，两种控制策略在外加方波干扰发生突变时，基于加性分解的 SMDOB 复合控制策略的控制量波动、振荡范围最小。两种控制策略的控制量都存在一定的抖振现象，前者在干扰发生突变时，抖振明显，但随着对突加干扰的有效估计与补偿，控制曲线趋近平滑，后者控制曲线在整个运动控制中存在一定的抖振，这是由滑模补偿器所引起的。从实验结果图可知，按图 4.10 实现的基于加性分解的 SMDOB 复合控制策略在实际系统中是可用且有效的。

实验三：验证平台伺服系统存在输入延时干扰时，跟踪给定目标值的运动情况。

当光电跟踪稳定平台系统工作在自动跟踪方式时，光电跟踪器作为一个角度误差检测元件只能提供目标与视轴之间的夹角，即脱靶量。而从图像跟踪器开始敏感外界信号到光电跟踪器输出目标脱靶量要经过光电扫描、图像识别算法、脱靶量计算等过程，使得输出的脱靶量要滞后于目标成像时间。这种纯延迟的存在对跟踪系统的带宽、跟踪精度等造成严重的影响，同时导致脱靶量、控制器及编码器采样时刻的不同步[213]。

脱靶量时延引起的成像问题，在光电跟踪系统的控制中是必须考虑的，有效地解决时延问题也是一种控制策略在光电跟踪稳定平台系统中是否有效的恒量标准之一。为了获得研究的一致性，可以在反馈检测回路中增加时延，时延大小与脱靶量时延相一致，在解算出目标位置信号后可以与反馈检测信息直接运算，获得跟踪误差，这样就将脱靶量时延等效成控制回路时延，其闭环控制结构如图 4.21 所示，图中复合控制策略分别采用基于 SMDOB 的复合控制策略和基于加性分解的 SMDOB 复合控制策略。

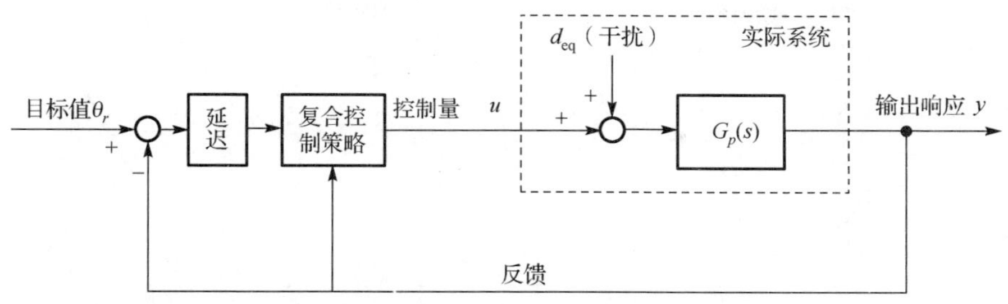

图 4.21　具有等效时延的闭环系统控制结构图

时延的存在严重影响了系统的控制性能，原本在无延时情况下稳定的系统由于时延的存在也极易变得不稳定，它对系统的影响要远大于外干扰因素的影响。考虑光电成像系统的特性，图像设备在处理图像信息并解算脱靶量的运算时间一般为 20ms 左右，因此为了与实际情况保持一致，在本实验中通过程序在控制回路中引入 20ms 的时延，即将获得的跟踪误差信号延迟 20 个控制周期再送给闭环系统的控制器。目标位置指令采用 $\sin(0.5*2\pi t)$ 正弦信号，实验结果如图 4.22 和图 4.23 所示。

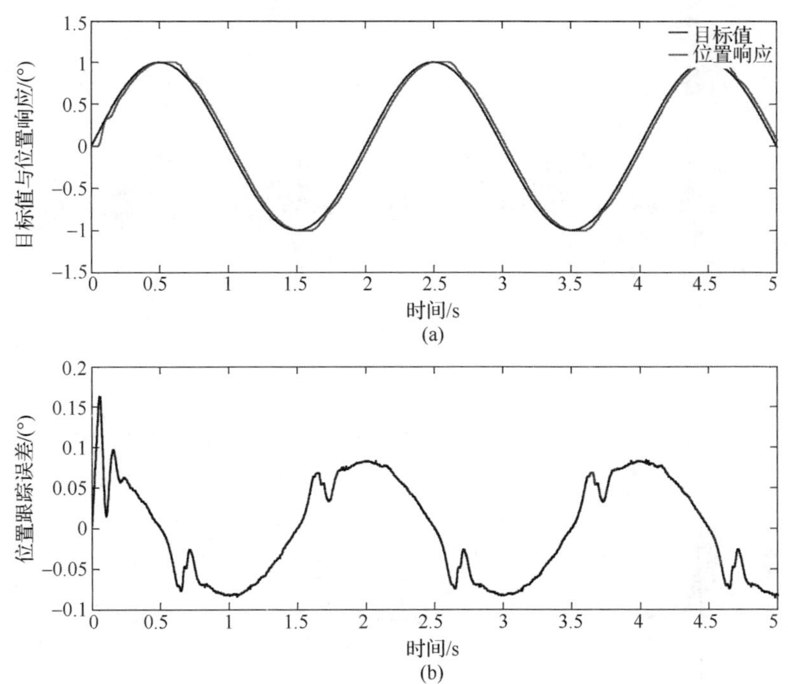

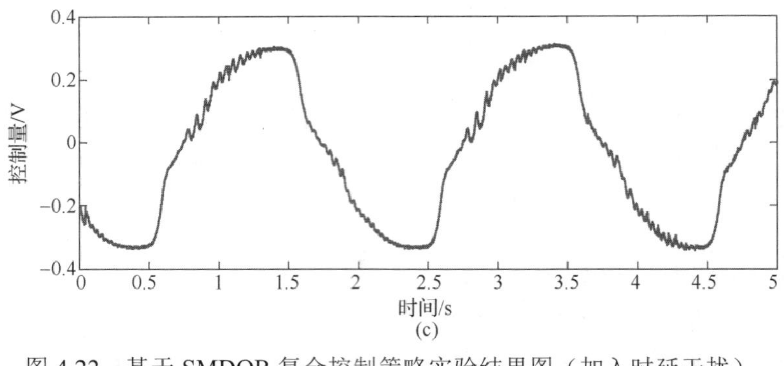

(c)

图 4.22　基于 SMDOB 复合控制策略实验结果图（加入时延干扰）

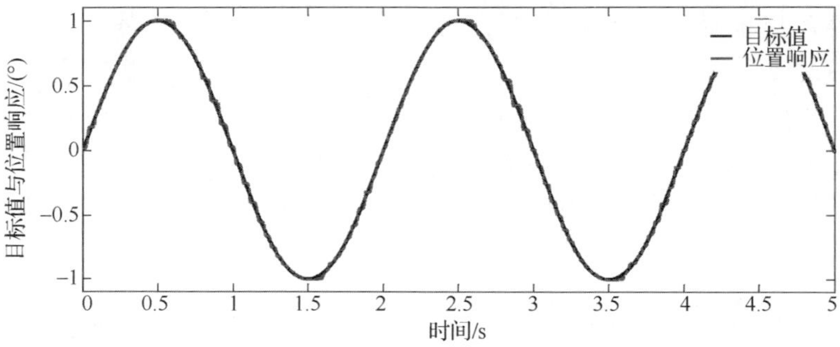

(a)

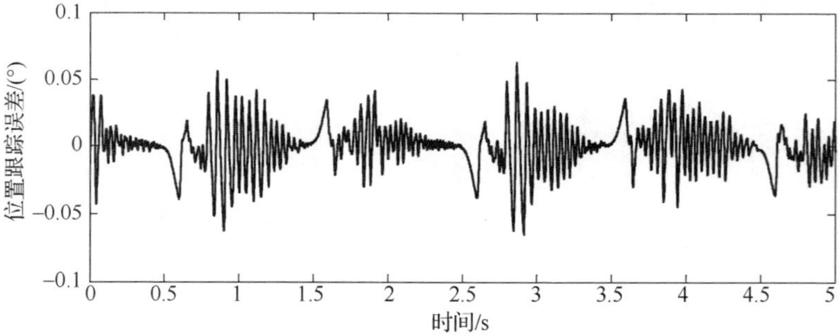

(b)

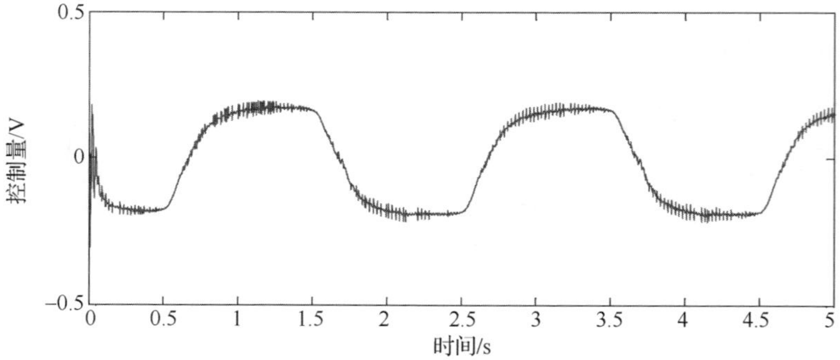

(c)

图 4.23　基于加性分解的 SMDOB 复合控制策略实验结果图（加入时延干扰）

从实验结果可见，当系统控制回路引入时延时，系统的控制性能受到了一定的影响，当目标指令信号为幅值 1、频率 0.5Hz 的正弦信号时，基于 SMDOB 的复合控制策略出现了相位滞后的现象，增大了系统的控制误差，由于时延的存在严重影响了系统的控制特性，从图 4.23 可见，在基于加性分解的 SMDOB 复合控制策略下，系统误差小于上述第一种控制方法下的控制误差，且控制量存在较小的抖振现象。因此本章所提方法优于传统的鲁棒内回路干扰补偿的复合控制方法，对具有延时的伺服系统是有效的。

跟踪误差的均方根是一般光电跟踪系统性能评判标准的重要指标，因此为了更直观地分析本章所提方法的有效性，针对以上实验结果，求取每一次实验误差的均方根，计算方法为在实验数据的一个正弦周期中平均选取 20 个点，对这 20 个点的跟踪误差求取其误差的均方根，其结果如表 4.3 所示。

表 4.3　误差均方根的求取结果

实验内容 / 控制策略	目标跟踪实验（输入指令）/mrad		突加外干扰实验/mrad	引入时延干扰实验/mrad
	$0.5\sin(0.5*2\pi t)$	$0.5\sin(4*2\pi t)$		
基于 SMDOB 复合控制策略	0.03	0.28	0.157	0.21
基于加性分解的 SMDOB 复合控制策略	0.021	0.078	0.003	0.117

综合对三组实验结果的分析可知，SMDOB 在干扰补偿的过程中，除了处理等效干扰的静态成分，对快速变化的动态干扰也能进行一定的补偿，但是补偿能力受到 SMDOB 中滑模切换控制幅值的限制，增加切换幅值虽然可以提高干扰估计的快速性，但也影响了伺服系统中位置和速度状态值估计的准确性，从而也影响了 EID 的估计效果。另外，在设计 SMDOB 时需要依托系统精确的名义模型参数，当输入指令频率增大时，会激发系统的高频未建模动态，因而大大地降低了 SMDOB 对 EID 的估计效果。

基于加性分解的干扰补偿控制策略中，滑模补偿器能够快速补偿系统未建模部分和干扰未估计部分，正因为滑模补偿器可以快速地作用，所以系统的性能也得以提高。从另一个角度来看，滑模补偿器的存在补偿了 SMDOB 对干扰的估计不足问题，对整个系统的时变不确定因素实现了精细化补偿，即精细抗扰。滑模补偿器设计时切换增益与 SMDOB 的估计误差紧密相关，对于静态干扰占主要成分的情况，当 SMDOB 能够较为准确地补偿干扰时，估计误差将减小，滑模的作用降低，抖振也就随之减小。在 SMDOB 和滑模补偿器的共同作用下，系统中的 EID 可以被很好地补偿，此时系统的输出与名义模型相近，这为按照系统名义模型设计跟踪控制器提供了理论依据。

基于模型加性分解的控制思想，不但分离了控制任务，明确了控制目标，还将干扰抑制提升到了“精细抗扰”的思想层面上。因此，本章所提的基于加性分解的SMDOB复合控制策略具有较强的鲁棒性和较高的跟踪精度。

4.5 本章小结

光电跟踪稳定平台伺服系统中机械谐振、非线性摩擦、力矩耦合及载体运动扰动等因素决定了它是一类难以获得精确模型的复杂非线性不确定系统，从动力学角度出发，如果给定了控制器的结构，基于模型参考控制来描述问题，这就要求对控制对象的特性进行深入探讨，分析对象的特点、系统中扰动源的组成和控制中面临的问题。

本章针对实际系统中存在干扰以及模型不确定性等问题，研究了内环干扰抑制方法。首先介绍了基于 DOB 的干扰估计方法，并讨论了滤波器 $Q(s)$的设计问题。接着，给出了针对一般系统 SMDOB 的设计与实现方法，该方法不但能有效地估计出干扰的低频分量，对干扰的高频分量也可以有效地估计，且可以通过调整 SMDOB 中的参数来调节干扰估计的速度。

接下来，本章依据 3.4 节中光电伺服系统的分解方式，讨论了一种基于加性分解的 SMDOB 复合控制策略的设计方法。该方法将控制任务进行了分离，把光电伺服系统的稳定跟踪问题转化为主系统的跟踪问题和辅系统的稳定问题，在明确设计任务的同时，对整个系统的时变不确定因素实现了精细化补偿，即精细抗扰。

最后，在视轴运动控制装置上进行实验来验证所提方法的有效性。实验结果表明，SMDOB 具有良好的干扰抑制效果，提高了系统的鲁棒性和跟踪精度，且滑模补偿器的存在使得系统的动态性能有了更大的提升，增强了干扰的抑制效果，有效地减小了电机控制系统对指令的跟踪误差，提高了系统的动态精度，为今后能应用于实际光电跟踪系统提供了充分理论依据和技术支持。

第 5 章　基于 NNESO 干扰补偿的离散滑模控制

光电跟踪稳定平台系统是一个具有高跟踪精度的伺服系统，载体运动、系统参数摄动、摩擦力矩和外部扰动等干扰因素直接影响了系统的性能。如何保证视轴在有限时间内精确稳定地瞄准目标是激光武器、自由空间光通信和自适应光学等领域的热门研究问题，因此从这一控制目标要求出发，寻求有效的控制方法来解决这一问题势在必行。

在伺服系统的控制中，为了提高跟踪精度，抑制跟踪系统中的偏差问题，学者致力于鲁棒内回路干扰补偿方法的研究，具有代表性的干扰补偿方法有 DOB、模糊干扰观测器、非线性干扰观测器、EID 干扰估计器及扩张状态观测器（extended state observer，ESO）。在干扰补偿方法的研究中，很少有学者从有限时间收敛的角度出发，研究在有限时间内实现干扰补偿的方法。ESO 的优点在于不需要知道系统总扰动的动力学特性，对系统模型信息的依赖程度较少，它已经在机器人、航空航天、制造业等行业具有广泛的应用。因此，本节将对 ESO 进行深入的研究，从有限时间收敛的角度出发，提出一种新型非线性 ESO 的设计方法，并讨论其有效性。

滑模控制是一种适用于线性系统和非线性系统的鲁棒控制方法，从理论的角度来看，滑动模态可以根据需求提前进行设计，同时滑模运动对控制系统的参数变化和外干扰是不敏感的，因此，在光电跟踪稳定平台系统中，可以采用滑模变结构控制理论设计控制器。随着单片机和数字信号处理器的发展，伺服控制系统的模块化和数字化也变得容易实现。由于控制算法是通过数字计算机来实现的，研究滑模控制的离散形式就显得尤为重要。所以，为了保证工程实用性（控制算法设计的简单化和离散化）和方法的有效性（跟踪误差小、鲁棒性强及控制输入平滑），本章将提出一种有效的离散滑模控制（discrete-time sliding mode control，DSMC）方法，并将其应用在光电跟踪稳定平台上。

5.1　扩张状态观测器

ESO 的核心思想是将系统外部扰动与内部扰动一同视为系统的总扰动，并将这个扰动扩张为系统新的状态变量，通过搭建状态观测器估计出系统的总扰动，并实时补偿给系统，从而使系统中的干扰得到了有效的抑制，图 5.1 所示为 ESO 的原理图。

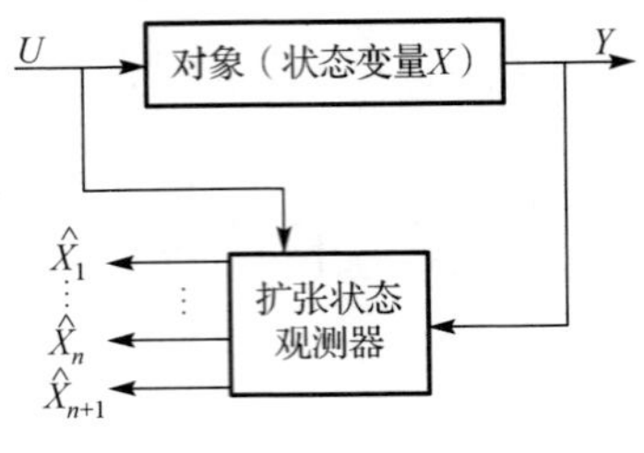

图 5.1　ESO 原理图

考虑一种单输入 u 单输出 y 的非线性时变动态系统

$$y^{(n)}(t)=f(y^{(n)}(t),y^{(n-1)}(t),\cdots,y(t),w(t))+bu(t) \tag{5.1}$$

其中，$w(t)$ 为系统的外干扰，b 为已知常量，这里的 $f(y^{(n)}(t),y^{(n-1)}(t),\cdots,y(t),w(t))$ 表示对象的非线性时变动态关系，假设这类 n 阶非线性动态系统的状态空间描述形式为

$$\begin{cases}\dot{x}_1=x_2\\ \dot{x}_2=x_3\\ \cdots\\ \dot{x}_{n-1}=x_n\\ \dot{x}_n=h(x_1,\cdots,x_n)+bu+d(x,u,w,\dot{w})\\ y=x_1\end{cases} \tag{5.2}$$

其中，$\boldsymbol{x}=[x_1\quad x_2\quad \cdots\quad x_n]^{\mathrm{T}}$ 为系统状态变量；$h(x_1,\cdots,x_n)$ 表示状态 $x_1,\cdots,x_n$ 之间的函数关系，为了书写方便在后面说明中用 $h(x)$ 代替 $h(x_1,\cdots,x_n)$；$d(x,u,w,\dot{w})$ 为包括系统外部干扰和内部干扰的系统总干扰，简记为 $d(t)$，且 $|d(t)|<d_M$。

假设 5.1　未知总扰动 $d(t)$ 是连续可微的。

把 $d(t)$ 扩张成新的状态变量 x_{n+1}，则式（5.2）可以重写为如下的 $n+1$ 阶系统：

$$\begin{cases}\dot{x}_1=x_2\\ \dot{x}_2=x_3\\ \cdots\\ \dot{x}_{n-1}=x_n\\ \dot{x}_n=x_{n+1}+h(x)+bu\\ \dot{x}_{n+1}=\varsigma(t)\end{cases} \tag{5.3}$$

其中，$\varsigma(t)$ 是 $\varsigma(x,u,w,\dot{w})$ 的简写，$\varsigma(t)=\dot{d}(t)$ 表示总扰动 $d(t)$ 的一阶导数。

假设 5.2　$\varsigma(t)$ 是未知且有界的量，即 $|\varsigma(t)|\leqslant\bar{\varsigma}$。其中，$\bar{\varsigma}$ 表示 $\varsigma(t)$ 的已知上界。

假设 5.3　$h(x)$ 是关于 x 的全局 Lipschitz 函数，则 $|h(x)-h(\hat{x})|\leqslant c'\|x-\hat{x}\|$ 成立。

将式（5.3）重新表示为

$$\begin{cases}\dot{x}_1 = x_2 \\ \dot{x}_2 = x_3 \\ \cdots \\ \dot{x}_{n-1} = x_n \\ \dot{x}_n = x_{n+1} + h(x) + bu \\ \dot{x}_{n+1} = 0 + \varsigma(t)\end{cases} \tag{5.4}$$

其中，式（5.4）中第 $n+1$ 个式子中的 0 和 ς 分别被视为 $\dot{x}_{n+1}$ 的标称部分和外部干扰。

5.1.1　线性高增益扩张状态观测器

经典的线性 ESO 具有对各个状态量 $x_i(i=1,2,\cdots,n)$ 以及系统干扰 d 的估计精度比较低且误差收敛速度较慢的缺点。而线性高增益 ESO（linear high-gain extended state observer，LHESO）通过引入足够大的反馈增益，使观测器的动态远远高于系统的动态，从而提高了估计精度和观测误差的收敛速度。

针对上述 n 阶系统（5.4）设计 LHESO，其形式如下：

$$\begin{cases}\tilde{x}_1 = x_1 - \hat{x}_1 \\ \dot{\hat{x}}_1 = \hat{x}_2 + \beta_1\tilde{x}_1 \\ \dot{\hat{x}}_2 = \hat{x}_3 + \beta_2\tilde{x}_1 \\ \cdots \\ \dot{\hat{x}}_n = \hat{x}_{n+1} + \beta_n\tilde{x}_1 + h(\hat{x}) + bu \\ \dot{\hat{x}}_{n+1} = \beta_{n+1}\tilde{x}_1\end{cases} \tag{5.5}$$

其中，增益系数满足$[\beta_1 \quad \beta_2 \quad \cdots \quad \beta_{n+1}]=[\omega_o\alpha_1 \quad \omega_o^2\alpha_2 \quad \cdots \quad \omega_o^{n+1}\alpha_{n+1}]$关系，$\omega_o>0$，根据特征多项式 $s^{n+1}+\alpha_1 s^n+\cdots+\alpha_n s+\alpha_{n+1}=(s+1)^{n+1}$，则有

$$s^{n+1}+\omega_o\alpha_1 s^{n-1}+\cdots+\omega_o^n\alpha_n s+\omega_o^{n+1}\alpha_{n+1}=(s+\omega_o)^{n+1} \tag{5.6}$$

其中，ω_o 为观测器的带宽，也是观测器的唯一调节参数[214]，在工程应用中，一般 $\omega_o>1$。

定义观测误差为 $\tilde{x}_1=x_1-\hat{x}_1,\tilde{x}_2=x_2-\hat{x}_2,\cdots,\tilde{x}_{n+1}=d-\hat{x}_{n+1}$，令 $\varepsilon_i=\tilde{x}_i/\omega_o^{i-1}$，$i=1,2,\cdots,n+1$，则关于 $\boldsymbol{\varepsilon}$ 的观测误差方程可描述为

$$\dot{\boldsymbol{\varepsilon}}=\omega_o\boldsymbol{A}_o\boldsymbol{\varepsilon}+\boldsymbol{B}_o\boldsymbol{H}(t) \tag{5.7}$$

其中

$$\boldsymbol{\varepsilon}=\begin{bmatrix}\varepsilon_1\\ \varepsilon_2\\ \vdots\\ \varepsilon_{n+1}\end{bmatrix}_{(n+1)\times 1}, \quad \boldsymbol{A}_o=\begin{bmatrix}-\alpha_1 & 1 & 0 & \cdots & 0\\ -\alpha_2 & 0 & 1 & \cdots & 0\\ \vdots & \vdots & & \vdots & \vdots\\ -\alpha_n & 0 & \cdots & 0 & 1\\ -\alpha_{n+1} & 0 & \cdots & 0 & 0\end{bmatrix}_{(n+1)\times(n+1)}$$

$$\boldsymbol{B}_o=\begin{bmatrix}0&0\\ \vdots&\vdots\\ 0&0\\ 1&0\\ 0&1\end{bmatrix}_{(n+1)\times 2},\quad \boldsymbol{H}(t)=\begin{bmatrix}[h(x)-h(\hat{x})]/\omega_o^{n-1}\\ \varsigma(t)/\omega_o^n\end{bmatrix}$$

定理 5.1 假设$\|\boldsymbol{x}-\hat{\boldsymbol{x}}\|\leqslant\rho$有界，$\rho$为一个正常数，存在一个很小的常数$\sigma>0$和有限时间$T_1>0$，按照式（5.5）设计扩张状态观测器，则对于$\forall t\geqslant T_1>0$和$\omega_o\geqslant 1$时，有$|\tilde{x}_i(t)|\leqslant\sigma, i=1,2,\cdots,n+1$成立，且$\sigma=O(1/\omega_o^{\kappa})$，其中$\kappa$是正整数。

证明 求解式（5.7）可得

$$\varepsilon(t)=\mathrm{e}^{\omega_o\boldsymbol{A}_o t}\varepsilon(0)+\int_0^t\mathrm{e}^{\omega_o\boldsymbol{A}_o(t-\tau)}\boldsymbol{B}\boldsymbol{H}(x(\tau),w)\mathrm{d}\tau \tag{5.8}$$

令

$$p(t)=\int_0^t\mathrm{e}^{\omega_o\boldsymbol{A}_o(t-\tau)}\boldsymbol{B}\boldsymbol{H}(x(\tau),w)\mathrm{d}\tau=\int_0^t\mathrm{e}^{\omega_o\boldsymbol{A}_o(t-\tau)}\boldsymbol{B}_1\left[\frac{h(x)-h(\hat{x})}{\omega_o^{n-1}}\right]\mathrm{d}\tau+\int_0^t\mathrm{e}^{\omega_o\boldsymbol{A}_o(t-\tau)}\boldsymbol{B}_2\frac{\varsigma(t)}{\omega_o^n}\mathrm{d}\tau$$

其中，$\boldsymbol{B}_1=[0\ \cdots\ 0\ 1\ 0]^{\mathrm{T}}_{(n+1)\times 1}$，$\boldsymbol{B}_2=[0\ \cdots\ 0\ 0\ 1]^{\mathrm{T}}_{(n+1)\times 1}$。假设$\|\boldsymbol{x}-\hat{\boldsymbol{x}}\|$有界，则根据假设 5.3 可知，$|h(x)-h(\hat{x})|\leqslant c'\|\boldsymbol{x}-\hat{\boldsymbol{x}}\|\leqslant c'\rho$。又因为$\varsigma(t)$有界，所以当$i=1,2,\cdots,n+1$时，有

$$\begin{aligned}|p(t)|&\leqslant\left|\int_0^t\mathrm{e}^{\omega_o\boldsymbol{A}_o(t-\tau)}\boldsymbol{B}_1\left[\frac{h(x)-h(\hat{x})}{\omega_o^{n-1}}\right]\mathrm{d}\tau\right|+\left|\int_0^t\mathrm{e}^{\omega_o\boldsymbol{A}_o(t-\tau)}\boldsymbol{B}_2\frac{\varsigma(t)}{\omega_o^n}\mathrm{d}\tau\right|\\&\leqslant\left|\int_0^t\mathrm{e}^{\omega_o\boldsymbol{A}_o(t-\tau)}\boldsymbol{B}_1\frac{|h(x)-h(\hat{x})|}{\omega_o^{n-1}}\mathrm{d}\tau\right|+\left|\int_0^t\mathrm{e}^{\omega_o\boldsymbol{A}_o(t-\tau)}\boldsymbol{B}_2\frac{|\varsigma(t)|}{\omega_o^n}\mathrm{d}\tau\right|\\&\leqslant\frac{c'\rho}{\omega_o^{n-1}}\left|\int_0^t\mathrm{e}^{\omega_o\boldsymbol{A}_o(t-\tau)}\boldsymbol{B}_1\mathrm{d}\tau\right|+\frac{\bar{\varsigma}}{\omega_o^n}\left|\int_0^t\mathrm{e}^{\omega_o\boldsymbol{A}_o(t-\tau)}\boldsymbol{B}_2\mathrm{d}\tau\right|\\&\leqslant\frac{c'\rho}{\omega_o^n}\left[\left|\boldsymbol{A}_o^{-1}\boldsymbol{B}_1\right|+\left|\boldsymbol{A}_o^{-1}\mathrm{e}^{\omega_o\boldsymbol{A}_o t}\boldsymbol{B}_1\right|\right]+\frac{\bar{\varsigma}}{\omega_o^{n+1}}\left[\left|\boldsymbol{A}_o^{-1}\boldsymbol{B}_2\right|+\left|\boldsymbol{A}_o^{-1}\mathrm{e}^{\omega_o\boldsymbol{A}_o t}\boldsymbol{B}_2\right|\right]\end{aligned} \tag{5.9}$$

求解$\boldsymbol{A}_o$的逆矩阵可得

$$\boldsymbol{A}_o^{-1}=\begin{bmatrix}0&0&0&\cdots&-\dfrac{1}{\alpha_{n+1}}\\ 1&0&0&\cdots&-\dfrac{\alpha_1}{\alpha_{n+1}}\\ 0&1&0&\cdots&-\dfrac{\alpha_2}{\alpha_{n+1}}\\ \vdots&\vdots&\vdots&&\vdots\\ 0&0&\cdots&1&-\dfrac{\alpha_n}{\alpha_{n+1}}\end{bmatrix}_{(n+1)\times(n+1)}$$

当 $i=1,2,\cdots,n+1$，有

$$\left|[\boldsymbol{A}_o^{-1}\boldsymbol{B}_1]_i\right|=\begin{cases}0\big|_{i=1,\cdots,n}\\1\big|_{i=n+1}\end{cases}\leqslant 1,\quad \left|[\boldsymbol{A}_o^{-1}\boldsymbol{B}_2]_i\right|=\begin{cases}\dfrac{1}{\alpha_{n+1}}\Big|_{i=1}\\\dfrac{\alpha_i}{\alpha_{n+1}}\Big|_{i=2,\cdots,n+1}\end{cases}\leqslant \upsilon \tag{5.10}$$

其中，$\upsilon=\max\limits_{i=2,\cdots,n}\left\{\dfrac{1}{\alpha_{n+1}}\quad\dfrac{\alpha_i}{\alpha_{n+1}}\right\}$。

通过选择适当的α_i，$i=1,2,\cdots,n+1$，可以保证$\boldsymbol{A}_o$是 Hurwitz 矩阵。存在一个有限时间$T_1>0$，对于$i,j=1,2,\cdots,n+1$，都有$\left|[\mathrm{e}^{\omega_o\boldsymbol{A}_o t}]_{i,j}\right|\leqslant\dfrac{1}{\omega_o^{n+1}}$。因此当$t>T_1$，$i=1,2,\cdots,n+1$时，可得$\left|[\mathrm{e}^{\omega_o\boldsymbol{A}_o t}\boldsymbol{B}_1]_i\right|\leqslant\dfrac{1}{\omega_o^{n+1}}$和$\left|[\mathrm{e}^{\omega_o\boldsymbol{A}_o t}\boldsymbol{B}_2]_i\right|\leqslant\dfrac{1}{\omega_o^{n+1}}$。这里需要注意的是$T_1$与$\omega_o\boldsymbol{A}_o$的选择有关[215]。

如果$\boldsymbol{A}_o^{-1}$和$\mathrm{e}^{\omega_o\boldsymbol{A}_o t}$重新表示为$\boldsymbol{A}_o^{-1}=\begin{bmatrix}a_{11}&\cdots&a_{1,n+1}\\\vdots&&\vdots\\a_{n+1,1}&\cdots&a_{n+1,n+1}\end{bmatrix}$，$\mathrm{e}^{\omega_o\boldsymbol{A}_o t}=\begin{bmatrix}d_{11}&\cdots&d_{1,n+1}\\\vdots&&\vdots\\d_{n+1,1}&\cdots&d_{n+1,n+1}\end{bmatrix}$，则

$$\begin{aligned}\left|[\boldsymbol{A}_o^{-1}\mathrm{e}^{\omega_o\boldsymbol{A}_o t}\boldsymbol{B}_1]_i\right|&\leqslant\left|a_{i1}d_{1,n}+a_{i2}d_{2,n}+\cdots+a_{i,n+1}d_{n+1,n}\right|\\&\leqslant\frac{|a_{i1}|+\cdots+|a_{i,n+1}|+|a_{i1}|+\cdots+|a_{i,n+1}|}{\omega_o^{n+1}}\\&\leqslant\begin{cases}\dfrac{1}{\alpha_{n+1}\omega_o^{n+1}}\Big|_{i=1}\\\dfrac{1}{\omega_o^{n+1}}\left(1+\dfrac{\alpha_{i-1}}{\alpha_{n+1}}\right)\Big|_{i=2,\cdots,n+1}\end{cases}\leqslant\frac{\mu}{\omega_o^{n+1}}\end{aligned}\tag{5.11}$$

$$\begin{aligned}\left|[\boldsymbol{A}_o^{-1}\mathrm{e}^{\omega_o\boldsymbol{A}_o t}\boldsymbol{B}_2]_i\right|&\leqslant\left|a_{i1}d_{1,n+1}+a_{i2}d_{2,n+1}+\cdots+a_{i,n+1}d_{n+1,n+1}\right|\\&\leqslant\frac{|a_{i1}|+\cdots+|a_{i,n+1}|+|a_{i1}|+\cdots+|a_{i,n+1}|}{\omega_o^{n+1}}\\&\leqslant\begin{cases}\dfrac{1}{\alpha_{n+1}\omega_o^{n+1}}\Big|_{i=1}\\\dfrac{1}{\omega_o^{n+1}}\left(1+\dfrac{\alpha_{i-1}}{\alpha_{n+1}}\right)\Big|_{i=2,\cdots,n+1}\end{cases}\leqslant\frac{\mu}{\omega_o^{n+1}}\end{aligned}\tag{5.12}$$

其中，$\mu=\max\limits_{i=2,\cdots,n}\left\{\dfrac{1}{\alpha_{n+1}},\ 1+\dfrac{\alpha_{i-1}}{\alpha_{n+1}}\right\}$。

根据式（5.9）～式（5.12），可得

$$\left|p_i(t)\right|\leqslant\frac{c'\rho}{\omega_o^n}\left(1+\frac{\mu}{\omega_o^{n+1}}\right)+\frac{\overline{\varsigma}}{\omega_o^{n+1}}\left(\upsilon+\frac{\mu}{\omega_o^{n+1}}\right) \tag{5.13}$$

当 $t>T_1$，$i=1,2,\cdots,n+1$，令 $\varepsilon_{\text{sum}}(0)=\left|\varepsilon_1(0)\right|+\left|\varepsilon_2(0)\right|+\cdots+\left|\varepsilon_{n+1}(0)\right|$，则有

$$\left|[\mathrm{e}^{\omega_o A_o t}\varepsilon(0)]_i\right|\leqslant\frac{1}{\omega_o^{n+1}}\left[\left|\varepsilon_1(0)\right|+\left|\varepsilon_2(0)\right|+\cdots+\left|\varepsilon_{n+1}(0)\right|\right]=\frac{\varepsilon_{\text{sum}}(0)}{\omega_o^{n+1}} \tag{5.14}$$

根据式（5.8）可知

$$\left|\varepsilon_i(t)\right|\leqslant\left|[\mathrm{e}^{\omega_o A_o t}\varepsilon(0)]_i\right|+\left|p_i(t)\right| \tag{5.15}$$

令 $\tilde{x}_{\text{sum}}(0)=\left|\tilde{x}_1(0)\right|+\left|\tilde{x}_2(0)\right|+\cdots+\left|\tilde{x}_{n+1}(0)\right|$，根据 $\varepsilon_i=\tilde{x}_i/\omega_o^{i-1}$ 和式(5.13)～式(5.15)，可得

$$\begin{aligned}\left|\tilde{x}_i(t)\right|&\leqslant\frac{\tilde{x}_{\text{sum}}(0)}{\omega_o^{n+1}}+\frac{c'\rho}{\omega_o^{n-i+1}}\left(1+\frac{\mu}{\omega_o^{n+1}}\right)+\frac{\overline{\varsigma}}{\omega_o^{n-i+2}}\left(\upsilon+\frac{\mu}{\omega_o^{n+1}}\right)\\&=\sigma\end{aligned}$$

因此，对于 $\forall t\geqslant T_1>0$ 和 $\omega_o>0$ 时，$\left|\tilde{x}_i(t)\right|\leqslant\sigma, i=1,2,\cdots,n+1$ 成立，同时可知当 ω_o 选择合适时，σ 是一个趋近于 0 的小正数，且 $\sigma=O(1/\omega_o^{\kappa})$，其中 κ 是正整数。

定理 5.1 证明完毕。

从上述证明可知，LHESO 可以实现对干扰的有效估计，但是干扰存在估计不足的问题，且干扰估计的精度与参数 ω_o 的选取有关，参数 ω_o 的取值越大误差 $\tilde{\boldsymbol{x}}$ 的收敛速度越快，误差 $\tilde{\boldsymbol{x}}$ 的收敛范围越小；反之，ω_o 取值越大，越会增大 LHESO 在高频段的增益，使得 LHESO 的鲁棒稳定性变差，因此，在 ω_o 的选取时，要综合考虑观测性能与稳定性。

5.1.2 非线性扩张状态观测器

高增益 ESO 由于增益系数非常大，在实际应用中会将测量噪声放大，从而影响了系统状态变量和干扰估计的准确性。有些学者提出将非线性增益引入到 ESO 中，这也是提高误差收敛速度和估计精度较为实用的方法，即非线性扩张状态观测器（nonlinear extended state observer，NESO）。

针对系统（5.4）构造的 NESO 为

$$\begin{cases}\tilde{x}_1 = x_1 - \hat{x}_1 \\ \dot{\hat{x}}_1 = \hat{x}_2 + \beta_1 f_1(\tilde{x}_1) \\ \dot{\hat{x}}_2 = \hat{x}_3 + \beta_2 f_2(\tilde{x}_1) \\ \cdots \\ \dot{\hat{x}}_n = \hat{x}_{n+1} + \beta_n f_n(\tilde{x}_1) + g(\hat{x}) + bu + d(t) \\ \dot{\hat{x}}_{n+1} = \beta_{n+1} f_{n+1}(\tilde{x}_1)\end{cases} \tag{5.16}$$

为了保证上述 NESO 能有效地估计出系统（5.4）的状态变量和干扰，选取适当的参数 β_i 和非线性函数 $f_i(\tilde{x}_1) = \text{fal}(\tilde{x}_1, r_i, \delta) = \begin{cases}|\tilde{x}_1|^{r_i}\,\text{sign}(\tilde{x}_1), & |\tilde{x}_1| > \delta \\ \dfrac{\tilde{x}_1}{\delta^{1-r_i}}, & |\tilde{x}_1| \leqslant \delta\end{cases}$，$i = 1, 2, \cdots, n, n+1$，其中，$0 < r_i < 1$；$2\delta$ 为 $f_i(e)$ 函数中线性段区间的长度。当 $r_i < 1$ 时，该函数具有小误差大增益、大误差小增益的特性，可以随着误差的变化自动调节增益。

5.1.3　基于有限时间收敛的非线性扩张状态观测器设计

本节将针对单输入单输出的非线性时变系统（5.4），结合非线性 ESO 和有限时间收敛等理论提出一种新型非线性 ESO 的设计方法。针对扩张后的系统（5.4）设计新型非线性 ESO（novel nonlinear extended state observer，NNESO），可得

$$\begin{cases}\dot{\hat{x}}_1 = \hat{x}_2 + \beta_1\left(|\tilde{x}_1|^{p_1}\text{sign}(\tilde{x}_1) + |\tilde{x}_1|^{g_1}\text{sign}(\tilde{x}_1)\right) + k_1\,\text{sign}(\tilde{x}_1) \\ \dot{\hat{x}}_2 = \hat{x}_3 + \beta_2\left(|\tilde{x}_1|^{p_2}\text{sign}(\tilde{x}_1) + |\tilde{x}_1|^{g_2}\text{sign}(\tilde{x}_1)\right) + k_2\,\text{sign}(\tilde{x}_1) \\ \cdots \\ \dot{\hat{x}}_{n-1} = \hat{x}_n + \beta_{n-1}\left(|\tilde{x}_1|^{p_{n-1}}\text{sign}(\tilde{x}_1) + |\tilde{x}_1|^{g_{n-1}}\text{sign}(\tilde{x}_1)\right) + k_{n-1}\,\text{sign}(\tilde{x}_1) \\ \dot{\hat{x}}_n = \hat{x}_{n+1} + h(\hat{x}) + bu + \beta_n\left(|\tilde{x}_1|^{p_n}\text{sign}(\tilde{x}_1) + |\tilde{x}_1|^{g_n}\text{sign}(\tilde{x}_1)\right) + k_n\,\text{sign}(\tilde{x}_1) \\ \dot{\hat{x}}_{n+1} = \beta_{n+1}\left(|\tilde{x}_1|^{p_{n+1}}\text{sign}(\tilde{x}_1) + |\tilde{x}_1|^{g_{n+1}}\text{sign}(\tilde{x}_1)\right) + k_{n+1}\,\text{sign}(\tilde{x}_1)\end{cases} \tag{5.17}$$

其中，$\tilde{x}_1 = x_1 - \hat{x}_1$，$\hat{x}_i$ 是状态变量 x_i 的估计值，$i = 1, \cdots, n$，$\hat{x}_{n+1}$ 是总扰动 $d(t)$ 的估计值，$1 < \beta_i (i = 1, \cdots, n+1) < +\infty$，$1 - \dfrac{1}{n+1} < p_1 < 1$，$p_i = ip_1 - (i-1)$，$1 < i \leqslant n+1$，$g_1 = \dfrac{1}{p_1}$，$g_i = g_1 + (i-1)(p_1 - 1), 1 < i \leqslant n+1$ 和 $k_i > 0, i = 1, \cdots, n+1$。

将式（5.4）减去式（5.17）可得

$$\begin{cases}\dot{\tilde{x}}_1=\tilde{x}_2-\beta_1\left(\left|\tilde{x}_1\right|^{p_1}\operatorname{sign}(\tilde{x}_1)+\left|\tilde{x}_1\right|^{g_1}\operatorname{sign}(\tilde{x}_1)\right)-k_1\operatorname{sign}(\tilde{x}_1)\\ \dot{\tilde{x}}_2=\tilde{x}_3-\beta_2\left(\left|\tilde{x}_1\right|^{p_2}\operatorname{sign}(\tilde{x}_1)+\left|\tilde{x}_1\right|^{g_2}\operatorname{sign}(\tilde{x}_1)\right)-k_2\operatorname{sign}(\tilde{x}_1)\\ \cdots\\ \dot{\tilde{x}}_{n-1}=\tilde{x}_n-\beta_{n-1}\left(\left|\tilde{x}_1\right|^{p_{n-1}}\operatorname{sign}(\tilde{x}_1)+\left|\tilde{x}_1\right|^{g_{n-1}}\operatorname{sign}(\tilde{x}_1)\right)-k_{n-1}\operatorname{sign}(\tilde{x}_1)\\ \dot{\tilde{x}}_n=\tilde{x}_{n+1}+h(x)-h(\hat{x})-\beta_n\left(\left|\tilde{x}_1\right|^{p_n}\operatorname{sign}(\tilde{x}_1)+\left|\tilde{x}_1\right|^{g_n}\operatorname{sign}(\tilde{x}_1)\right)-k_n\operatorname{sign}(\tilde{x}_1)\\ \dot{\tilde{x}}_{n+1}=-\beta_{n+1}\left(\left|\tilde{x}_1\right|^{p_{n+1}}\operatorname{sign}(\tilde{x}_1)+\left|\tilde{x}_1\right|^{g_{n+1}}\operatorname{sign}(\tilde{x}_1)\right)+\varsigma-k_{n+1}\operatorname{sign}(\tilde{x}_1)\end{cases}\tag{5.18}$$

其中，$\tilde{x}_i=x_i-\hat{x}_i$ 表示 x_i 的估计误差，$i=2,\cdots,n+1$。

1. 稳定性分析

这一小节将分析 NNESO 式（5.17）的收敛特性。先对误差系统（5.18）做一下变换，建立新的误差变量为

$$\boldsymbol{e}=[e_1,e_2,\cdots,e_{n+1}]^{\mathrm{T}},\quad e_1=\frac{\tilde{x}_1}{\beta_1},\quad e_2=\frac{\tilde{x}_2}{\beta_2},\cdots,\quad e_{n+1}=\frac{\tilde{x}_{n+1}}{\beta_{n+1}}\tag{5.19}$$

因此，式（5.18）可以重写为

$$\begin{cases}\dot{e}_1=\dfrac{\beta_2}{\beta_1}e_2-\left(\beta_1^{p_1}\left|e_1\right|^{p_1}\operatorname{sign}(e_1)+\beta_1^{g_1}\left|e_1\right|^{g_1}\operatorname{sign}(e_1)\right)-\dfrac{k_1}{\beta_1}\operatorname{sign}(e_1)\\ \dot{e}_2=\dfrac{\beta_3}{\beta_2}e_3-\left(\beta_1^{p_2}\left|e_1\right|^{p_2}\operatorname{sign}(e_1)+\beta_1^{g_2}\left|e_1\right|^{g_2}\operatorname{sign}(e_1)\right)-\dfrac{k_2}{\beta_2}\operatorname{sign}(e_1)\\ \cdots\\ \dot{e}_{n-1}=\dfrac{\beta_n}{\beta_{n-1}}e_2-\left(\beta_1^{p_{n-1}}\left|e_1\right|^{p_{n-1}}\operatorname{sign}(e_1)+\beta_1^{g_{n-1}}\left|e_1\right|^{g_{n-1}}\operatorname{sign}(e_1)\right)-\dfrac{k_{n-1}}{\beta_{n-1}}\operatorname{sign}(e_1)\\ \dot{e}_n=\dfrac{\beta_{n+1}}{\beta_n}e_{n+1}-\dfrac{[h(x)-h(\hat{x})]}{\beta_n}-\left(\beta_1^{p_n}\left|e_1\right|^{p_n}\operatorname{sign}(e_1)+\beta_1^{g_n}\left|e_1\right|^{g_n}\operatorname{sign}(e_1)\right)-\dfrac{k_n}{\beta_n}\operatorname{sign}(e_1)\\ \dot{e}_{n+1}=-\left(\beta_1^{p_{n+1}}\left|e_1\right|^{p_{n+1}}\operatorname{sign}(e_1)+\beta_1^{g_{n+1}}\left|e_1\right|^{g_{n+1}}\operatorname{sign}(e_1)\right)+\dfrac{\varsigma}{\beta_{n+1}}-\dfrac{k_{n+1}}{\beta_{n+1}}\operatorname{sign}(e_1)\end{cases}\tag{5.20}$$

NNESO 的收敛特性可由下述定理来表述。

定理 5.2　针对系统（5.4），且假设 5.1～假设 5.3 都成立，NNESO 采用式（5.17）的形式，那么状态估计误差 $\tilde{x}_1,\tilde{x}_2,\cdots,\tilde{x}_{n+1}$ 将在有限时间 T_1 内收敛到区域 U 内。

$$
U=\left\{\begin{array}{l}
(\tilde{x}_1,\tilde{x}_2,\cdots,\tilde{x}_{n+1})\Big|\left\|(\tilde{x}_1,\tilde{x}_2,\cdots,\tilde{x}_{n+1})\right\|\leqslant \\
\dfrac{\beta_1}{\left(\sqrt{\lambda_{\min}(\boldsymbol{P})}\right)^{\varphi}}\left(\dfrac{\sum\limits_{i=1}^{n}\dfrac{\eta_{i+3}}{\beta_i}+\dfrac{\eta_{n+4}}{\beta_{n+1}}}{\eta_1(1-\beta_0)-\eta_3}\right)^{\frac{1}{p_1}}+ \\
\dfrac{\beta_2}{\left(\sqrt{\lambda_{\min}(\boldsymbol{P})}\right)^{\varphi p_1}}\left(\dfrac{\sum\limits_{i=1}^{n}\dfrac{\eta_{i+3}}{\beta_i}+\dfrac{\eta_{n+4}}{\beta_{n+1}}}{\eta_1(1-\beta_0)-\eta_3}\right)^{\frac{p_1}{p_1}}+ \\
\cdots+ \\
\dfrac{\beta_i}{\left(\sqrt{\lambda_{\min}(\boldsymbol{P})}\right)^{\varphi p_{i-1}}}\left(\dfrac{\sum\limits_{i=1}^{n}\dfrac{\eta_{i+3}}{\beta_i}+\dfrac{\eta_{n+4}}{\beta_{n+1}}}{\eta_1(1-\beta_0)-\eta_3}\right)^{\frac{p_{i-1}}{p_1}} \\
\cdots+ \\
\dfrac{\beta_{n+1}}{\left(\sqrt{\lambda_{\min}(\boldsymbol{P})}\right)^{\varphi p_n}}\left(\dfrac{\sum\limits_{i=1}^{n}\dfrac{\eta_{i+3}}{\beta_i}+\dfrac{\eta_{n+4}}{\beta_{n+1}}}{\eta_1(1-\beta_0)-\eta_3}\right)^{\frac{p_n}{p_1}}
\end{array}\right\} \tag{5.21}
$$

其中，$T_1\leqslant(t_1+t_2)<+\infty$，$t_1$ 和 t_2 分别满足

$$
t_1<\frac{1}{\eta_1(1-\mu_1)}V_{(0)}^{1-\mu_1}F\left(1,\frac{1-\mu_1}{\mu_2-\mu_1},1+\frac{1-\mu_1}{\mu_2-\mu_1},-\frac{\eta}{\eta_1}V_{(0)}^{\mu_2-\mu_1}\right) \tag{5.22}
$$

$$
t_2<\frac{1}{\eta_1\beta_0(1-\mu_1)}V_{(t_1)}^{1-\mu_1}F\left(1,\frac{1-\mu_1}{\mu_2-\mu_1},1+\frac{1-\mu_1}{\mu_2-\mu_1},-\frac{\eta_2}{\eta_1\beta_0}V_{(t_1)}^{\mu_2-\mu_1}\right) \tag{5.23}
$$

其中，参数 μ_1，μ_2，β_0，$\eta_i(i=1,\cdots,n+4)$ 和 η 具体表达式为 $p_0=1$，$\varphi=p_1p_2\cdots p_n$，$\mu_1=1+\dfrac{p_1\varphi}{2}-\dfrac{\varphi}{2}<1$，$\mu_2=1+\dfrac{\varphi}{2p_1}-\dfrac{\varphi}{2}>1$，$\eta_1=-\max\limits_{\{\boldsymbol{y}:V(\boldsymbol{y})=1\}}L_{f_p}V(\boldsymbol{y})$，$\eta_2=-\max\limits_{\{\boldsymbol{y}:V(\boldsymbol{y})=1\}}L_{f_g}V(\boldsymbol{y})$，$\eta_3=\dfrac{2\lambda_{\max}(\boldsymbol{P})}{\beta_n\varphi p_{n-1}\lambda_{\min}(\boldsymbol{P})}\sum\limits_{i=1}^{n}c'\beta_i$，$\eta_{i+3}=\dfrac{2k_i\lambda_{\max}(\boldsymbol{P})}{\varphi p_{i-0}\lambda_{\min}(\boldsymbol{P})^{1-\frac{\varphi p_i}{2}}}$，$i=1,2,\cdots,n$，$\eta_{n+4}=\dfrac{2(k_{n+1}+\overline{\varsigma})\lambda_{\max}(\boldsymbol{P})\|\overline{\boldsymbol{e}}\|^{(2-\varphi p_n)}}{\varphi p_n\lambda_{\min}(\boldsymbol{P})^{1-\frac{\varphi p_n}{2}}}$，

$\eta=\eta_2-\eta_3-\sum_{i=1}^{n}\frac{\eta_{i+3}}{\beta_i}-\frac{\eta_{n+4}}{\beta_{n+1}}$，$0<\beta_0<1-\frac{\eta_3}{\eta_1}-\frac{1}{\eta_1}\sum_{i=1}^{n}\frac{\eta_{i+3}}{\beta_i}-\frac{\eta_{n+4}}{\beta_{n+1}\eta_1}$。Lyapunov 函数 $V(\boldsymbol{y})=\boldsymbol{y}^{\mathrm{T}}\boldsymbol{P}\boldsymbol{y}$，其中，$\boldsymbol{P}$ 为正定的实对称矩阵，$L_{f_p}V(\boldsymbol{y})$ 和 $L_{f_g}V(\boldsymbol{y})$ 分别表示 $V(\boldsymbol{y})$ 沿 f_p 和 f_g 的李导数，f_p 和 f_g 的定义将在后面介绍。

证明　考虑式（5.20）中的估计误差，忽略微分方程组中的以下内容：$-\beta_1^{g_1}|e_1|^{g_1}\operatorname{sign}(e_1)-\frac{k_1}{\beta_1}\operatorname{sign}(e_1)$，$-\beta_1^{g_2}|e_1|^{g_2}\operatorname{sign}(e_1)-\frac{k_2}{\beta_2}\operatorname{sign}(e_1),\cdots$，$-\frac{1}{\beta_n}[h(x)-h(\hat{x})]-\beta_1^{g_n}|e_1|^{g_n}\operatorname{sign}(e_1)-\frac{k_n}{\beta_n}\operatorname{sign}(e_1)$ 和 $-\beta_1^{g_{n+1}}|e_1|^{g_{n+1}}\operatorname{sign}(e_1)+\frac{\varsigma}{\beta_{n+1}}-\frac{k_{n+1}}{\beta_{n+1}}\operatorname{sign}(e_1)$，可得

$$\begin{cases}\dot{e}_1=\dfrac{\beta_2}{\beta_1}e_2-\beta_1^{p_1}|e_1|^{p_1}\operatorname{sign}(e_1)\\[2mm]\dot{e}_2=\dfrac{\beta_3}{\beta_2}e_3-\beta_1^{p_2}|e_1|^{p_2}\operatorname{sign}(e_1)\\[2mm]\cdots\\[2mm]\dot{e}_n=\dfrac{\beta_{n+1}}{\beta_n}e_{n+1}-\beta_1^{p_n}|e_1|^{p_n}\operatorname{sign}(e_1)\\[2mm]\dot{e}_{n+1}=-\beta_1^{p_{n+1}}|e_1|^{p_{n+1}}\operatorname{sign}(e_1)\end{cases}\tag{5.24}$$

根据齐次理论可知，系统（5.24）是齐次系统，对系统（5.24）求解齐次度和权重分别为 $(p_1-1)<0$ 和 $\left(1,p_1,\cdots,(i+1)p_1-i,\cdots,np_1-(n-1)\right)$，$i=-1,0,1,\cdots,n-1$。

定义 Lyapunov 函数

$$V(e_1,e_2,\cdots,e_{n+1})=\bar{\boldsymbol{e}}^{\mathrm{T}}\boldsymbol{P}\bar{\boldsymbol{e}}\tag{5.25}$$

其中，$\bar{\boldsymbol{e}}=\begin{bmatrix}|e_1|^{1/\varphi}\operatorname{sign}(e_1),|e_2|^{1/(\varphi p_1)}\operatorname{sign}(e_2),|e_3|^{1/(\varphi p_2)}\operatorname{sign}(e_3),\cdots,\\|e_n|^{1/(\varphi p_{n-1})}\operatorname{sign}(e_n),|e_{n+1}|^{1/(\varphi p_n)}\operatorname{sign}(e_{n+1})\end{bmatrix}^{\mathrm{T}}$，$\varphi=p_1p_2\cdots p_n$，$\boldsymbol{P}$ 为正定实对称矩阵。定义 f_p 表示式（5.24）中的向量场，则 $L_{f_p}V(e_1,e_2,\cdots,e_{n+1})$ 表示 $V(e_1,e_2,\cdots,e_{n+1})$ 沿着向量场 f_p 的李导数。根据齐次理论，$V(e_1,e_2,\cdots,e_{n+1})$ 和 $L_{f_p}V(e_1,e_2,\cdots,e_{n+1})$ 都是齐次系统，求解它们相对于权重 $(1,p_1,p_2,\cdots,p_i,\cdots,p_n)$ 的齐次度分别是 $2/\varphi$ 和 $(2/\varphi+p_1-1)$。

根据文献[216]和[217]中的理论，下列不等式成立：

$$L_{f_p}V(e_1,e_2,\cdots,e_{n+1})\leqslant -\eta_1 V(e_1,e_2,\cdots,e_{n+1})^{\mu_1}$$
$$\lim_{p_1\to 1}\eta_1 \geqslant \frac{\beta_1}{\lambda_{\max}(\boldsymbol{P})} \tag{5.26}$$

其中，$\eta_1=-\max\limits_{\{\boldsymbol{y}:V(\boldsymbol{y})=1\}}L_{f_p}V(\boldsymbol{y})$，$\mu_1=1+\dfrac{p_1\varphi}{2}-\dfrac{\varphi}{2}<1$。

同上，忽略式（5.20）中的一些项，包括：
$\dfrac{\beta_2}{\beta_1}e_2-\beta_1^{p_1}|e_1|^{p_1}\operatorname{sign}(e_1)-\dfrac{k_1}{\beta_1}\operatorname{sign}(e_1)$，$\dfrac{\beta_3}{\beta_2}e_3-\beta_1^{p_2}|e_1|^{p_2}\operatorname{sign}(e_1)-\dfrac{k_2}{\beta_2}\operatorname{sign}(e_1),\cdots,\dfrac{\beta_{n+1}}{\beta_n}e_{n+1}$，$-\dfrac{1}{\beta_n}[h(x)-h(\hat{x})]-\beta_1^{p_n}|e_1|^{p_n}\operatorname{sign}(e_1)-\dfrac{k_n}{\beta_n}\operatorname{sign}(e_1)$ 和 $-\beta_1^{p_{n+1}}|e_1|^{p_{n+1}}\operatorname{sign}(e_1)+\dfrac{\varsigma}{\beta_{n+1}}-\dfrac{k_{n+1}}{\beta_{n+1}}\operatorname{sign}(e_1)$，可得

$$\begin{cases}\dot{e}_1=-\beta_1^{g_1}|e_1|^{g_1}\operatorname{sign}(e_1)\\ \dot{e}_2=-\beta_1^{g_2}|e_1|^{g_2}\operatorname{sign}(e_1)\\ \cdots\\ \dot{e}_n=-\beta_1^{g_n}|e_1|^{g_n}\operatorname{sign}(e_1)\\ \dot{e}_{n+1}=-\beta_1^{g_{n+1}}|e_1|^{g_{n+1}}\operatorname{sign}(e_1)\end{cases} \tag{5.27}$$

式（5.27）也是齐次系统，其齐次度和权重分别为 g_1-1 和 $(1,p_1,\cdots,(i+1)p_1-i,\cdots,np_1-(n-1))$，$i=-1,0,1,\cdots,n-1$。

定义 f_g 表示式（5.27）中的向量场，$L_{f_g}V(e_1,e_2,\cdots,e_{n+1})$ 表示 $V(e_1,e_2,\cdots,e_{n+1})$ 沿向量场 f_g 的李导数。根据齐次理论可知，$L_{f_g}V(e_1,e_2,\cdots,e_{n+1})$ 是齐次系统，求解齐次度和权重分别为 $(2/\varphi+g_1-1)$ 和 $\left(1,p_1,\cdots,(i+1)p_1-i,\cdots,np_1-(n-1)\right)$，$i=-1,0,1,\cdots,n-1$。

根据文献[216]和[217]中的理论，可得不等式为

$$\begin{cases}L_{f_g}V(e_1,e_2,\cdots,e_{n+1})\leqslant -\eta_2 V(e_1,e_2,\cdots,e_{n+1})^{\mu_2}\\ \lim\limits_{p_1\to 1}\eta_2\geqslant \dfrac{\beta_1}{\lambda_{\max}(\boldsymbol{P})}\end{cases} \tag{5.28}$$

其中，$\eta_2=-\max\limits_{\{\boldsymbol{y}:V(\boldsymbol{y})=1\}}L_{f_g}V(\boldsymbol{y})$ 和 $\mu_2=1+\dfrac{\varphi}{2p_1}-\dfrac{\varphi}{2}>1$。将 $V(e_1,e_2,\cdots,e_{n+1})$ 简记为 V。

对 V 沿着向量场（5.20）求一阶导数，可得

$$\dot{V} = L_{f_p}V + L_{f_g}V + 2\overline{\boldsymbol{e}}^{\mathrm{T}}\boldsymbol{P}\begin{bmatrix} -|e_1|^{\left(\frac{1}{\varphi}-1\right)}\dfrac{k_1\,\mathrm{sign}(e_1)}{\beta_1\varphi} \\ -|e_2|^{\left(\frac{1}{\varphi p_1}-1\right)}\dfrac{k_2\,\mathrm{sign}(e_1)}{\beta_2\varphi p_1} \\ \vdots \\ -|e_{n-1}|^{\left(\frac{1}{\varphi p_{n-2}}-1\right)}\dfrac{k_{n-1}\,\mathrm{sign}(e_1)}{\beta_{n-1}\varphi p_{n-2}} \\ -|e_n|^{\left(\frac{1}{\varphi p_{n-1}}-1\right)}\dfrac{h(x)-h(\hat{x})+k_{n-1}\,\mathrm{sign}(e_1)}{\beta_n\varphi p_{n-1}} \\ |e_{n+1}|^{\left(\frac{1}{\varphi p_n}-1\right)}\dfrac{\varsigma-k_{n+1}\,\mathrm{sign}(e_1)}{\beta_{n+1}\varphi p_n} \end{bmatrix} \tag{5.29}$$

根据式（5.26）和式（5.28）的结论，式（5.29）可以简化为

$$\dot{V} \leqslant -\eta_1 V^{\mu_1} - \eta_2 V^{\mu_2} + 2\overline{\boldsymbol{e}}^{\mathrm{T}}\boldsymbol{P}\begin{bmatrix} 0 \\ 0 \\ \vdots \\ 0 \\ -|e_n|^{\left(\frac{1}{\varphi p_{n-1}}-1\right)}\dfrac{h(x)-h(\hat{x})}{\beta_n\varphi p_{n-1}} \\ 0 \end{bmatrix} + 2\overline{\boldsymbol{e}}^{\mathrm{T}}\boldsymbol{P}\begin{bmatrix} -|e_1|^{\left(\frac{1}{\varphi}-1\right)}\dfrac{k_1\,\mathrm{sign}(e_1)}{\beta_1\varphi} \\ -|e_2|^{\left(\frac{1}{\varphi p_1}-1\right)}\dfrac{k_2\,\mathrm{sign}(e_1)}{\beta_2\varphi p_1} \\ \vdots \\ -|e_{n-1}|^{\left(\frac{1}{\varphi p_{n-2}}-1\right)}\dfrac{k_{n-1}\,\mathrm{sign}(e_1)}{\beta_{n-1}\varphi p_{n-2}} \\ -|e_{n-1}|^{\left(\frac{1}{\varphi p_{n-1}}-1\right)}\dfrac{k_n\,\mathrm{sign}(e_1)}{\beta_n\varphi p_{n-1}} \\ |e_{n+1}|^{\left(\frac{1}{\varphi p_n}-1\right)}\dfrac{\varsigma-k_{n+1}\,\mathrm{sign}(e_1)}{\beta_{n+1}\varphi p_n} \end{bmatrix} \tag{5.30}$$

利用不等式的放缩关系，可得以下不等式：

$$\begin{cases} |e_1|^{\frac{1}{\varphi}} \leqslant \|\overline{\boldsymbol{e}}\| = \left(|e_1|^{\frac{2}{\varphi}} + |e_2|^{\frac{2}{\varphi p_1}} + \cdots + |e_{n+1}|^{\frac{2}{\varphi p_n}}\right)^{\frac{1}{2}} \\ |e_2|^{\frac{1}{\varphi p_1}} \leqslant \|\overline{\boldsymbol{e}}\|, |e_3|^{\frac{1}{\varphi p_2}} \leqslant \|\overline{\boldsymbol{e}}\|, \cdots, e_{n+1}|^{\frac{1}{\varphi p_n}} \leqslant \|\overline{\boldsymbol{e}}\| \end{cases} \tag{5.31}$$

$$\begin{aligned} \|(\tilde{x}_1,\tilde{x}_2,\cdots,\tilde{x}_{n+1})\| &\leqslant \beta_1|e_1| + \beta_2|e_2| + \cdots + \beta_{n+1}|e_{n+1}| \\ &= \beta_1\left(|e_1|^{\frac{2}{\varphi}}\right)^{\frac{\varphi}{2}} + \beta_2\left(|e_2|^{\frac{2}{\varphi p_1}}\right)^{\frac{\varphi p_1}{2}} + \cdots + \beta_{n+1}\left(|e_{n+1}|^{\frac{2}{\varphi p_n}}\right)^{\frac{\varphi p_n}{2}} \\ &\leqslant \beta_1\|\overline{\boldsymbol{e}}\|^{\varphi} + \beta_2\|\overline{\boldsymbol{e}}\|^{\varphi p_1} + \cdots + \beta_{n+1}\|\overline{\boldsymbol{e}}\|^{\varphi p_n} \end{aligned} \tag{5.32}$$

再根据假设 5.3 可得

$$
\begin{aligned}
\left|h(x)-h(\hat{x})\right| &\leqslant c'\|\boldsymbol{x}-\hat{\boldsymbol{x}}\| \\
&\leqslant c'\left[\left|\tilde{x}_1\right|^2+\left|\tilde{x}_2\right|^2+\cdots+\left|\tilde{x}_n\right|^2\right]^{\frac{1}{2}} \\
&= c'\left[\left|\beta_1 e_1\right|^2+\left|\beta_2 e_2\right|^2+\cdots+\left|\beta_n e_n\right|^2\right]^{\frac{1}{2}} \\
&\leqslant c'\left\{\beta_1\left|e_1\right|+\beta_2\left|e_2\right|+\cdots+\beta_n\left|e_n\right|\right\} \\
&= c'\beta_1\left(\left|e_1\right|^{\frac{2}{\varphi}}\right)^{\frac{\varphi}{2}}+c'\beta_2\left(\left|e_2\right|^{\frac{2}{\varphi p_1}}\right)^{\frac{\varphi p_1}{2}}+\cdots+c'\beta_n\left(\left|e_n\right|^{\frac{2}{\varphi p_{n-1}}}\right)^{\frac{\varphi p_{n-1}}{2}} \\
&\leqslant c'\beta_1\|\bar{\boldsymbol{e}}\|^{\varphi}+c'\beta_2\|\bar{\boldsymbol{e}}\|^{\varphi p_1}+\cdots+c'\beta_n\|\bar{\boldsymbol{e}}\|^{\varphi p_{n-1}} \\
&= \sum_{i=1}^{n} c'\beta_i\|\bar{\boldsymbol{e}}\|^{\varphi p_{i-1}}
\end{aligned}
\tag{5.33}
$$

其中，$\|\cdot\|$ 表示向量的欧氏范数。

$$
\begin{aligned}
\left|e_n\right|^{\left(\frac{1}{\varphi p_{n-1}}-1\right)}\frac{[h(x)-h(\hat{x})]}{\beta_n\varphi p_{n-1}} &\leqslant \frac{1}{\beta_n\varphi p_{n-1}}\|\bar{\boldsymbol{e}}\|^{1-\varphi p_{n-1}}\sum_{i=1}^{n}c'\beta_i\|\bar{\boldsymbol{e}}\|^{\varphi p_{i-1}} \\
&\leqslant \frac{1}{\beta_n\varphi p_{n-1}}\|\bar{\boldsymbol{e}}\|^{1-\varphi p_{n-1}}\left(\sum_{i=1}^{n}c'\beta_i\|\bar{\boldsymbol{e}}\|^{\varphi p_{n-1}}\right) \\
&= \frac{\|\bar{\boldsymbol{e}}\|}{\beta_n\varphi p_{n-1}}\sum_{i=1}^{n}c'\beta_i
\end{aligned}
\tag{5.34}
$$

其中，$\lambda_{\max}(\boldsymbol{P})$ 表示矩阵 $\boldsymbol{P}$ 的最大特征值。对式（5.30）进一步化简，可得

$$
\begin{aligned}
\dot{V} &\leqslant -\eta_1 V^{\mu_1}-\eta_2 V^{\mu_2}+\frac{2\lambda_{\max}(\boldsymbol{P})\|\bar{\boldsymbol{e}}\|^2}{\beta_n\varphi p_{n-1}}\sum_{i=1}^{n}c'\beta_i+\sum_{i=1}^{n}\frac{2k_i\lambda_{\max}(\boldsymbol{P})\|\bar{\boldsymbol{e}}\||e_1|^{\left(\frac{1}{\varphi p_{i-1}}-1\right)}}{\beta_i\varphi p_{i-1}} \\
&\quad+\frac{2(k_{n+1}+\bar{\varsigma})\lambda_{\max}(\boldsymbol{P})\|\bar{\boldsymbol{e}}\||e_{n+1}|^{\left(\frac{1}{\varphi p_n}-1\right)}}{\beta_{n+1}\varphi p_n} \\
&\leqslant -\eta_1 V^{\mu_1}-\eta_2 V^{\mu_2}+\frac{2\lambda_{\max}(\boldsymbol{P})\|\bar{\boldsymbol{e}}\|^2}{\beta_n\varphi p_{n-1}}\sum_{i=1}^{n}c'\beta_i+\sum_{i=1}^{n}\frac{2k_i\lambda_{\max}(\boldsymbol{P})\|\bar{\boldsymbol{e}}\|^{(2-\varphi p_{i-1})}}{\beta_i\varphi p_{i-1}} \\
&\quad+\frac{2(k_{n+1}+\bar{\varsigma})\lambda_{\max}(\boldsymbol{P})\|\bar{\boldsymbol{e}}\|^{(2-\varphi p_n)}}{\beta_{n+1}\varphi p_n}
\end{aligned}
\tag{5.35}
$$

用 $\lambda_{\min}(\boldsymbol{P})$ 表示矩阵 $\boldsymbol{P}$ 的最小特征值，令 $\eta_3=\dfrac{2\lambda_{\max}(\boldsymbol{P})}{\beta_n\varphi p_{n-1}\lambda_{\min}(\boldsymbol{P})}\sum_{i=1}^{n}c'\beta_i$，$\eta_{i+3}=$

$\dfrac{2k_i\lambda_{\max}(\boldsymbol{P})}{\varphi p_{i-1}\lambda_{\min}(\boldsymbol{P})^{1-\frac{\varphi p_{i-1}}{2}}}, i=1,\cdots,n$，及 $\eta_{n+4}=\dfrac{2(k_{n+1}+\overline{\varsigma})\lambda_{\max}(\boldsymbol{P})\|\overline{\boldsymbol{e}}\|^{(2-\varphi p_n)}}{\varphi p_n\lambda_{\min}(\boldsymbol{P})^{1-\frac{\varphi p_n}{2}}}$，根据不等式

$$\lambda_{\min}(\boldsymbol{P})\|\overline{\boldsymbol{e}}\|^2\leqslant V,\quad \|\overline{\boldsymbol{e}}\|^2\leqslant\frac{V}{\lambda_{\min}(\boldsymbol{P})} \tag{5.36}$$

对式（5.35）做进一步简化可得

$$\dot{V}\leqslant-\eta_1V^{\mu_1}-\eta_2V^{\mu_2}+\eta_3V+\sum_{i=1}^{n}\frac{\eta_{i+3}}{\beta_i}V^{1-\frac{\varphi p_{i-1}}{2}}+\frac{\eta_{n+4}}{\beta_{n+1}}V^{1-\frac{\varphi p_n}{2}} \tag{5.37}$$

接下来分两种情况讨论误差的收敛特性。

情况一：讨论 Lyapunov 函数 $V\geqslant1$ 时的情况。根据 φ 和 p_i 的取值关系，可知不等式

$$0<\left(1-\frac{\varphi}{2}\right)<\left(1-\frac{\varphi p_1}{2}\right)<\cdots<\left(1-\frac{\varphi p_{i-1}}{2}\right)<\cdots<\left(1-\frac{\varphi p_n}{2}\right)<1<\mu_2=1+\frac{\varphi}{2p_1}-\frac{\varphi}{2} \tag{5.38}$$

则式（5.37）可化简为

$$\dot{V}\leqslant-\eta_1V^{\mu_1}-\left(\eta_2-\eta_3-\sum_{i=1}^{n}\frac{\eta_{i+3}}{\beta_i}-\frac{\eta_{n+4}}{\beta_{n+1}}\right)V^{\mu_2} \tag{5.39}$$

因此，令 $\eta=\eta_2-\eta_3-\sum\limits_{i=1}^{n}\dfrac{\eta_{i+3}}{\beta_i}-\dfrac{\eta_{n+4}}{\beta_{n+1}}$，选择合适的参数 $\beta_1,\beta_2,\cdots,\beta_{n+1}$ 使得不等式（5.40）成立即可满足式（5.39）$\dot{V}\leqslant0$ 成立：

$$(\beta_1,\beta_2,\cdots,\beta_{n+1})\in\left\{(\beta_1,\beta_2,\cdots,\beta_{n+1})\left|\eta_2-\eta_3-\sum_{i=1}^{n}\frac{\eta_{i+3}}{\beta_i}-\frac{\eta_{n+4}}{\beta_{n+1}}>0,\quad \eta_1>\eta_3\right.\right\} \tag{5.40}$$

因此，V 将在有限时间 t_1 内收敛到区域 $V\equiv1$。t_1 满足下面的关系式：

$$t_1<\frac{1}{\eta_1(1-\mu_1)}V_{(0)}^{1-\mu_1}F\left(1,\frac{1-\mu_1}{\mu_2-\mu_1},1+\frac{1-\mu_1}{\mu_2-\mu_1},-\frac{\eta}{\eta_1}V_{(0)}^{\mu_2-\mu_1}\right) \tag{5.41}$$

其中，$V_{(0)}$ 表示 V 的初始值，$F(\cdot)$ 表示高斯超几何函数，关于高斯超几何函数的更多信息可以参考文献[218]。

情况二，讨论 Lyapunov 函数 $V<1$ 时的情况。此时，式（5.37）可简化为

$$\dot{V}\leqslant-\eta_1V^{\mu_1}-\eta_2V^{\mu_2}+\eta_3V^{\mu_1}+\left(\sum_{i=1}^{n}\frac{\eta_{i+3}}{\beta_i}+\frac{\eta_{n+4}}{\beta_{n+1}}\right)V^{1-\frac{\varphi}{2}} \tag{5.42}$$

选择一个较大的 β_1 使得 $\eta_1 > \eta_3$。选择 $\beta_0 \in \mathbf{R}^+$ 并使其满足

$$0 < \beta_0 < 1 - \frac{\eta_3}{\eta_1} - \frac{1}{\eta_1}\sum_{i=1}^{n}\frac{\eta_{i+3}}{\beta_i} - \frac{\eta_{n+4}}{\beta_{n+1}\eta_1} \tag{5.43}$$

式（5.42）可变形为

$$\begin{aligned}\dot{V} &\leqslant -\eta_1(1-\beta_0)V^{\mu_1} - \eta_1\beta_0 V^{\mu_1} + \eta_3 V^{\mu_1} + \left(\sum_{i=1}^{n}\frac{\eta_{i+3}}{\beta_i} + \frac{\eta_{n+4}}{\beta_{n+1}}\right)V^{1-\frac{\varphi}{2}} - \eta_2 V^{\mu_2} \\ &\leqslant -\left[\left(\eta_1(1-\beta_0)-\eta_3\right)V^{\mu_1-1+\frac{\varphi}{2}} - \left(\sum_{i=1}^{n}\frac{\eta_{i+3}}{\beta_i} + \frac{\eta_{n+4}}{\beta_{n+1}}\right)\right]V^{1-\frac{\varphi}{2}} - \eta_2 V^{\mu_2} - \eta_1\beta_0 V^{\mu_1}\end{aligned} \tag{5.44}$$

当式（5.45）满足时，$\dot{V} \leqslant 0$，V 是收敛的。

$$\left(\eta_1(1-\beta_0)-\eta_3\right)V^{\mu_1-1+\frac{\varphi}{2}} - \left(\sum_{i=1}^{n}\frac{\eta_{i+3}}{\beta_i} + \frac{\eta_{n+4}}{\beta_{n+1}}\right) \geqslant 0 \tag{5.45}$$

因此，由式（5.44）和式（5.45）可解出函数 V 将在有限时间 t_2 内收敛到的区域式（5.46）：

$$V < \left(\frac{\displaystyle\sum_{i=1}^{n}\frac{\eta_{i+3}}{\beta_i} + \frac{\eta_{n+4}}{\beta_{n+1}}}{\eta_1(1-\beta_0)-\eta_3}\right)^{\frac{2}{p_1\varphi}} \tag{5.46}$$

t_2 满足

$$t_2 < \frac{1}{\eta_1\beta_0(1-\mu_1)}V_{(t_1)}^{1-\mu_1}F\left(1, \frac{1-\mu_1}{\mu_2-\mu_1}, 1+\frac{1-\mu_1}{\mu_2-\mu_1}, -\frac{\eta_2}{\eta_1\beta_0}V_{(t_1)}^{\mu_2-\mu_1}\right) \tag{5.47}$$

其中，$V_{(t_1)}$ 表示 V 在 t_1 时刻的值。

根据式（5.36）和式（5.46），$\bar{\boldsymbol{e}}$ 的收敛区间为

$$\|\bar{\boldsymbol{e}}\| < \frac{1}{\sqrt{\lambda_{\min}(\boldsymbol{P})}}\left(\frac{\displaystyle\sum_{i=1}^{n}\frac{\eta_{i+3}}{\beta_i} + \frac{\eta_{n+4}}{\beta_{n+1}}}{\eta_1(1-\beta_0)-\eta_3}\right)^{\frac{1}{p_1\varphi}} \tag{5.48}$$

定义 U 为误差变量 $(\tilde{x}_1, \tilde{x}_1, \cdots, \tilde{x}_{n+1})$ 的收敛区间，则状态估计误差 $\tilde{x}_1, \tilde{x}_2, \cdots, \tilde{x}_{n+1}$ 将在有限时间 $T_1 \leqslant t_1 + t_2$ 内收敛到该区域内。

$$
U=\left\{\begin{aligned}&(\tilde{x}_1,\tilde{x}_2,\cdots,\tilde{x}_{n+1})\Big|\left\|(\tilde{x}_1,\tilde{x}_2,\cdots,\tilde{x}_{n+1})\right\|\leqslant\\
&\frac{\beta_1}{\left(\sqrt{\lambda_{\min}(\boldsymbol{P})}\right)^{\varphi}}\left(\frac{\sum_{i=1}^{n}\frac{\eta_{i+3}}{\beta_i}+\frac{\eta_{n+4}}{\beta_{n+1}}}{\eta_1(1-\beta_0)-\eta_3}\right)^{\frac{\varphi}{\varphi p_1}}+\\
&\frac{\beta_2}{\left(\sqrt{\lambda_{\min}(\boldsymbol{P})}\right)^{\varphi p_1}}\left(\frac{\sum_{i=1}^{n}\frac{\eta_{i+3}}{\beta_i}+\frac{\eta_{n+4}}{\beta_{n+1}}}{\eta_1(1-\beta_0)-\eta_3}\right)^{\frac{\varphi p_1}{\varphi p_1}}+\\
&\cdots+\\
&\frac{\beta_i}{\left(\sqrt{\lambda_{\min}(\boldsymbol{P})}\right)^{\varphi p_{i-1}}}\left(\frac{\sum_{i=1}^{n}\frac{\eta_{i+3}}{\beta_i}+\frac{\eta_{n+4}}{\beta_{n+1}}}{\eta_1(1-\beta_0)-\eta_3}\right)^{\frac{\varphi p_{i-1}}{\varphi p_1}}+\\
&\cdots+\\
&\frac{\beta_{n+1}}{\left(\sqrt{\lambda_{\min}(\boldsymbol{P})}\right)^{\varphi p_n}}\left(\frac{\sum_{i=1}^{n}\frac{\eta_{i+3}}{\beta_i}+\frac{\eta_{n+4}}{\beta_{n+1}}}{\eta_1(1-\beta_0)-\eta_3}\right)^{\frac{\varphi p_n}{\varphi p_1}}
\end{aligned}\right\}
=\left\{\begin{aligned}&(\tilde{x}_1,\tilde{x}_2,\cdots,\tilde{x}_{n+1})\Big|\left\|(\tilde{x}_1,\tilde{x}_2,\cdots,\tilde{x}_{n+1})\right\|\leqslant\\
&\frac{\beta_1}{\left(\sqrt{\lambda_{\min}(\boldsymbol{P})}\right)^{\varphi}}\left(\frac{\sum_{i=1}^{n}\frac{\eta_{i+3}}{\beta_i}+\frac{\eta_{n+4}}{\beta_{n+1}}}{\eta_1(1-\beta_0)-\eta_3}\right)^{\frac{1}{p_1}}+\\
&\frac{\beta_2}{\left(\sqrt{\lambda_{\min}(\boldsymbol{P})}\right)^{\varphi p_1}}\left(\frac{\sum_{i=1}^{n}\frac{\eta_{i+3}}{\beta_i}+\frac{\eta_{n+4}}{\beta_{n+1}}}{\eta_1(1-\beta_0)-\eta_3}\right)^{\frac{p_1}{p_1}}+\\
&\cdots+\\
&\frac{\beta_i}{\left(\sqrt{\lambda_{\min}(\boldsymbol{P})}\right)^{\varphi p_{i-1}}}\left(\frac{\sum_{i=1}^{n}\frac{\eta_{i+3}}{\beta_i}+\frac{\eta_{n+4}}{\beta_{n+1}}}{\eta_1(1-\beta_0)-\eta_3}\right)^{\frac{p_{i-1}}{p_1}}+\\
&\cdots+\\
&\frac{\beta_{n+1}}{\left(\sqrt{\lambda_{\min}(\boldsymbol{P})}\right)^{\varphi p_n}}\left(\frac{\sum_{i=1}^{n}\frac{\eta_{i+3}}{\beta_i}+\frac{\eta_{n+4}}{\beta_{n+1}}}{\eta_1(1-\beta_0)-\eta_3}\right)^{\frac{p_n}{p_1}}
\end{aligned}\right\}
\tag{5.49}
$$

定理 5.2 的证明完毕。

上述分析表明选择适当的参数 $\beta_1,\beta_2,\cdots,\beta_{n+1}$，在有限时间 T_1 内实现观测误差变量 $(\tilde{x}_1,\tilde{x}_2,\cdots,\tilde{x}_{n+1})$ 收敛到零附近的一个邻域内。

接下来，针对参数 $k_1,k_2,\cdots,k_{n+1}$ 的选择范围进行讨论。以一般情况讨论 k_i（$i=1,2,\cdots,n-1$）的取值情况，定义一个 Lyapunov 函数，对其求导可得

$$
\begin{aligned}
\dot{V}_{x_i}(\tilde{x}_1)&=\tilde{x}_i\dot{\tilde{x}}_i=\tilde{x}_i\tilde{x}_{i+1}-\beta_i\left|\tilde{x}_1\right|^{p_i+1}-\beta_i\left|\tilde{x}_1\right|^{g_i+1}-k_i\left|\tilde{x}_1\right|\\
&\leqslant-\beta_i\left|\tilde{x}_1\right|^{p_i+1}-\beta_i\left|\tilde{x}_1\right|^{g_i+1}-\left(k_i-\left|\tilde{x}_{i+1}\right|\right)\left|\tilde{x}_1\right|
\end{aligned}
\tag{5.50}
$$

由于 $\left|\tilde{x}_{i+1}\right|=\beta_{i+1}\left|e_{i+1}\right|=\beta_{i+1}\left(\left|e_{i+1}\right|^{\frac{2}{\varphi p_i}}\right)^{\frac{\varphi p_i}{2}}\leqslant\beta_{i+1}\left\|\overline{\boldsymbol{e}}\right\|^{\varphi p_i}$，根据式（5.48）可得

$$
\left|\tilde{x}_{i+1}\right|\leqslant\Omega_{i+1}=\frac{\beta_{i+1}}{\left(\sqrt{\lambda_{\min}(\boldsymbol{P})}\right)^{\varphi p_i}}\left(\frac{\sum_{i=1}^{n}\frac{\eta_{i+3}}{\beta_i}+\frac{\eta_{n+4}}{\beta_{n+1}}}{\eta_1(1-\beta_0)-\eta_3}\right)^{\frac{p_i}{p_1}}
\tag{5.51}
$$

选择 $k_i \geqslant \Omega_{i+1}$，根据前面参数的取值情况 $\eta_{i+3} = \dfrac{2k_i\lambda_{\max}(\boldsymbol{P})}{\beta_i\varphi p_{i-1}\lambda_{\min}(\boldsymbol{P})^{1-\frac{\varphi p_{i-1}}{2}}}, i=1,\cdots,n$，$\eta_{n+4} = \dfrac{2(k_{n+1}+\varsigma)\lambda_{\max}(\boldsymbol{P})\|\overline{\boldsymbol{e}}\|^{(2-\varphi p_n)}}{\varphi p_n\lambda_{\min}(\boldsymbol{P})^{1-\frac{\varphi p_n}{2}}}$，可确定

$$k_i \geqslant \frac{\beta_{i+1}}{\left(\sqrt{\lambda_{\min}(\boldsymbol{P})}\right)^{\varphi p_i}}\left(\frac{\displaystyle\sum_{i=1}^{n}\frac{2k_i\lambda_{\max}(\boldsymbol{P})}{\beta_i\varphi p_{i-1}\lambda_{\min}(\boldsymbol{P})^{1-\frac{\varphi p_{i-1}}{2}}}+\frac{2(k_{n+1}+\varsigma)\lambda_{\max}(\boldsymbol{P})\|\overline{\boldsymbol{e}}\|^{(2-\varphi p_n)}}{\beta_{n+1}\varphi p_n\lambda_{\min}(\boldsymbol{P})^{1-\frac{\varphi p_n}{2}}}}{\eta_1(1-\beta_0)-\eta_3}\right) \tag{5.52}$$

因此，k_i 的取值要满足不等式（5.52），在实际应用时可以根据实际系统的阶次求解出 k_i 的具体取值范围，也可对 k_i 先进行取值，然后通过式（5.52）验算 k_i 取值的合理性。

从式（5.52）可见，在选择参数 k_i 时并不需要知道误差变量 e_{i+1} 的信息。假设 k_i 满足不等式（5.52），则式（5.50）可以简化为

$$\dot{V}_{x_i}(\tilde{x}_i) \leqslant -2^{\frac{p_i+1}{2}}\beta_i V(\tilde{x}_i)^{\frac{p_i+1}{2}} - 2^{\frac{g_i+1}{2}}\beta_i V(\tilde{x}_i)^{\frac{g_i+1}{2}} \tag{5.53}$$

根据有限时间理论可以求解出 $\tilde{x}_1$ 收敛到零的有限时间 t_{3i} 为

$$t_{3i} < \frac{1}{2^{\frac{1-p_i}{2}}\beta_i(1-p_i)}V(\tilde{x}_i)_{T_1}^{\frac{1-p_i}{2}}F\left(1,\frac{1-p_i}{g_i-p_i},1+\frac{1-p_i}{g_i-p_i},-2^{\frac{g_i-p_i}{2}}V(\tilde{x}_i)_{T_1}^{\frac{g_i-p_i}{2}}\right) \tag{5.54}$$

其中，$V_{x_i}(\tilde{x}_i)_{T_1}$ 表示 $V(\tilde{x}_i)$ 在 T_1 时刻的值。

如果 $\tilde{x}_i$ 在有限时间 $T_2 = T_1 + \max(t_{3i})$ 内收敛到零，则 $\tilde{x}_i$ 将处于 $\tilde{x}_i = 0$ 的状态。因此可以得到

$$\tilde{x}_i = \dot{\tilde{x}}_i = 0 \tag{5.55}$$

当 $i = n-1$ 时，将式（5.55）代入式（5.18）中的第 $n-1$ 个等式，则有

$$0 = \tilde{x}_n - \beta_{n-1}\left(|\tilde{x}_1|^{p_{n-1}}\operatorname{sign}(\tilde{x}_1) + |\tilde{x}_1|^{g_{n-1}}\operatorname{sign}(\tilde{x}_1)\right) - k_{n-1}\operatorname{sign}(\tilde{x}_1) \tag{5.56}$$

根据文献[219]中介绍的等效原理，可得

$$\left(\beta_{n-1}\left(|\tilde{x}_1|^{p_{n-1}}\operatorname{sign}(\tilde{x}_1) + |\tilde{x}_1|^{g_{n-1}}\operatorname{sign}(\tilde{x}_1)\right) + k_{n-1}\operatorname{sign}(\tilde{x}_1)\right)_{\mathrm{eq}} = \tilde{x}_n \tag{5.57}$$

其中，$\left(\beta_{n-1}\left(|\tilde{x}_1|^{p_{n-1}}\operatorname{sign}(\tilde{x}_1) + |\tilde{x}_1|^{g_{n-1}}\operatorname{sign}(\tilde{x}_1)\right) + k_{n-1}\operatorname{sign}\tilde{x}_1)\right)_{\mathrm{eq}}$ 是 $\beta_{n-1}\left(|\tilde{x}_1|^{p_{n-1}}\operatorname{sign}(\tilde{x}_1) + |\tilde{x}_1|^{g_{n-1}}\right.$

$\operatorname{sign}(\tilde{x}_1)\big)+k_{n-1}\operatorname{sign}(\tilde{x}_1)$ 经过低通滤波器而得到的输出值。

近似认为 $k_n\operatorname{sign}\Big(\beta_{n-1}\big(|\tilde{x}_1|^{p_{n-1}}\operatorname{sign}(\tilde{x}_1)+|\tilde{x}_1|^{g_{n-1}}\operatorname{sign}(\tilde{x}_1)\big)+k_{n-1}\operatorname{sign}(\tilde{x}_1)\Big)=k_n\operatorname{sign}(\tilde{x}_n)$，将式（5.57）代入式（5.18）中的第 n 个等式，可得

$$\dot{\tilde{x}}_n=\tilde{x}_{n+1}+h(x)-h(\hat{x})-k_n\operatorname{sign}(\tilde{x}_n) \tag{5.58}$$

定义 Lyapunov 函数 $V_{x_n}(\tilde{x}_n)=\dfrac{1}{2}\tilde{x}_n^2$，将式（5.58）代入其导数中，可得

$$\begin{aligned}\dot{V}_{x_n}(\tilde{x}_n)&=\tilde{x}_n\dot{\tilde{x}}_n\\&=\tilde{x}_n\tilde{x}_{n+1}+[h(x)-h(\hat{x})]\tilde{x}_n-k_n|\tilde{x}_n|\\&\leqslant\sum_{i=1}^{n}c'\beta_i\|\overline{\boldsymbol{e}}\|^{\varphi p_{i-1}}|\tilde{x}_n|-\big(k_n-|\tilde{x}_{n+1}|\big)|\tilde{x}_n|\\&=-\left(k_n-\sum_{i=1}^{n}c'\beta_i\|\overline{\boldsymbol{e}}\|^{\varphi p_{i-1}}-|\tilde{x}_{n+1}|\right)|\tilde{x}_n|\end{aligned} \tag{5.59}$$

由于 $|\tilde{x}_i|=\beta_i|e_i|=\beta_i\left(|e_i|^{\frac{2}{\varphi p_{i-1}}}\right)^{\frac{\varphi p_{i-1}}{2}}\leqslant\beta_i\|\overline{\boldsymbol{e}}\|^{\varphi p_{i-1}}$，则

$$\begin{aligned}k_n&\geqslant|\tilde{x}_{n+1}|+\sum_{i=1}^{n}c'\beta_i\|\overline{\boldsymbol{e}}\|^{\varphi p_{i-1}}\\&\geqslant\beta_{n+1}\|\overline{\boldsymbol{e}}\|^{\varphi p_n}+\sum_{i=1}^{n}c'\beta_i\|\overline{\boldsymbol{e}}\|^{\varphi p_{i-1}}\end{aligned} \tag{5.60}$$

根据式（5.48）可得

$$k_n\geqslant\frac{\beta_{n+1}}{\left(\sqrt{\lambda_{\min}(\boldsymbol{P})}\right)^{\varphi p_n}}\left(\frac{\displaystyle\sum_{i=1}^{n}\frac{\eta_{i+3}}{\beta_i}+\frac{\eta_{n+4}}{\beta_{n+1}}}{\eta_1(1-\beta_0)-\eta_3}\right)^{\frac{p_n}{p_1}}-\sum_{i=1}^{n-1}\frac{a_{i-1}\beta_i}{\left(\sqrt{\lambda_{\min}(\boldsymbol{P})}\right)^{\varphi p_{i-1}}}\left(\frac{\displaystyle\sum_{i=1}^{n}\frac{\eta_{i+3}}{\beta_i}+\frac{\eta_{n+4}}{\beta_{n+1}}}{\eta_1(1-\beta_0)-\eta_3}\right)^{\frac{p_{i-1}}{p_1}} \tag{5.61}$$

代入 η_i 的取值可得

$$k_n>\frac{\beta_{n+1}}{\left(\sqrt{\lambda_{\min}(\boldsymbol{P})}\right)^{\varphi p_n}}\left(\frac{\displaystyle\sum_{i=1}^{n}\frac{2k_i\lambda_{\max}(\boldsymbol{P})}{\beta_i\varphi p_{i-1}\lambda_{\min}(\boldsymbol{P})^{1-\frac{\varphi p_{i-1}}{2}}}+\frac{2(k_{n+1}+\varsigma)\lambda_{\max}(\boldsymbol{P})\|\overline{\boldsymbol{e}}\|^{(2-\varphi p_n)}}{\beta_{n+1}\varphi p_n\lambda_{\min}(\boldsymbol{P})^{1-\frac{\varphi p_n}{2}}}}{\eta_1(1-\beta_0)-\eta_3}\right)^{\frac{p_n}{p_1}} \tag{5.62}$$

假设参数 k_n 满足式（5.62），令 $\Gamma = k_n - \sum_{i=1}^{n} c'\beta_i \|\overline{\boldsymbol{e}}\|^{\varphi p_{i-1}} - |\tilde{x}_{n+1}|$，则式（5.59）可简化为

$$\dot{V}(\tilde{x}_n) \leqslant -\Gamma|\tilde{x}_n| = -2^{\frac{1}{2}}\Gamma V(\tilde{x}_n)^{\frac{1}{2}} \tag{5.63}$$

结合有限时间理论，根据式（5.63）可知，$\tilde{x}_n$ 将在有限时间 $T_3 = T_2 + t_4$ 内收敛到零，t_4 满足

$$t_4 < \frac{\sqrt{2}}{\Gamma}V(\tilde{x}_n)_{T_2}^{\frac{1}{2}} F\left(1,1,2,-\frac{\sqrt{2}a_{n-1}}{\Gamma}V(\tilde{x}_n)_{T_2}^{\frac{1}{2}}\right) \tag{5.64}$$

其中，$V_{x_n}(\tilde{x}_n)_{T_2}$ 表示 $V_{x_n}(\tilde{x}_n)$ 在时刻 T_2 的值。

如果 $\tilde{x}_n$ 在有限时间 T_3 内收敛到零，则 $\tilde{x}_n$ 将处于 $\tilde{x}_n \equiv 0$ 的状态，因此可得

$$\tilde{x}_n = \dot{\tilde{x}}_n = 0 \tag{5.65}$$

将式（5.65）代入式（5.18）中的第 n 个等式，得

$$0 = \tilde{x}_{n+1} - \beta_n\left(|\tilde{x}_1|^{p_n}\operatorname{sign}(\tilde{x}_1) + |\tilde{x}_1|^{g_n}\operatorname{sign}(\tilde{x}_1)\right) - k_n\operatorname{sign}(\tilde{x}_1) \tag{5.66}$$

同理，根据等效理论，可得

$$\left(\beta_n\left(|\tilde{x}_1|^{p_n}\operatorname{sign}(\tilde{x}_1) + |\tilde{x}_1|^{g_n}\operatorname{sign}(\tilde{x}_1)\right) + k_n\operatorname{sign}(\tilde{x}_1)\right)_{\mathrm{eq}} = \tilde{x}_{n+1} \tag{5.67}$$

近似认为 $k_{n+1}\operatorname{sign}\left(\beta_n\left(|\tilde{x}_1|^{p_n}\operatorname{sign}(\tilde{x}_1) + |\tilde{x}_1|^{g_n}\operatorname{sign}(\tilde{x}_1)\right) + k_n\operatorname{sign}(\tilde{x}_1)\right) = k_{n+1}\operatorname{sign}(\tilde{x}_{n+1})$，并将式（5.67）代入到式（5.18）的第 n+1 个等式，可得

$$\dot{\tilde{x}}_{n+1} = \varsigma - k_{n+1}\operatorname{sign}(\tilde{x}_{n+1}) \tag{5.68}$$

定义 Lyapunov 函数 $V_{x_{n+1}}(\tilde{x}_{n+1}) = \frac{1}{2}\tilde{x}_{n+1}^2$，对其求导并把式（5.68）代入其中，可得

$$\dot{V}_{x_{n+1}}(\tilde{x}_{n+1}) = \tilde{x}_{n+1}\varsigma - k_{n+1}|\tilde{x}_{n+1}| \leqslant -2^{\frac{1}{2}}(k_{n+1} - \overline{\varsigma})V(\tilde{x}_{n+1})^{\frac{1}{2}} \tag{5.69}$$

选择参数 k_{n+1} 使

$$k_{n+1} > \overline{\varsigma} \tag{5.70}$$

成立。因此，$\tilde{x}_{n+1}$ 将在有限时间 $T_4 = T_3 + t_5$ 内收敛到零。

$$t_5 < \frac{2^{\frac{1}{2}}}{(k_{n+1} - \overline{\varsigma})}V(\tilde{x}_{n+1})_{T_3}^{\frac{1}{2}} \tag{5.71}$$

其中，$V_{x_{n+1}}(\tilde{x}_{n+1})_{T_3}$ 表示 $V_{x_{n+1}}(\tilde{x}_{n+1})$ 在 T_3 时刻的值。

评注 5.1 NNESO 式（5.17）中的 $|\tilde{x}_1|^{p_i}\operatorname{sign}(\tilde{x}_1)$ 和 $|\tilde{x}_1|^{g_i}\operatorname{sign}(\tilde{x}_1)$ 是连续可微的，而式（5.17）中的 $k_i\operatorname{sign}(\tilde{x}_1)$ 是不连续的。为了避免当 $\tilde{x}_1$ 在零附近频繁变化而引起的抖振现象，用 sigmoid 函数来代替 $\operatorname{sign}(\tilde{x}_1)$，即

$$\operatorname{sgmf}(\tilde{x}_1)=\begin{cases}2\left(\dfrac{1}{1+\exp^{-\tau\tilde{x}_1}}-\dfrac{1}{2}\right), & |\tilde{x}_1|\leqslant\varepsilon\\ \operatorname{sign}(\tilde{x}_1), & |\tilde{x}_1|>\varepsilon\end{cases}\tag{5.72}$$

其中，ε 是边界层，τ 是反比于 ε 的常数。

因此，在实际应用时可以根据实际系统的阶次求解出 $k_i(i=1,2,\cdots,n+1)$ 的具体取值范围，也可对 k_i 先进行取值，然后通过式（5.52）、式（5.62）及式（5.71）验算 k_i 取值的合理性。另外，为了方便工程实现，可采用一阶欧拉法对 NNESO 进行离散处理，如果采样时间为 $\hbar$，则式（5.17）可变为

$$\begin{cases}\hat{x}_1(k+1)=\hat{x}_1(k)+\hbar\left[\hat{x}_2(k)+\beta_1\begin{pmatrix}|\tilde{x}_1(k)|^{p_1}\operatorname{sign}\left(\tilde{x}_1(k)\right)+\\|\tilde{x}_1(k)|^{g_1}\operatorname{sign}\left(\tilde{x}_1(k)\right)\end{pmatrix}+k_1\operatorname{sign}\left(\tilde{x}_1(k)\right)\right]\\ \hat{x}_2(k+1)=\hat{x}_2(k)+\hbar\left[\hat{x}_3(k)+\beta_2\begin{pmatrix}|\tilde{x}_1(k)|^{p_2}\operatorname{sign}\left(\tilde{x}_1(k)\right)+\\|\tilde{x}_1(k)|^{g_2}\operatorname{sign}\left(\tilde{x}_1(k)\right)\end{pmatrix}+k_2\operatorname{sign}\left(\tilde{x}_1(k)\right)\right]\\ \cdots\\ \hat{x}_{n-1}(k+1)=\hat{x}_{n-1}(k)+\hbar\left[\hat{x}_n(k)+\beta_{n-1}\begin{pmatrix}|\tilde{x}_1(k)|^{p_{n-1}}\operatorname{sign}\left(\tilde{x}_1(k)\right)+\\|\tilde{x}_1(k)|^{g_{n-1}}\operatorname{sign}\left(\tilde{x}_1(k)\right)\end{pmatrix}+k_{n-1}\operatorname{sign}\left(\tilde{x}_1(k)\right)\right]\\ \hat{x}_n(k+1)=\hat{x}_n(k)+\hbar\left[\hat{x}_{n+1}(k)+\beta_n\begin{pmatrix}|\tilde{x}_1(k)|^{p_n}\operatorname{sign}\left(\tilde{x}_1(k)\right)+\\|\tilde{x}_1(k)|^{g_n}\operatorname{sign}\left(\tilde{x}_1(k)\right)\end{pmatrix}+h\left(\hat{x}(k)\right)+bu(k)+k_n\operatorname{sign}\left(\tilde{x}_1(k)\right)\right]\\ \hat{x}_{n+1}(k+1)=\hat{x}_{n+1}(k)+\hbar\left[\beta_{n+1}\begin{pmatrix}|\tilde{x}_1(k)|^{p_{n+1}}\operatorname{sign}\left(\tilde{x}_1(k)\right)+\\|\tilde{x}_1(k)|^{g_{n+1}}\operatorname{sign}\left(\tilde{x}_1(k)\right)\end{pmatrix}+k_{n+1}\operatorname{sign}\left(\tilde{x}_1(k)\right)\right]\end{cases}\tag{5.73}$$

从前面的分析中可知，NNESO 能很好地实现对原动态非线性系统干扰的实时估计，如果参数 b 已知，通过控制补偿的方式，可以抵消干扰对控制系统的影响。如果被控对象控制输入用控制量 u 来表示，则

$$u=u_{\mathrm{CON}}+u_{\mathrm{ESO}}\tag{5.74}$$

其中，u_{CON} 为实现线性动态补偿后的闭环控制量；u_{ESO} 为控制补偿量。控制补偿量 u_{ESO} 可视为干扰估计的等效干扰值，即

$$u_{\mathrm{ESO}}=-\frac{\hat{x}_{n+1}}{b}=-\frac{\hat{d}}{b} \tag{5.75}$$

由上面的设计过程可知，通过 ESO 对控制系统的干扰进行实时估计和补偿，可实现动态补偿线性化过程，解决系统的不确定、非线性、时变等问题。成功实现 ESO 动态补偿线性化后，剩下的任务就是设计有效的闭环控制策略来保证整个闭环系统的动、静态性能。

2. 仿真分析

本小节将通过仿真算例验证所设计的 NNESO 的有效性，以二阶系统为对象，设计仿真算例，二阶系统形式如下：

$$\begin{cases}\dot{x}_1=x_2\\ \dot{x}_2=4\sin\left(\dfrac{t}{2}\right)+d(t)\\ y=x_1\end{cases} \tag{5.76}$$

对系统（5.76）设计 NNESO，即

$$\begin{cases}\tilde{x}_1=x_1-\hat{x}_1\\ \dot{\hat{x}}_1=\hat{x}_2+\beta_1\left(\left|\tilde{x}_1\right|^{p_1}\operatorname{sign}(\tilde{x}_1)+\left|\tilde{x}_1\right|^{g_1}\operatorname{sign}(\tilde{x}_1)\right)+k_1\operatorname{sgmf}(\tilde{x}_1)\\ \dot{\hat{x}}_2=\hat{x}_3+4\sin\left(\dfrac{t}{2}\right)+\beta_2\left(\left|\tilde{x}_1\right|^{p_2}\operatorname{sign}(\tilde{x}_1)+\left|\tilde{x}_1\right|^{g_2}\operatorname{sign}(\tilde{x}_1)\right)+k_2\operatorname{sgmf}(\tilde{x}_1)\\ \dot{\hat{x}}_3=\beta_3\left(\left|\tilde{x}_1\right|^{p_3}\operatorname{sign}(\tilde{x}_1)+\left|\tilde{x}_1\right|^{g_3}\operatorname{sign}(\tilde{x}_1)\right)+k_3\operatorname{sgmf}(\tilde{x}_1)\end{cases} \tag{5.77}$$

其中，$\hat{x}_1,\hat{x}_2$ 和 $\hat{x}_3$ 分别是 x_1,x_2 和 $d(t)$ 的估计值，为了验证本书所提方法的有效性，在仿真实验中将对比 LHESO 和 NESO 方法，LHESO 和 NESO 的设计分别为

$$\begin{cases}\dot{\hat{x}}_1=\hat{x}_2+\beta_1\tilde{x}_1\\ \dot{\hat{x}}_2=\hat{x}_3+4\sin\left(\dfrac{t}{2}\right)+\beta_2\tilde{x}_1\\ \dot{\hat{x}}_3=\beta_3\tilde{x}_1\end{cases} \tag{5.78}$$

$$\begin{cases}\dot{\hat{x}}_1=\hat{x}_2+\beta_1\tilde{x}_1\\ \dot{\hat{x}}_2=\hat{x}_3+4\sin\left(\dfrac{t}{2}\right)+\beta_2\operatorname{fal}(\tilde{x}_1,0.5,\delta)\\ \dot{\hat{x}}_3=\beta_3\tilde{x}_1\operatorname{fal}(\tilde{x}_1,0.25,\delta)\end{cases} \tag{5.79}$$

其中，$\mathrm{fal}(\tilde{x}_1,\alpha,\delta)=\begin{cases}\dfrac{\tilde{x}_1}{\delta^{1-\alpha}}, & |\tilde{x}_1|\leqslant\delta \\ |\tilde{x}_1|^{\alpha}\,\mathrm{sign}(\tilde{x}_1), & |\tilde{x}_1|>\delta\end{cases}$。NNESO 的相关的参数设计为 $p_1=0.9$，$p_2=2p_1-1$，$p_3=3p_1-2$，$g_1=\dfrac{1}{p_1}$，$g_2=g_1+p_1-1$，$g_3=g_1+2(p_1-1)$，$\beta_1=100$，$\beta_2=200$，$\beta_3=2500$，$k_1=8$，$k_2=500$，$k_3=15000$。LHESO、NESO 的相关参数选取同 NNESO 参数的取值，另外 NESO 中的其他参数为 $\tau=40$，$\delta=0.05$。采用一阶欧拉法求解微分方程，仿真步长是 0.001s。

实验一，$d=\mathrm{sign}\left(\sin(0.5*2\pi t)\right)$，仿真结果如图 5.2 所示。

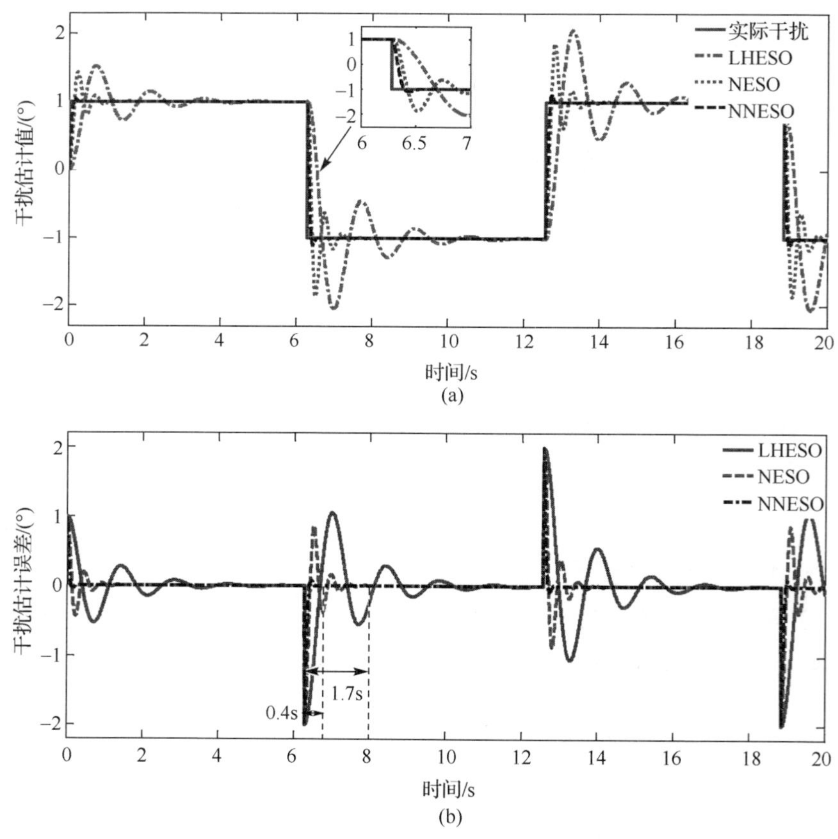

图 5.2　三种干扰估计方法对比图

从三种干扰估计方法的对比图 5.2 中可以看出，对于突变的干扰 NNESO 估计速度最快且估计误差最小，LHESO 估计的速度最慢且估计误差最大。从图 5.2 中的干扰估计误差可以看出，NNESO 的收敛时间是 0.4s，而 NESO 的收敛时间为 1.7s，LHESO 的收敛时间更长，要想提高 NESO 和 LHESO 的收敛效果，可以增大相关参数的取值，但是当系统存在测量噪声时，增大相关参数取值会放大测量噪声，从而影响干扰估计精度。

实验二，$d = 0.5 * \sin(0.5t)$，仿真结果如图 5.3 所示。

这个仿真实验主要是验证三种干扰补偿方法对慢变干扰的估计情况。从图 5.3 可见，LHESO、NESO 和 NNESO 三种估计方法的稳态误差分别为 0.026、0.012 及 0.0016，这也充分表明 NNESO 干扰估计的精度远高于 LHESO 和 NESO。

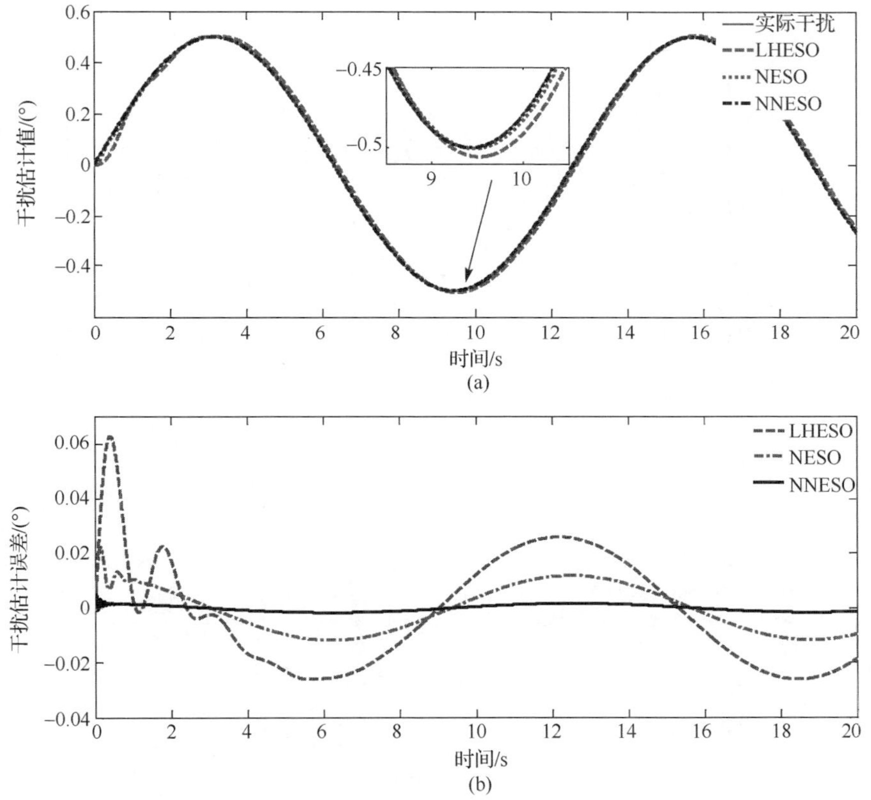

图 5.3　三种干扰估计方法对比图（$d = 0.5 * \sin(0.5t)$）

实验三，$d = 0.5 * \sin(10t)$，仿真结果如图 5.4 所示。

本实验是验证三种干扰估计方法对快速变化干扰的估计效果，从图 5.4 可见，LHESO、NESO 和 NNESO 三种估计方法的稳态误差分别为 0.7、0.6 及 0.032。LHESO 和 NESO 两种方法无法有效地估计出快变的干扰，而 NNESO 仍然可以有效地估计出快变干扰，这也又一次充分证明了 NNESO 对干扰估计的有效性。

实验四，$d = \frac{3}{5}\mathrm{e}^{\cos(6t)}\sin(4t) + \frac{1}{2}\left(\mathrm{e}^{-\sin(0.8t)}\cos(2\pi t) + \sin(t)\right)$，仿真结果如图 5.5 所示。

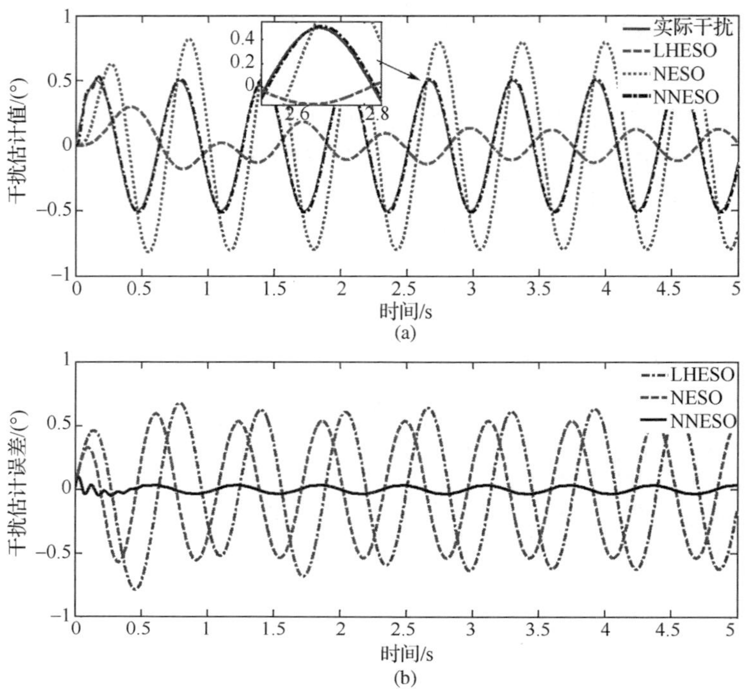

图 5.4　三种干扰估计方法对比图（$d = 0.5 * \sin(10t)$）

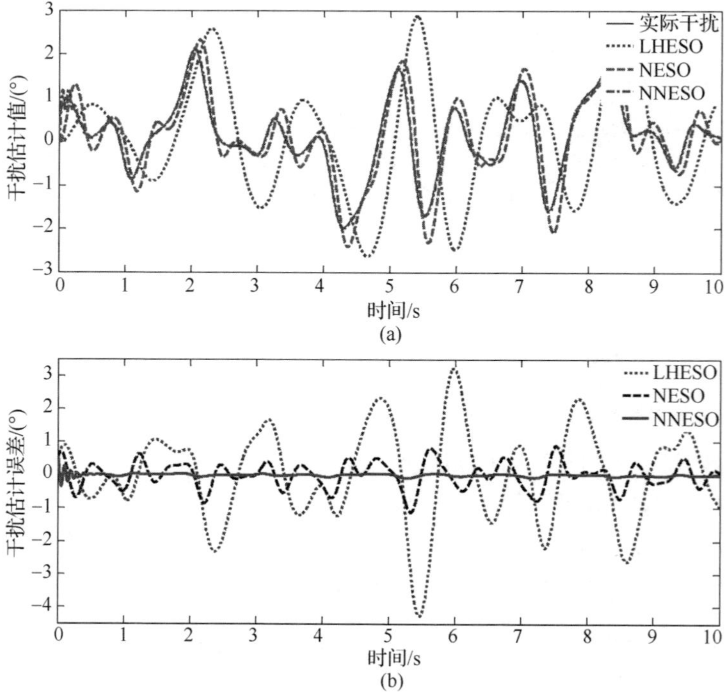

图 5.5　三种干扰估计方法对比图（不确定干扰）

实验四是验证三种干扰估计方法对不确定干扰的估计效果，图 5.5 所示为三种干扰估计方法的参数选取与最初相同的仿真结果图。接下来对 NESO 和 LHESO 的参数重新调整，LHESO 的参数取值为β_1=400，β_2=50000，β_3=7500000；NESO 的参数取值为β_1=300，β_2=4500，β_3=500000，仿真结果如图 5.6 所示。对比图 5.5 和图 5.6 可知，修改参数前 LHESO 和 NESO 两种方法的干扰估计效果远不如 NNESO 好，但是修改参数后，估计效果明显提高，此时估计效果三种方法相近。

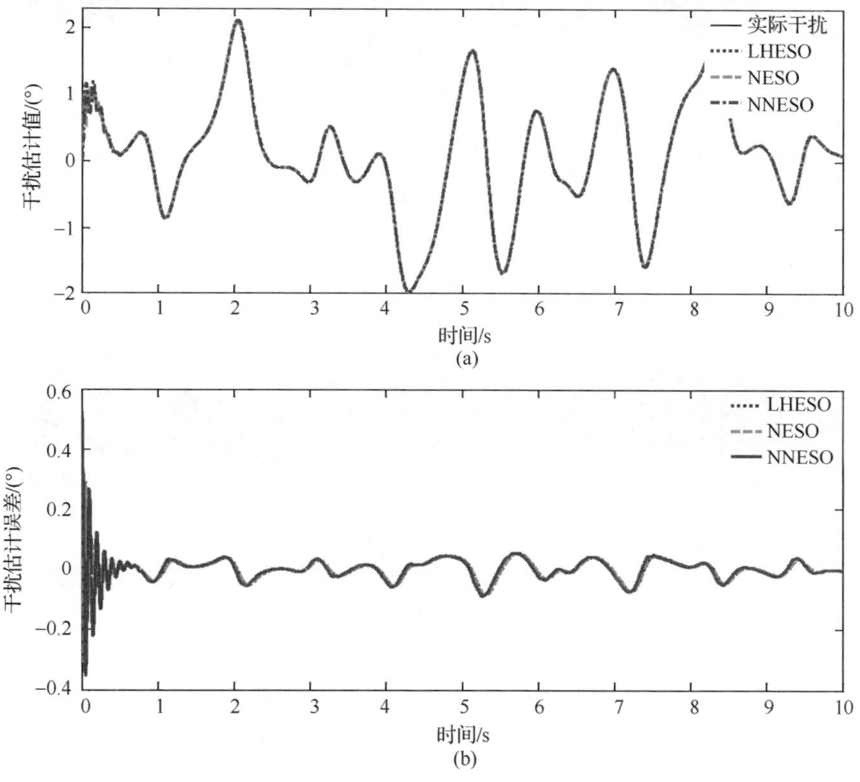

图 5.6　修改参数后三种干扰估计方法对比图（不确定干扰）

下面就在实验四修改参数后的基础上，加入噪声来验证 NNESO 对噪声的抑制效果，测量噪声采用零均值标准差为 10^{-5} 的高斯白噪声，仿真结果如图 5.7 所示。

从仿真结果图 5.7 可以看出，加入噪声后由于 LHESO 和 NESO 具有高增益系数，所以会放大了测量噪声，致使跟踪效果变差；反观 NNESO 却对噪声具有一定的抑制效果。在 NESO 和 NNESO 中都包含了幂函数衰减项$|\tilde{x}_1|^{p_i}\operatorname{sign}(\tilde{x}_1)$和$|\tilde{x}_1|^{g_i}\operatorname{sign}(\tilde{x}_1)$，由幂函数曲线的特性可知，当$\tilde{x}_1<1$时，$|\tilde{x}_1|^{p_i}$和$|\tilde{x}_1|^{g_i}$会随着$\tilde{x}_1$的减小快速衰减，因此对测量噪声的放大作用较小，而 LHESO 由于存在线性比例关系，高增益系数会

线性放大测量噪声，NESO 既包含了幂函数衰减项也包含了比例项，因此 NESO 在噪声的抑制方面处于 NNESO 和 LHESO 中间。

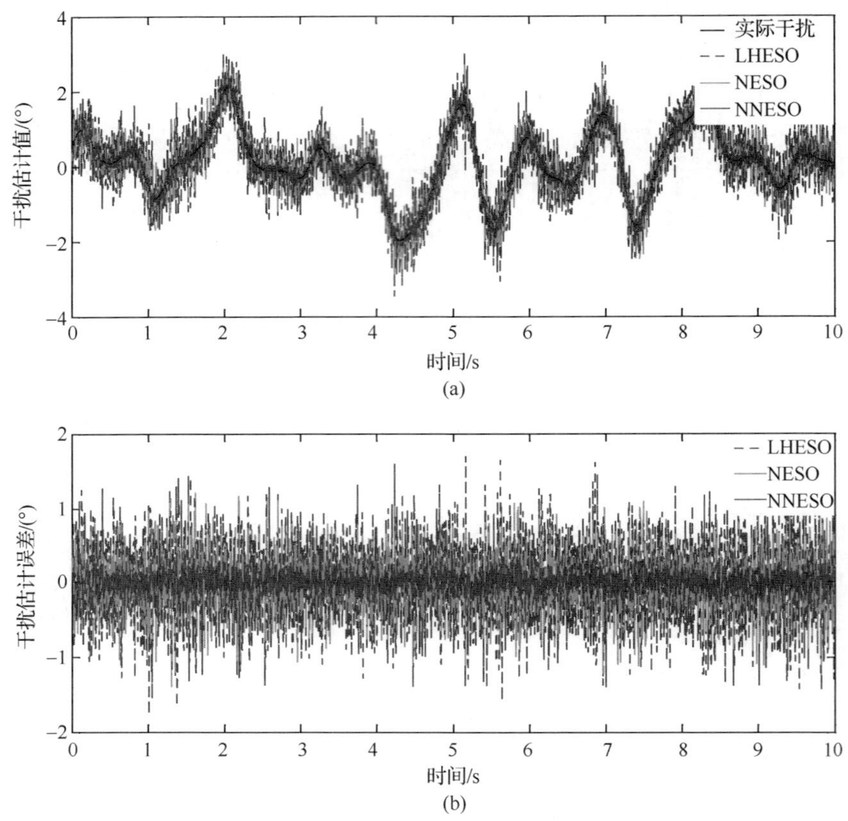

图 5.7　加入测量噪声后三种干扰估计方法对比图（不确定干扰）

通过上面四个仿真实验可知，在观测器具有相同增益系数的情况下，NNESO 比 LHESO 和 NESO 两种方法具有更好的干扰估计效果，不但大大提高了干扰估计的精度，而且加快了干扰估计误差的收敛速度。LHESO 和 NESO 两种方法可以通过大大提高增益系数来获得与 NNESO 相近的估计效果，但是观测器中增益系数被大幅度提高时，也会放大系统中的测量噪声，从而影响了对干扰的实际估计效果，LHESO 和 NESO 在实际应用中受到提高估计精度与放大测量噪声这个矛盾的限制，因此，NNESO 更好地解决了这对矛盾，更具有实际应用价值。

在光电跟踪稳定平台伺服系统中，一些敏感器件经常会伴有测量噪声的出现，这种改进型的 NNESO 在提升了传统 ESO 性能的同时，并未影响噪声的抑制能力。NNESO 为 ESO 的性能提升提供了一种可行方案，同时也为 NNESO 方法应用于光电跟踪伺服系统中提供了一个有力的理论依据。

5.2 离散滑模控制

5.2.1 问题描述

传统 SMC 系统的瞬态过程一般分为两个阶段：趋近运动阶段和滑模运动阶段，控制系统仅仅在滑模运动阶段对参数变化和干扰等因素表现不敏感，因此缩短到达滑模面上的时间，可以有效地改善控制系统的动态特性和鲁棒性。趋近律方法[220,221]通过人为设计运动轨迹，可以有效地缩短到达滑模面的时间，提高滑模运动的动态品质。全局滑模控制（global sliding mode control，GSMC）通过构建非线性切换函数可以使系统的轨迹最初设置在滑动面上，从而消除了初始到达滑模面的运动过程[222,223]。因此，将趋近律和非线性切换函数的优势相结合，势必提高系统控制器设计的鲁棒性能。

在传统的 SMC 方法中，符号项的增益通常被认为是一个常数，增益越大，滑模控制的高频抖动越强烈，相反，减小增益可能会使滑动模态的可达性得不到满足。因此，寻求增益项的自适应算法成为解决滑模抖振问题的一个重要应用，一些学者采用智能方法来获取自适应增益[224,225]，然而，工程实用性和有效性等综合性能指标已成为制约其发展的重要因素，因此本节将介绍一种适合工程实现的有效控制方法。

光电跟踪稳定平台系统是一个具有高精度位置跟踪的伺服系统，其每一自由度都是由直流力矩电机驱动的，在不考虑干扰等因素时，其数学描述为如下形式：

$$\dot{\boldsymbol{x}}(t)=\boldsymbol{A}\boldsymbol{x}(t)+\boldsymbol{B}u(t) \tag{5.80}$$

其中，$\boldsymbol{A}=\begin{bmatrix}0 & 1\\ 0 & -\dfrac{B}{J}\end{bmatrix}$，$\boldsymbol{B}=\begin{bmatrix}0\\ \dfrac{1}{J}\end{bmatrix}$，$\boldsymbol{x}(t)=\begin{bmatrix}x_1(t)\\ x_2(t)\end{bmatrix}=\begin{bmatrix}\theta(t)\\ \dot{\theta}(t)\end{bmatrix}$。

根据下面等式对系统（5.80）进行离散化变换：

$$\begin{cases}\boldsymbol{F}=\mathrm{e}^{\boldsymbol{A}T_s}\\ \boldsymbol{g}=\displaystyle\int_0^{T_s}\mathrm{e}^{\boldsymbol{A}t}\boldsymbol{B}\mathrm{d}t\end{cases} \tag{5.81}$$

则系统（5.80）的离散化模型可以描述为

$$\boldsymbol{x}(k+1)=\boldsymbol{F}\boldsymbol{x}(k)+\boldsymbol{g}u(k) \tag{5.82}$$

其中，$\boldsymbol{F}=\begin{bmatrix}1 & \dfrac{J}{B}\left(1-\mathrm{e}^{-\frac{BT_s}{J}}\right)\\ 0 & \mathrm{e}^{-\frac{BT_s}{J}}\end{bmatrix}$，$\boldsymbol{g}=\begin{bmatrix}\dfrac{1}{B}\left[T_s+\dfrac{J}{B}\left(\mathrm{e}^{-\frac{BT_s}{J}}-1\right)\right]\\ \dfrac{1}{B}\left(1-\mathrm{e}^{-\frac{BT_s}{J}}\right)\end{bmatrix}$。

考虑参数变换和系统中的各种干扰，式（5.82）可以描述为

$$\begin{aligned}\boldsymbol{x}(k+1) &= [\boldsymbol{F}+\Delta\boldsymbol{F}(k)]\boldsymbol{x}(k)+[\boldsymbol{g}+\Delta\boldsymbol{g}(k)]u(k)+\boldsymbol{d}(k)\\ &= \boldsymbol{F}\boldsymbol{x}(k)+\boldsymbol{g}u(k)+\boldsymbol{\delta}(k)\end{aligned} \tag{5.83}$$

其中，$\Delta\boldsymbol{F}$ 和 $\Delta\boldsymbol{g}$ 是参数时变矩阵，$\boldsymbol{d}$ 是外干扰矩阵。因此，系统的综合不确定项表示为

$$\boldsymbol{\delta}(k)=\Delta\boldsymbol{F}(k)\boldsymbol{x}(k)+\Delta\boldsymbol{g}(k)u(k)+\boldsymbol{d}(k) \tag{5.84}$$

本节将根据式（5.83）的形式，介绍一种适用于工程应用的离散全局滑模控制（discrete-time global sliding mode control，DGSMC）的设计方法，并分析滑模抖振问题。

5.2.2　离散全局滑模控制的设计和分析

全局滑模控制的基本思想是通过设计一种非线性的动态滑模面在保证滑动模态稳定的基础上消除滑模控制系统的趋近模态，最终使得滑模控制系统的暂态过程仅由滑动模态构成，从而获得全局鲁棒性，如果将连续 GSMC 离散化，可得 DGSMC，DGSMC 的原理图如图 5.8 所示，其中，S_1=0 和 S_2=0 分别为不同初值条件下的切换面，x_1 和 x_2 分别是系统输出量的误差和误差的一阶导数。

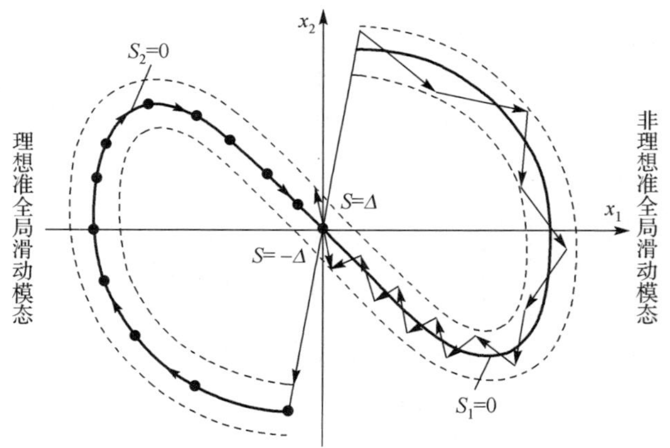

图 5.8　离散全局滑模控制原理图

从任意初态出发的 DGSMC 系统的运动分为两种形式：一是理想准全局滑动模态，即运动状态保持在全局切换面($s(x,t)$=0)上（纵轴 x_2 的左半平面所示运动状态）；二是非理想准全局滑动模态，即运动状态只能收敛到滑模面的一个邻域内，并步步穿越全局切换面，保持在这个邻域内运动（纵轴 x_2 的右半平面所示运动状态）。因此，定义一个包围全局切换面的切换带为

$$S^{\Delta}=\left\{x\in R^{n}\,\middle|\,-\Delta<s(k)<\Delta\right\}$$

其中，$s(k)$是离散全局切换函数，Δ表示滑模带边界。系统在滑动模态趋近过程中，存在一个绝对值单调收敛层，在这个范围内，$|s(k)|$单调递减，因此存在以下关系：

$$|s(k+1)| < |s(k)|，\text{且} |s(k)| > \Delta_{\text{al}}$$

其中，Δ_{al}是$s(k)$的绝对收敛边界层。

1. 开关函数的设计

定义期望的状态矩阵$\boldsymbol{x}_d$、状态误差矩阵$\boldsymbol{x}_e$形式如下：

$$\boldsymbol{x}_d(k) = [\theta_d(k) \quad \omega_d(k)]^{\text{T}} \tag{5.85}$$

$$\boldsymbol{x}_e(k) = \boldsymbol{x}_d(k) - \boldsymbol{x}(k) \tag{5.86}$$

其中，θ_d和ω_d分别代表角度指令和角速度指令。

针对系统（5.83）设计滑模非线性切换函数

$$s(k) = \boldsymbol{c}\boldsymbol{x}_e(k) - \boldsymbol{c}\boldsymbol{P}(k)\boldsymbol{x}_e(0) \tag{5.87}$$

其中，$\boldsymbol{c} = [c_1 \quad 1]$，$c_1 > 0$，$\boldsymbol{P}(k) = \begin{bmatrix} p_1^{-k} & 0 \\ 0 & p_2^{-k} \end{bmatrix}$，$|p_1| > 1$，$|p_2| > 1$。

设计矩阵$\boldsymbol{c}$时，要满足条件$\boldsymbol{c}\boldsymbol{g} \neq 0$。此外，当初始时刻$k = 0$时，保证$s(0) = 0$，即在初始时刻将控制系统的状态轨迹设置在滑动面上，这样将大大缩短到达初始滑模面的时间。

在设计非线性切换函数式（5.87）时，滑动模态的运动被划分为两个阶段：第一个阶段是$\boldsymbol{P}(k)$收敛到 0，即$\boldsymbol{c}\boldsymbol{x}_e(k)$收敛到 0 的过程，且收敛时间取决于$p_{p1}$和$p_{p2}$绝对值的大小；第二个阶段可以视为$\boldsymbol{c}\boldsymbol{x}_e(k)=0$的过程，这与具有一般线性切换函数的 SMC 中的滑动模态的运动相类似[226]。

2. 自适应趋近律的设计

趋近律方法是滑模控制器设计中的主要方法之一，指数趋近律的离散形式可以描述为

$$s(k+1) - s(k) = -qT_s s(k) - \varepsilon T_s \operatorname{sgn}[s(k)] \tag{5.88}$$

其中，$q > 0$，$\varepsilon > 0$，$qT_s < 1$。此时，离散滑模控制的滑模带宽[227] $\Delta = \dfrac{\varepsilon T_s}{1 - qT_s}$。

根据式（5.88），当系统轨迹远离滑模面时，其达到滑模面的速度主要由q的取值确定。但是当系统轨迹接近滑模面时，其达到滑模面的速度主要由ε的取值确定。理论上，q和ε的取值较大时，可以获得较快的到达速度，但同时也会带来较强的抖振现象。因此，参数ε应根据系统状态轨迹与滑模面的距离进行自适应变化。

定义如下形式的自适应增益：

$$\varepsilon(k)=\frac{|s(k)|}{\rho} \tag{5.89}$$

其中，$\rho>0$，则离散自适应指数趋近律可以设计为

$$s(k+1)-s(k)=-qT_s s(k)-\frac{|s(k)|}{\rho}T_s\operatorname{sgn}[s(k)] \tag{5.90}$$

根据文献[227]，采用离散指数趋近律时，有如下关系成立：

$$|s(k)|>\frac{\varepsilon(k)T_s}{2-qT_s} \tag{5.91}$$

$|s(k)|$将逐渐减少，根据式（5.89）和式（5.91），可得

$$\varepsilon(k)<\frac{(2-qT_s)|s(k)|}{T_s} \tag{5.92}$$

根据式（5.89）和式（5.92），可以推导出采样时间T_s满足

$$T_s<\frac{2\rho}{1+\rho q} \tag{5.93}$$

尤其是当$\rho=1/q$时，式（5.93）可化简为$T_s<1/q$，此时与式（5.88）满足的条件一致。

3. 控制器的设计与分析

基于前人对非线性切换函数和自适应律设计的研究，本节将结合趋近律思想、自适应思想及全局滑模控制的思想，提出一种新型的离散全局滑模控制器的设计方法。

假设 5.4 采样时间T_s足够小，并满足$T_s<\rho/(1+\rho q)$。

定理 5.3 针对系统（5.83），选择切换函数（5.87），设计 DGSMC 的控制律为

$$u(k)=-(\boldsymbol{cg})^{-1}\left\{\boldsymbol{c}[(\boldsymbol{F}-\boldsymbol{I})\boldsymbol{x}(k)+\Delta\boldsymbol{P}(k)\boldsymbol{x}_e(0)-\Delta\boldsymbol{x}_d(k)+\boldsymbol{\delta}(k)]-qT_s s(k)-\frac{|s(k)|}{\rho}T_s\operatorname{sgn}[s(k)]\right\} \tag{5.94}$$

其中，$\boldsymbol{I}$为单位矩阵（$\boldsymbol{I}\in\mathbf{R}^{2\times2}$），且

$$\Delta\boldsymbol{P}(k)=\boldsymbol{P}(k+1)-\boldsymbol{P}(k) \tag{5.95}$$

$$\Delta\boldsymbol{x}_d(k)=\boldsymbol{x}_d(k+1)-\boldsymbol{x}_d(k) \tag{5.96}$$

那么，系统轨迹渐近接近滑模面，同时可以消除控制输入的抖振问题。

证明 根据式（5.86）和式（5.87），可得

$$\begin{aligned}s(k+1)&=\boldsymbol{c}\boldsymbol{x}_e(k+1)-\boldsymbol{c}\boldsymbol{P}(k+1)\boldsymbol{x}_e(0)\\&=-\boldsymbol{c}\boldsymbol{x}(k+1)+\boldsymbol{c}\boldsymbol{x}_d(k+1)-\boldsymbol{c}\boldsymbol{P}(k+1)\boldsymbol{x}_e(0)\end{aligned} \tag{5.97}$$

将式（5.83）代入式（5.97）得

$$s(k+1)=-\boldsymbol{c}\boldsymbol{F}\boldsymbol{x}(k)-\boldsymbol{c}\boldsymbol{g}u(k)-\boldsymbol{c}\boldsymbol{\delta}(k)+\boldsymbol{c}\boldsymbol{x}_d(k+1)-\boldsymbol{c}\boldsymbol{P}(k+1)\boldsymbol{x}_e(0) \tag{5.98}$$

由于控制律选取式（5.94）的形式，则式（5.98）可以简化为

$$s(k+1)=(1-qT_s)s(k)-\frac{|s(k)|}{\rho}T_s\operatorname{sgn}[s(k)] \tag{5.99}$$

因此，当 $s(k)\neq 0$ 时，可以得到如下结论：

$$\begin{aligned}&[s(k+1)-s(k)]\operatorname{sgn}[s(k)]\\&=\left\{-qT_s s(k)-\frac{|s(k)|}{\rho}T_s\operatorname{sgn}[s(k)]\right\}\operatorname{sgn}[s(k)]\\&=-\left(q+\frac{1}{\rho}\right)T_s|s(k)|<0\end{aligned} \tag{5.100}$$

根据假设 5.4，可得如下结论：

$$\begin{aligned}&s(k+1)s(k)\\&=(1-qT_s)s^2(k)-\frac{|s(k)|}{\rho}T_s s(k)\operatorname{sgn}[s(k)]\\&=\left(1-qT_s-\frac{1}{\rho}T_s\right)s^2(k)>0\end{aligned} \tag{5.101}$$

根据式（5.100）和式（5.101）可知，系统轨迹可以从任意初始位置渐近收敛到滑模面上，因此控制系统具有全局可达性，同时控制输入的抖振问题也可以得到有效的抑制。

评注 5.2　在 DGSMC 的控制律（5.94）中，$\boldsymbol{x}_d(k+1)$ 和 $\boldsymbol{\delta}(k)$ 的当前值无法通过简单的测量手段直接获得，这就意味着在实际中无法实现 DGSMC 控制律式(5.94)。然而，可以利用已知当前时刻和历史时刻的信息来求解未知信息，即这是一个外推的问题。在后面的介绍中，将对 DGSMC 的控制律（5.94）做进一步的求取和改进。

假设 5.5　系统参数、外部干扰及跟踪信号的变化速度都远远低于离散控制系统的采样速度。

根据假设 5.5，可以采用线性外推的方法来分别估计 $\boldsymbol{x}_d(k+1)$ 和 $\boldsymbol{\delta}(k)$ 的当前值：

$$\hat{\boldsymbol{x}}_d(k+1)=2\boldsymbol{x}_d(k)-\boldsymbol{x}_d(k-1) \tag{5.102}$$

$$\hat{\boldsymbol{\delta}}(k)=2\boldsymbol{\delta}(k-1)-\boldsymbol{\delta}(k-2) \tag{5.103}$$

因此，DGSMC 的控制律（5.94）可以转化为

$$u(k)=-(\boldsymbol{cg})^{-1}\left\{\boldsymbol{c}[(F-I)\boldsymbol{x}(k)+\Delta\boldsymbol{P}(k)\boldsymbol{x}_e(0)-\Delta\hat{\boldsymbol{x}}_d(k)+\hat{\boldsymbol{\delta}}(k)]-qT_s s(k)-\frac{|s(k)|}{\rho}T_s\operatorname{sgn}[s(k)]\right\} \tag{5.104}$$

其中

$$\Delta\hat{\boldsymbol{x}}_d(k)=\hat{\boldsymbol{x}}_d(k+1)-\boldsymbol{x}_d(k) \tag{5.105}$$

显然，当 $T_s\to 0$ 时，$\hat{\boldsymbol{x}}_d(k+1)\to\boldsymbol{x}_d(k+1)$ 和 $\hat{\boldsymbol{\delta}}(k)\to\boldsymbol{\delta}(k)$ 成立，此时，定理 5.3 仍然成立。然而，在实际中不可能获得无限小的采样时间，这意味着 $\boldsymbol{x}_d(k+1)$ 和 $\boldsymbol{\delta}(k)$ 的估计过程中必然存在估计误差。因此，需要进一步研究 DGSMC 控制律（5.104）的适用条件。

假设 5.6　采样时间 T_s 足够小，且满足条件 $T_s<\rho/(2+\rho q)$。

根据式（5.84），可以得到如下等式：

$$\boldsymbol{\delta}(k-1)=\boldsymbol{x}(k)-\boldsymbol{F}\boldsymbol{x}(k-1)-\boldsymbol{g}u(k-1) \tag{5.106}$$

$$\boldsymbol{\delta}(k-2)=\boldsymbol{x}(k-1)-\boldsymbol{F}\boldsymbol{x}(k-2)-\boldsymbol{g}u(k-2) \tag{5.107}$$

因此，DGSMC 控制律（5.104）可以得到进一步的扩展，可得定理 5.4。

定理 5.4　针对系统（5.83），选择切换函数（5.87），DGSMC 的控制律采用如下形式：

$$u(k)=-(\boldsymbol{cg})^{-1}\left\{\boldsymbol{c}\left[\sum_{i=0}^{2}[\boldsymbol{U}_i\boldsymbol{x}(k-i)+\boldsymbol{V}_i u(k-i)]+\Delta\boldsymbol{P}(k)\boldsymbol{x}_e(0)-\Delta\boldsymbol{x}_d(k-1)\right]\right.$$
$$\left.-qT_s s(k)-\frac{|s(k)|}{\rho}T_s\operatorname{sgn}[s(k)]\right\} \tag{5.108}$$

其中，$\boldsymbol{U}_0=\boldsymbol{F}+\boldsymbol{I}$，$\boldsymbol{U}_1=-2\boldsymbol{F}-\boldsymbol{I}$，$\boldsymbol{U}_2=\boldsymbol{F}$，$\boldsymbol{V}_0=\boldsymbol{0}$，$\boldsymbol{V}_1=-2\boldsymbol{g}$，$\boldsymbol{V}_2=\boldsymbol{g}$。

如果满足如下条件：

$$0<\rho<\frac{T_s s_{\min}}{E_{\max}},\quad s_{\min}=\min|s(k)|,\quad E_{\max}=\max|E(k)|\neq 0 \tag{5.109}$$

其中，估计误差 $E(k)$ 定义为

$$E(k)=\boldsymbol{c}[\boldsymbol{x}_d(k+1)-\hat{\boldsymbol{x}}_d(k+1)]+\boldsymbol{c}[\hat{\boldsymbol{\delta}}(k)-\boldsymbol{\delta}(k)] \tag{5.110}$$

则系统轨迹将渐近收敛到滑模面上，并且控制输入的抖振问题也将得到抑制。

证明　与定理 5.3 类似，首先，可以求解出如下等式：

$$s(k+1)=(1-qT_s)s(k)-\frac{|s(k)|}{\rho}T_s\operatorname{sgn}[s(k)]+E(k) \tag{5.111}$$

事实上，$E(k)$ 由两项组成，分别为

$$E_1(k)=\boldsymbol{c}[\boldsymbol{x}_d(k+1)-\hat{\boldsymbol{x}}_d(k+1)] \tag{5.112}$$

$$E_2(k)=\boldsymbol{c}[\hat{\boldsymbol{\delta}}(k)-\boldsymbol{\delta}(k)] \tag{5.113}$$

这两项分别与 $\boldsymbol{x}_d(k+1)$ 和 $\boldsymbol{\delta}(k)$ 的估计误差有关。

进一步推导可得

$$\begin{aligned}[s(k+1)-s(k)]\operatorname{sgn}[s(k)]&=\left\{-qT_s s(k)-\frac{|s(k)|}{\rho}T_s\operatorname{sgn}[s(k)]+E(k)\right\}\operatorname{sgn}[s(k)]\\&=-qT_s|s(k)|-\frac{1}{\rho}T_s|s(k)|+E(k)\operatorname{sgn}[s(k)]\end{aligned} \tag{5.114}$$

$$\begin{aligned}s(k+1)s(k)&=\left(1-qT_s-\frac{1}{\rho}T_s\right)s^2(k)+E(k)s(k)\\&=\left(1-qT_s-\frac{2}{\rho}T_s\right)s^2(k)+\frac{1}{\rho}T_s s^2(k)+E(k)s(k)\\&=\left(1-qT_s-\frac{2}{\rho}T_s\right)s^2(k)+|s(k)|\left\{\frac{1}{\rho}T_s\,|s(k)|+E(k)\operatorname{sgn}[s(k)]\right\}\end{aligned} \tag{5.115}$$

如果满足式（5.109）的条件，可得如下关系：

$$|E(k)|<\frac{T_s|s(k)|}{\rho} \tag{5.116}$$

那么，根据式（5.114）和式（5.115），可得如下表达式：

$$[s(k+1)-s(k)]\operatorname{sgn}[s(k)]<0 \tag{5.117}$$

$$s(k+1)s(k)>0 \tag{5.118}$$

此时，系统的状态轨迹渐近收敛到滑模面上，且控制输入的抖振问题也得到了抑制。

从 DGSMC 的控制律（5.108）可知，可以使用已知的当前信息和历史信息来计算光电跟踪稳定平台系统的控制量，因此本书所提的 DGSMC 方法易于工程实现。

5.2.3　仿真实验与结果分析

为了验证所提 DGSMC 方法的有效性，本节将此方法与传统的 SMC（conventional SMC，CSMC）方法相对比，分析在这两种控制方法下的系统跟踪性能和抖振抑制程度。在 CSMC 方法的控制律求解时，仍然采用线性外推法来求解 $\boldsymbol{x}_d(k+1)$，符号项的系数也采用常值增益。假设不确定项满足 $|\boldsymbol{c}\boldsymbol{\delta}(k)|<M$，则 CSMC 的控制律可以被设计为如下形式：

$$\begin{cases} u(k) = -(\boldsymbol{c}\boldsymbol{g})^{-1}\{\boldsymbol{c}[\boldsymbol{x}_d(k-1) - 2\boldsymbol{x}_d(k)] + \boldsymbol{c}\boldsymbol{F}\boldsymbol{x}(k) + (1 - qT_s)s(k) - (\varepsilon T_s + M)\operatorname{sgn}[s(k)]\} \\ s(k) = \boldsymbol{c}\boldsymbol{x}_e(k) \end{cases} \tag{5.119}$$

在仿真实验中，被控对象的名义模型采用前面实验中对象的名义模型参数，即 J=0.00014kg·m^2 和 B=0.07143N·s·m^{-1}。采样时间 T_s=0.001s，系统（5.83）中的不确定项采用如下形式表示：

$$\Delta\boldsymbol{F}(k) = \begin{bmatrix} 0 & 0 \\ 0 & 0.05\sin(kT_s) \end{bmatrix}, \quad \Delta\boldsymbol{g}(k) = \begin{bmatrix} 0 \\ 0.002\sin(kT_s) \end{bmatrix}, \quad \boldsymbol{d}(k) = \begin{bmatrix} 0 \\ 0.12\sin(2\pi kT_s) \end{bmatrix}$$

DGSMC 的相关参数为

$$c_1 = 20, \quad p_1 = 10, \quad p_2 = 10, \quad q = 10, \quad \rho = 2$$

CSMC 的相关参数为

$$c_1 = 20, \quad q = 10, \quad \varepsilon = 1, \quad M = 0.12$$

控制信号选择幅值为 0.1°，频率为 1Hz 的正弦信号，即

$$\theta_d(k) = 0.1^\circ \sin(2\pi kT_s)$$

初始状态向量 $\boldsymbol{x}(0) = [0.1^\circ \quad 0.1(^\circ/\mathrm{s})]^{\mathrm{T}}$。考虑实际意义，控制电压被限制在±10V。不确定项直接影响了仿真系统的不确定因素，其变化曲线如图 5.9 所示。

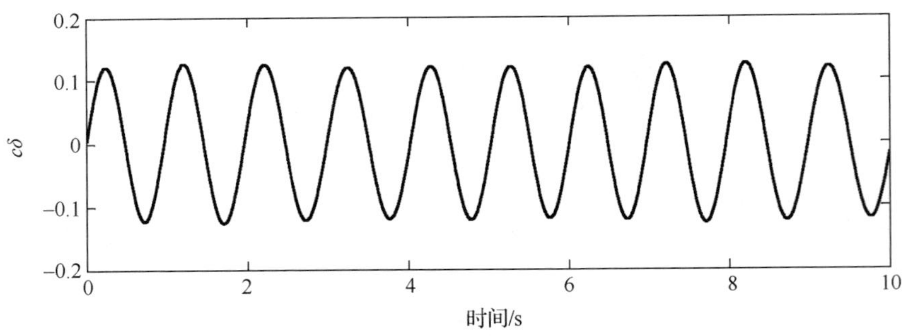

图 5.9　不确定项的变化曲线

图 5.10 表示的是 DGSMC 策略和 CSMC 策略下的光电跟踪稳定平台的位置跟踪误差曲线。

从图 5.10 可见，对比 CSMC 方法，光电跟踪稳定平台采用 DGSMC 方法可以保证较小的跟踪误差。尤其当控制系统中出现大的干扰时，CSMC 方法中的符号项前面较小的增益会引起较大的跟踪误差。而使用 DGSMC 方法时，系统尽管存在时变不确定因素，但是跟踪误差仍然可以保持在某一个范围内。因此，可知 DGSMC 方法的鲁棒性优于 CSMC 方法。

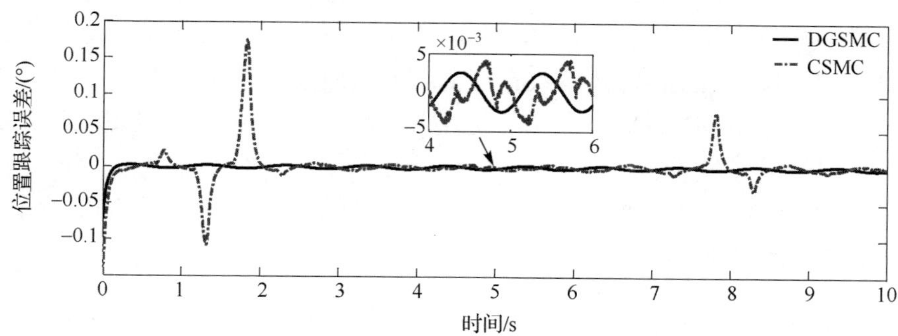

图 5.10　两种控制策略下的位置跟踪误差曲线

事实上，切换函数的收敛性决定了光电跟踪稳定平台的跟踪性能。图 5.11 显示了两种控制方法中切换函数的特性。

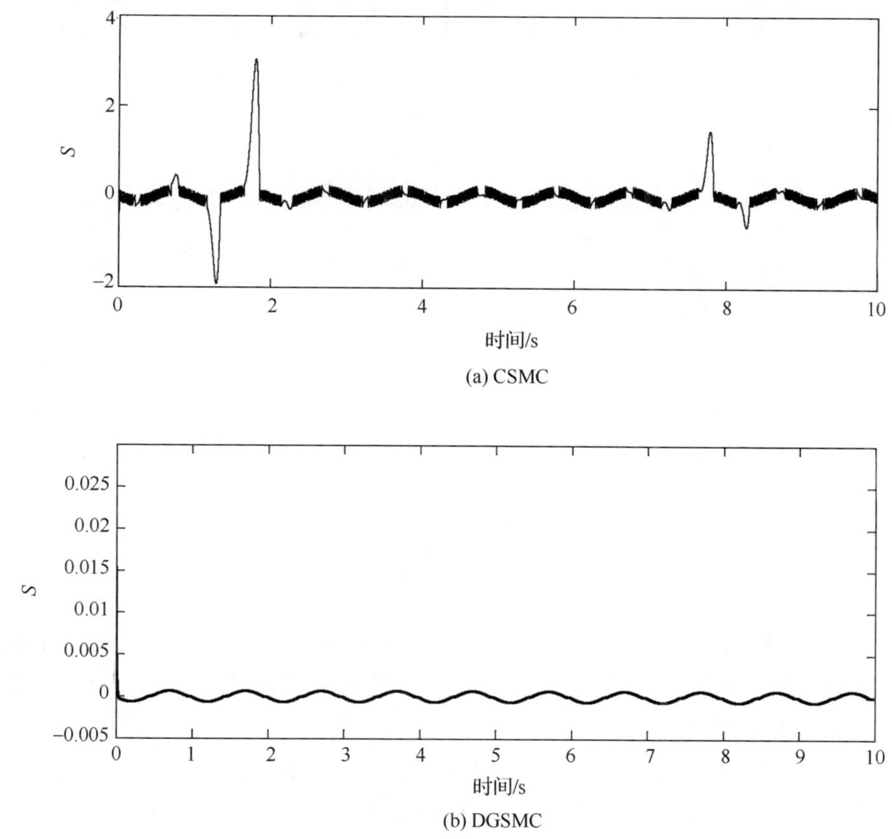

图 5.11　两种控制方法的切换函数曲线

从图 5.11 中可以看出，在稳定控制周期中，DGSMC 和 CSMC 中的切换函数 $s(k)$都能收敛在一定范围内，但是 DGSMC 中的切换函数的收敛值要小于 CSMC 中的切换函数的收敛值，从而 DGSMC 方法实现了更好的跟踪性能。从图 5.11(b)中可以看出，CSMC 方法的切换函数存在高频抖振现象，并在控制量中也引起了高频抖振。此外，使用 DGSMC 方法，仿真开始时系统轨迹就被设置在所设计的滑动模态上。

接下来分析 DGSMC 和 CSMC 方法中控制量的抖振程度，图 5.12 所示为两种控制方法的控制输入曲线。

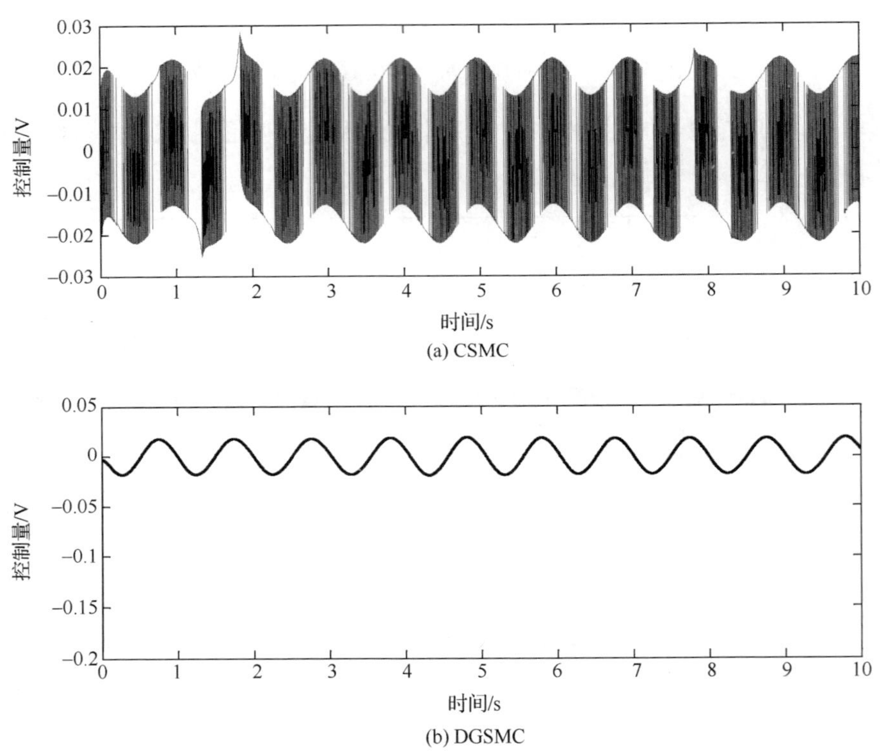

图 5.12　两种控制方法的控制曲线

从图 5.12 可知，与 CSMC 方法相比较，DGSMC 方法中控制输入的抖振现象被很好地抑制，而且避免了控制量的高频变化所带来的能量消耗和系统的不稳定，更好地保护了光电跟踪设备。

从图 5.10～图 5.12 中可知，对比 CSMC 方法，DGSMC 方法具有更好的综合性能，相对较小的跟踪误差，针对时变干扰的强鲁棒性及光滑的控制曲线。

事实上，正是由于自适应参数ε和系统不确定因素的预估机制实现了跟踪误差的减小，有效地抑制了控制量的抖振现象。图 5.13 和图 5.14 分别描述了自适应参数的变化曲线和不确定项的估计曲线。

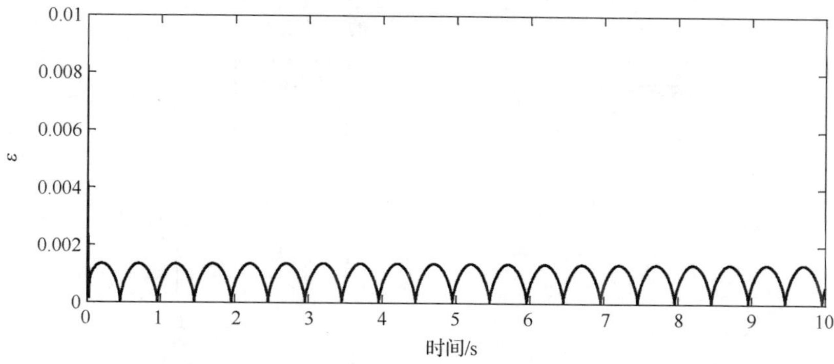

图 5.13　自适应参数的变化曲线

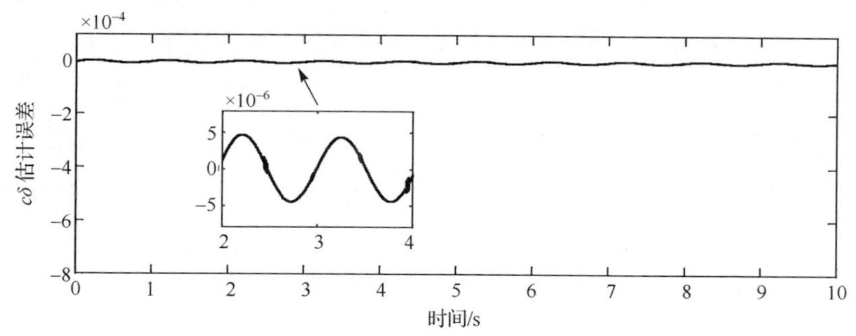

图 5.14　不确定项的估计曲线

从图 5.11 和图 5.14 可以看出，因为 DGSMC 方法中自适应指数趋近律采用式（5.90），所以参数ε将随着系统轨迹与滑动面之间的距离的变化而变化。因此，通过线性外推方法获得的系统不确定项的估计值是相对准确的，它保证了 DGSMC 方法的有效性，增强了控制系统的鲁棒性。但同时也要注意，对于慢变的不确定项，根据线性外推法可以获得相对准确的不确定项的估计值，但是对于快变的干扰，由于采样时间等多种因素的限制，线性外推法无法获得较为准确的不确定项的估计值，因此还需要其他手段才能获得较为准确的干扰估计值。

综上所述，DGSMC 方法的有效性和可行性得到了验证。

5.3　基于 NNESO 干扰补偿的离散滑模控制

5.3.1　控制系统的组成结构

本节将本章所提 NNESO 和 DGSMC 方法的优点结合起来，组成复合控制策略，其控制结构原理图如图 5.15 所示，u_{SMC} 是离散滑模控制器的输出值，$\hat{d}_{\mathrm{eq}}$ 是 NNESO 的干扰估计值，u_{ESO} 是 NNESO 干扰估计的等效值，θ_{ref} 为角位置的给定值。

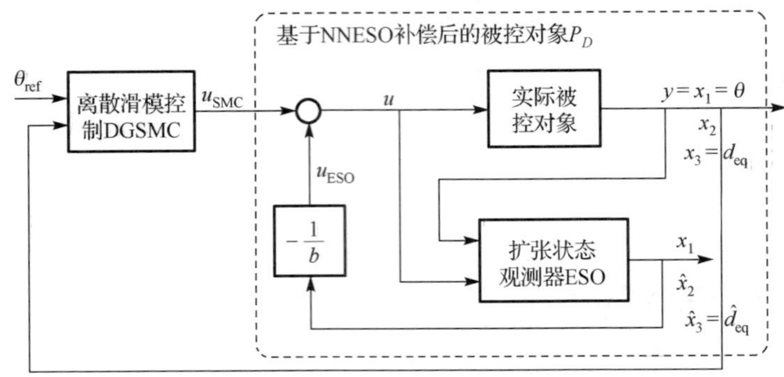

图 5.15　基于 NNESO 的离散滑模控制原理图

首先针对模型建立 NNESO，并对系统总的干扰进行实时补偿，然后对补偿后的被控对象 P_D 进行离散化变化，此时系统式（5.83）中的 $\boldsymbol{d}(k)$ 为干扰估计的误差矩阵。在 DGSMC 控制方法中，采用线性外推法获得 $\boldsymbol{\delta}(k)$ 的估计值 $\hat{\boldsymbol{\delta}}(k)$，$\hat{\boldsymbol{\delta}}(k)$ 对于快变干扰的估计具有局限性，因此不能有效地估计出系统的总干扰，而图 5.15 所示的控制结构中，NNESO 承担了干扰估计的主要作用，而 $\hat{\boldsymbol{\delta}}(k)$ 实现了对 NNESO 估计误差的进一步补偿，从而获得了更好的干扰补偿效果。

5.3.2　实验验证

本节将本章所提的基于 NNESO 的 DGSMC 策略应用于视轴运动控制实验装置上，通过实验验证所提控制策略的有效性，为将来进一步的实际应用提供理论依据和实践基础，其控制结构图如图 5.15 所示。在本节实验中分别对比两种控制策略：DGSMC 策略和基于 NNESO 的 DGSMC 策略。实验对象为前面所述的对象，名义模型采用辨识估计得到的名义模型，实验对象硬件的情况如 4.4.1 节中所示。实验中光电跟踪稳定平台的状态空间方程描述为

$$\begin{cases}\dot{x}_1 = x_2 \\ \dot{x}_2 = -\dfrac{B_n}{J_n}x_2 + \dfrac{1}{J_n}u + d(t) \\ y = x_1\end{cases} \tag{5.120}$$

对系统（5.120）设计 NNESO，即

$$\begin{cases}\tilde{x}_1 = x_1 - \hat{x}_1 \\ \dot{\hat{x}}_1 = \hat{x}_2 + \beta_1\left(\left|\tilde{x}_1\right|^{p_1}\operatorname{sign}(\tilde{x}_1) + \left|\tilde{x}_1\right|^{g_1}\operatorname{sign}(\tilde{x}_1)\right) + k_1\operatorname{sgmf}(\tilde{x}_1) \\ \dot{\hat{x}}_2 = \hat{x}_3 - \dfrac{B_n}{J_n}\hat{x}_2 + \dfrac{1}{J_n}u + \beta_2\left(\left|\tilde{x}_1\right|^{p_2}\operatorname{sign}(\tilde{x}_1) + \left|\tilde{x}_1\right|^{g_2}\operatorname{sign}(\tilde{x}_1)\right) + k_2\operatorname{sgmf}(\tilde{x}_1) \\ \dot{\hat{x}}_3 = \beta_3\left(\left|\tilde{x}_1\right|^{p_3}\operatorname{sign}(\tilde{x}_1) + \left|\tilde{x}_1\right|^{g_3}\operatorname{sign}(\tilde{x}_1)\right) + k_3\operatorname{sgmf}(\tilde{x}_1)\end{cases} \tag{5.121}$$

其中，$\hat{x}_1,\hat{x}_2$ 和 $\hat{x}_3$ 分别是 x_1,x_2 和 d 的估计值。NNESO 的相关的参数设计为 p_1=0.9，$p_2=2p_1-1$，$p_3=3p_1-2$，$g_1=\dfrac{1}{p_1}$，$g_2=g_1+p_1-1$，$g_3=g_1+2(p_1-1)$，β_1=150，β_2=300，β_3=3000，k_1=10，k_2=600，k_3=120000；DGSMC 算法的参数值与仿真实验中的参数取值相同。实验内容与第 4 章一样，实验分三部分进行。

首先，第一个实验验证基于 NNESO 的 DGSMC 策略的伺服系统跟踪性能，目标输入指令分别选取为 0.5sin(0.5*2πt)和 0.5sin(3*2πt)，实验结果如图 5.16～图 5.19 所示。

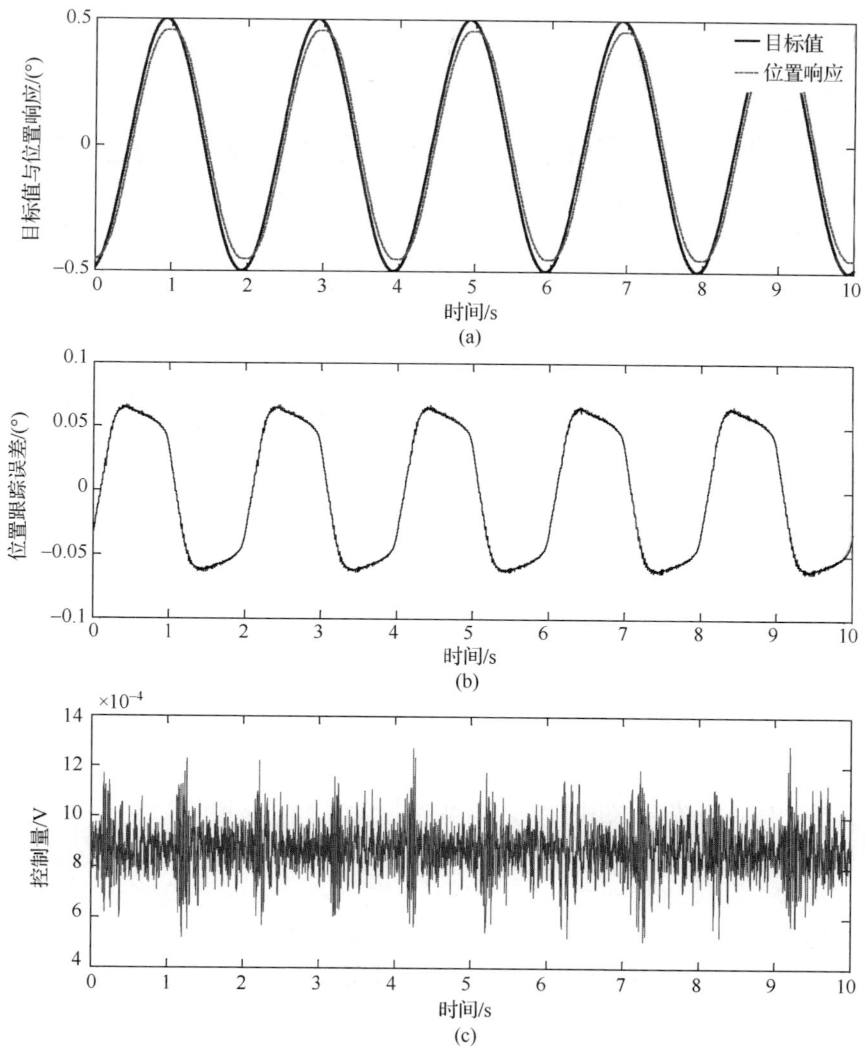

图 5.16　DGSMC 策略实验结果（输入指令 0.5sin(0.5*2πt)）

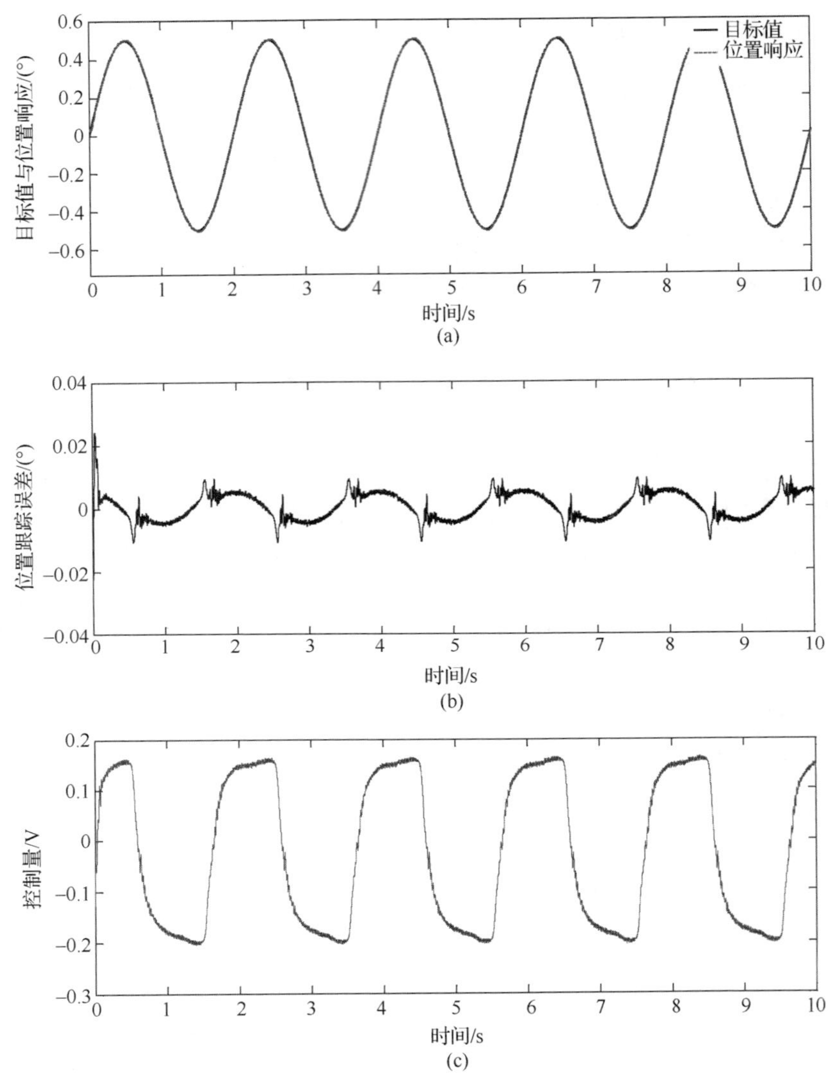

图 5.17　基于 NNESO 的 DGSMC 策略实验结果（输入指令 $0.5\sin(0.5*2\pi t)$）

在实验一中，首先只采用 DGSMC 直接控制系统，实验结果如图 5.16 所示，从图中可见，在位置跟踪曲线图中，由于摩擦及干扰的影响，位置响应在速度过零点时出现平顶现象，这也说明当实际系统中存在比较复杂的非线性干扰时，DGSMC 中的线性外推法无法获得准确的干扰信号，所以本书在此基础上，在系统内环采用 NNESO 对干扰进行估计和补偿，其结构原理图如图 5.15 所示，图 5.17 为基于 NNESO 的 DGSMC 策略的实验结果图。对比实验结果图 5.16 和图 5.17 可知，引入 NNESO 后，系统干扰被充分估计出来，因此跟踪误差从 0.06 直降到 0.008，从控制量曲线中也可以看出，干扰被充分地观测出来。

从图 5.18 和图 5.19 可见，当指令的频率增加到 3Hz 时，DGSMC 策略下的实验跟踪误差大于基于 NNESO 的 DGSMC 的跟踪误差，同时从控制量的角度来看，抖振非常小。以上实验结果充分地说明了 NNESO 可以对系统中存在的干扰进行有效的估计和补偿，并且通过参数的调节可以保证干扰在有限时间内被估计出来，从而更好地保证了稳定平台视轴的稳定。

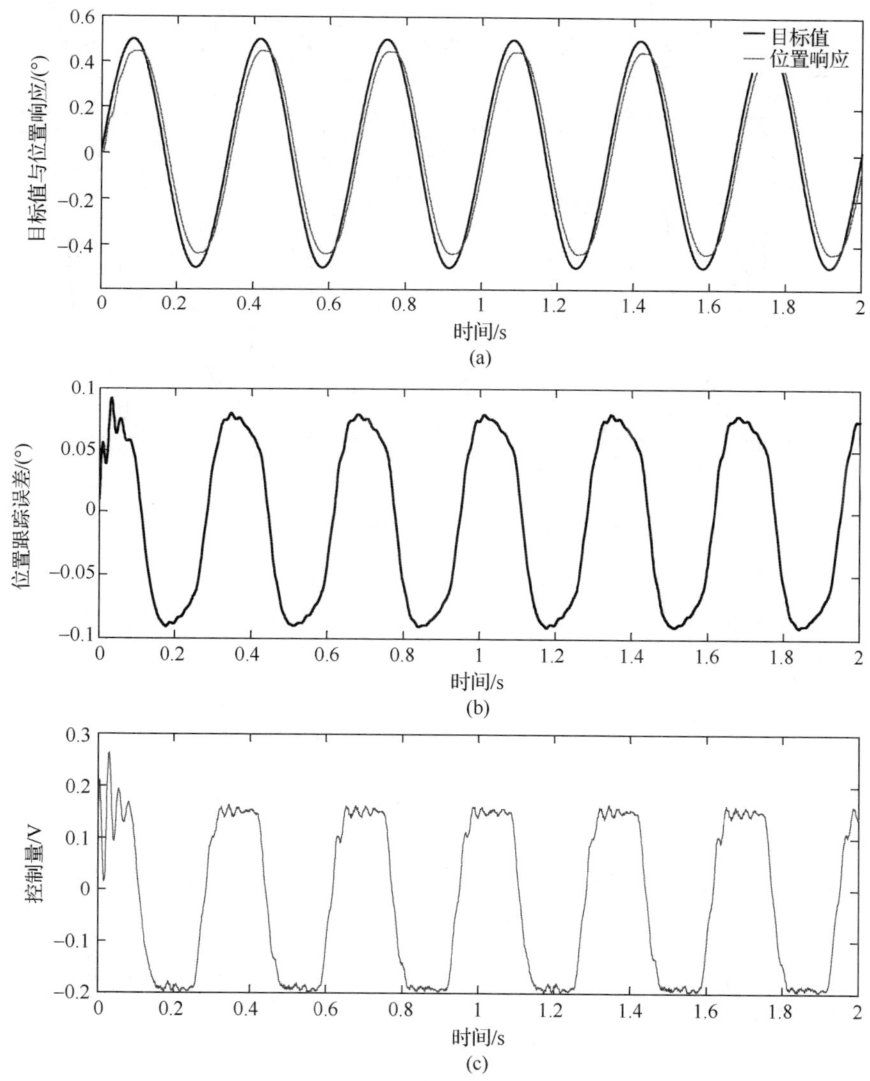

图 5.18　DGSMC 策略实验结果（输入指令 $0.5\sin(3*2\pi t)$）

第二个实验要验证光电伺服系统采用本章所提控制策略，在突加外干扰情况下的系统鲁棒性能。与第 4 章实验相同，通过程序实现在系统中加入如图 4.18 所示的方波干扰信号，目标输入指令选取为 sin(0.1*2πt)，实验结果如图 5.20 和图 5.21 所示。

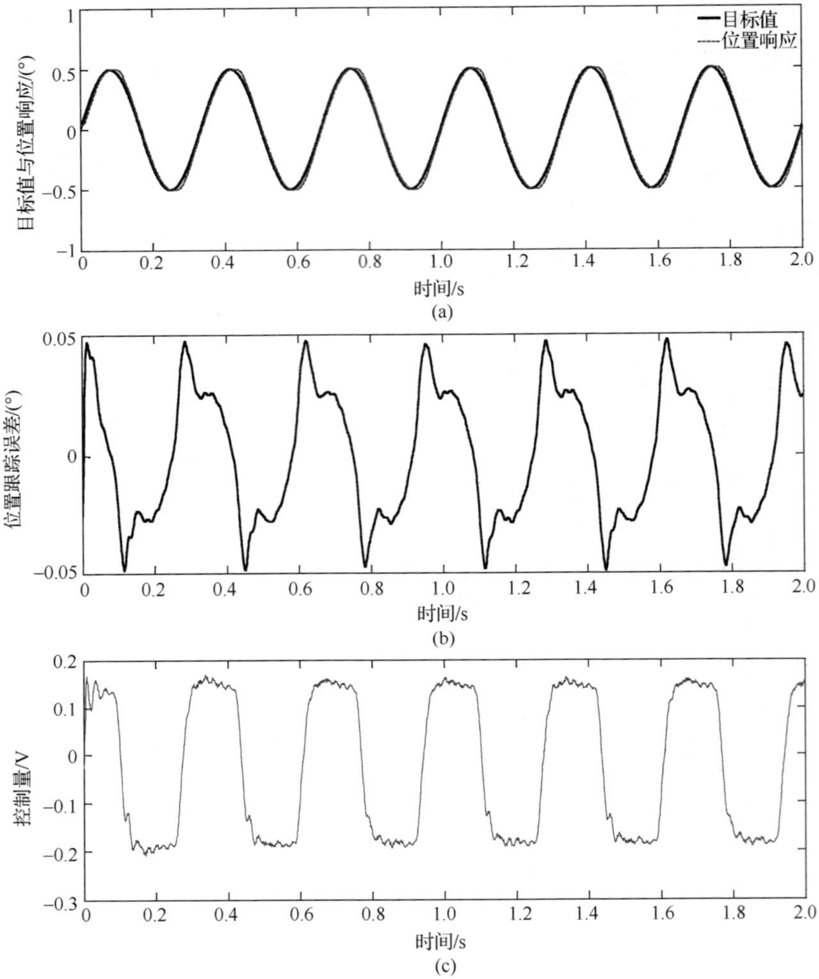

图 5.19　基于 NNESO 的 DGSMC 策略实验结果（输入指令 0.5sin(3*2πt)）

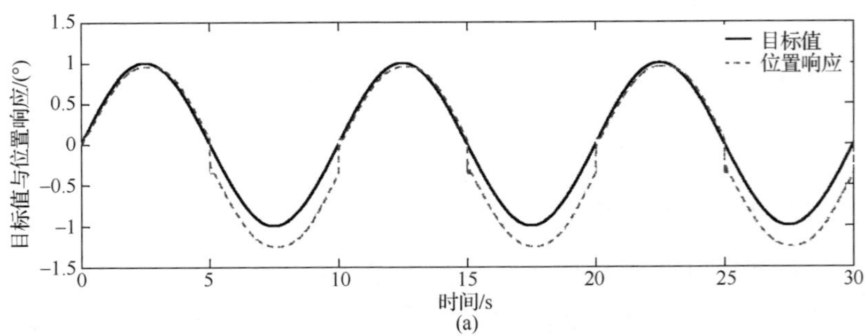

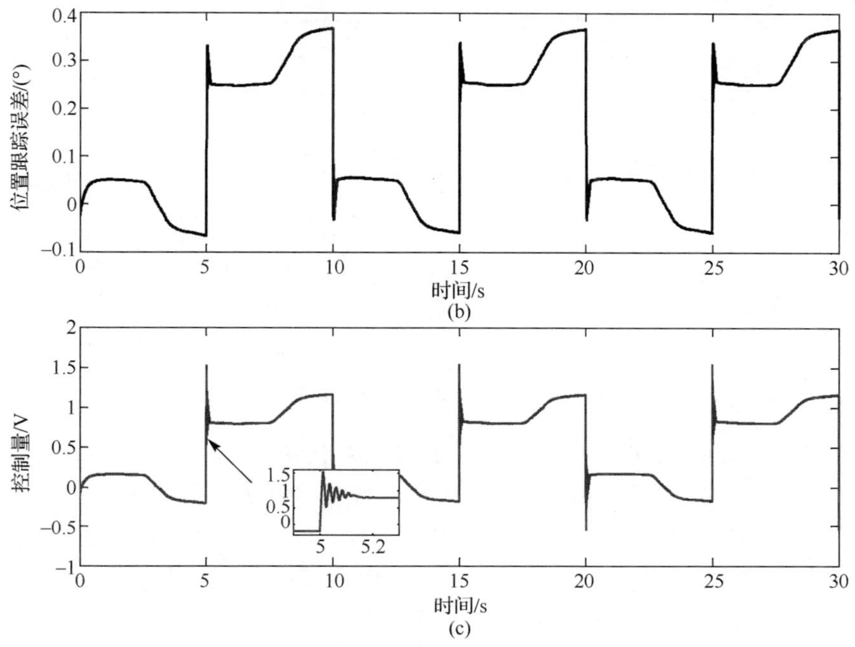

图 5.20　DGSMC 策略实验结果（加入方波干扰）

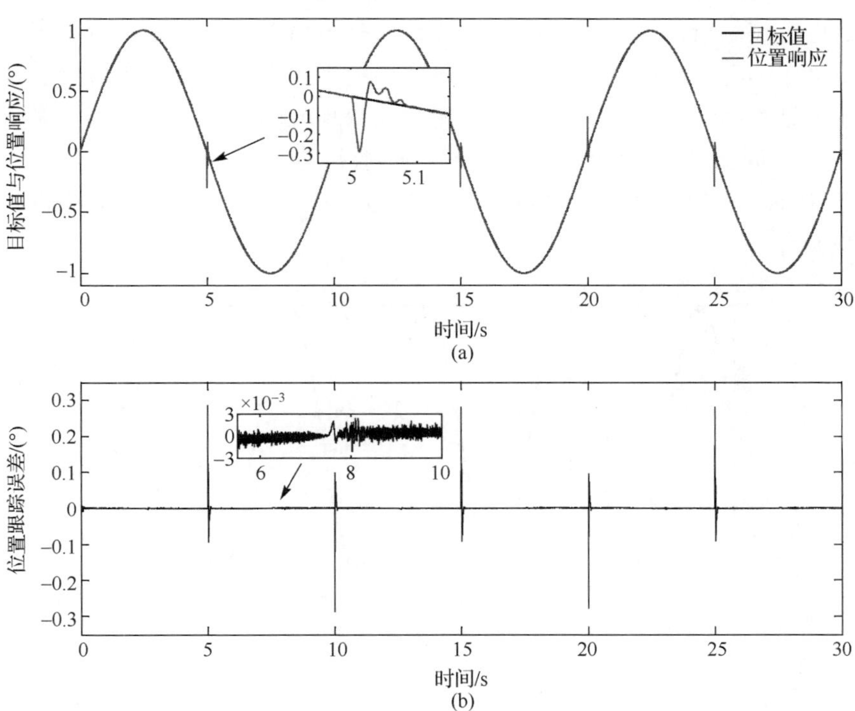

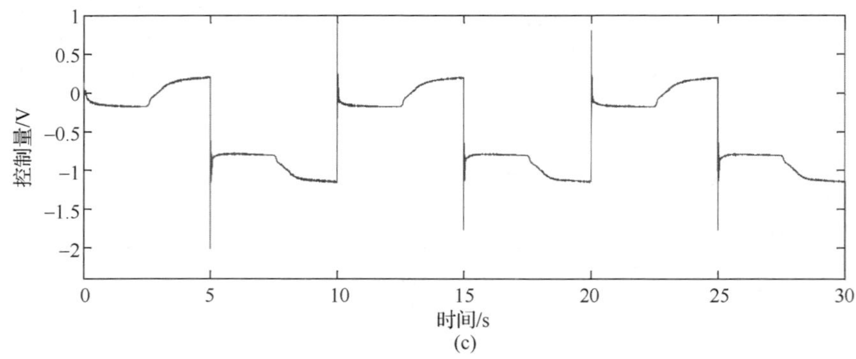

(c)

图 5.21　基于 NNESO 的 DGSMC 策略实验结果（加入方波干扰）

对比实验结果图 5.20 及图 5.21 可知，DGSMC 控制策略在外加方波干扰幅值为 0 时，位置跟踪误差最大值为 0.5，但是在幅值为 1 时，跟踪误差增大到 0.37。而在基于 NNSEO 的 DGSMC 控制策略中，NNESO 在 0.08s 内有效地估计出外加的方波干扰，并对其进行了有效的补偿，在稳定运行时对目标的跟踪误差最大值为 0.0025。因此，对于动态干扰，本方法具有较强的鲁棒性，有效地提高了视轴的跟踪精度。

由脱靶量的时延引起的成像问题，在光电跟踪系统的控制中是必须考虑的，如果将时延也看作系统的一类干扰，那么一种控制策略对时延问题是否具有一定的鲁棒性，就可作为考虑该控制策略在光电跟踪稳定平台系统中是否有效的衡量标准之一。接下来进行第三个实验：考虑实际光电成像系统的特性，平台伺服系统存在输入延时干扰，同第 4 章所述实验方案相同，通过程序实现在系统中加入 20 个控制周期（20ms）的时延。此时系统输入指令为 $\sin(0.5*2\pi t)$，其实验结果如图 5.22 和图 5.23 所示。

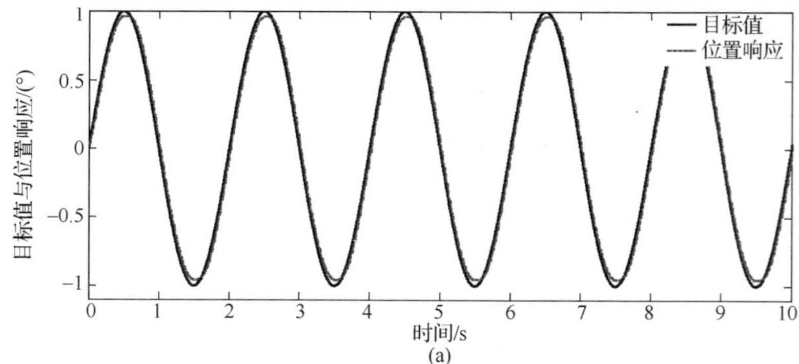

(a)

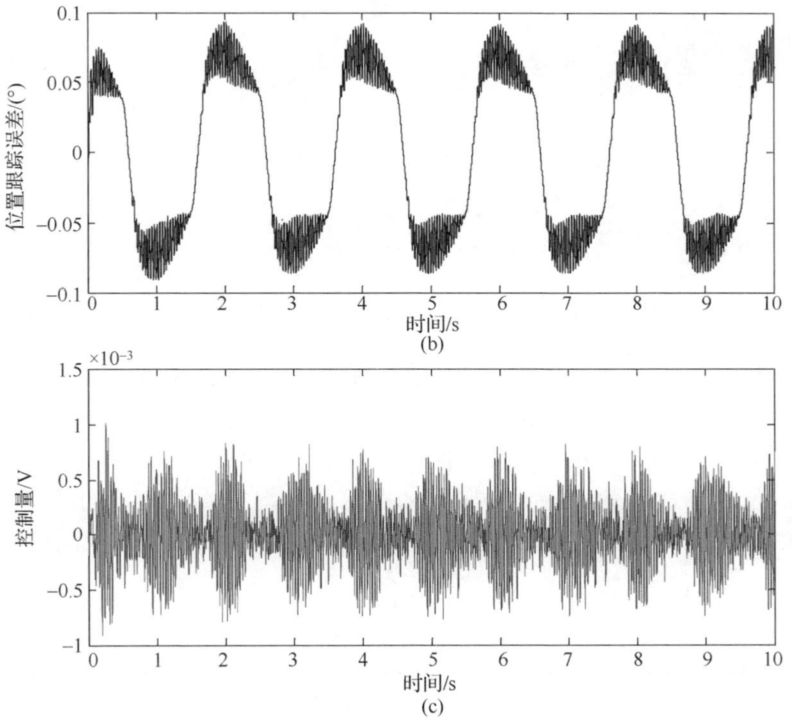

图 5.22　DGSMC 策略实验结果（加入 20ms 的时延）

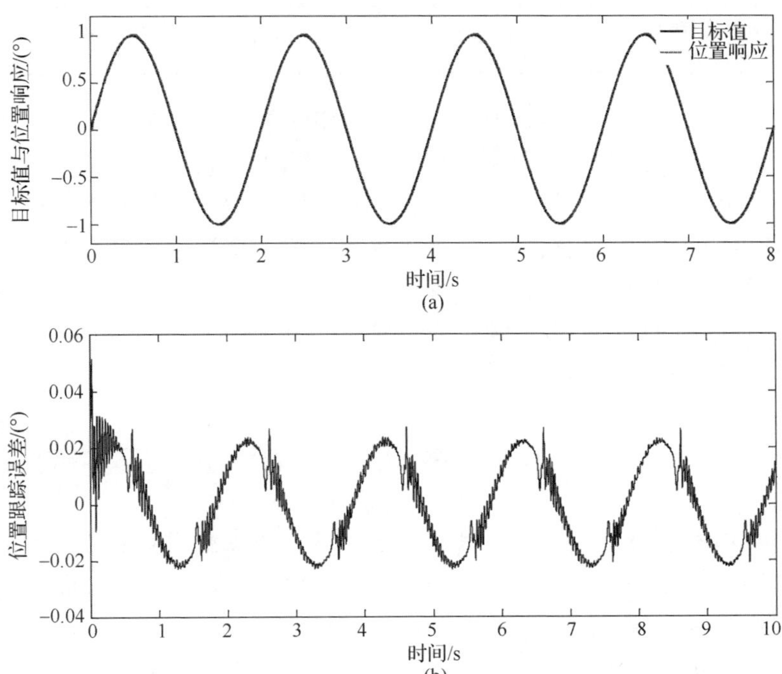

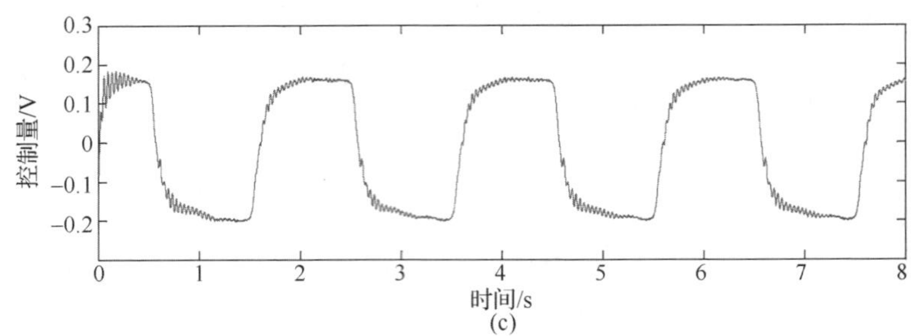

图 5.23　基于 NNESO 的 DGSMC 策略实验结果（加入 20ms 的时延）

对比实验结果图 5.22，从图 5.23 可知，在时延的存在条件下，稳定运行的最大跟踪误差为 0.028，且控制量存在较小的抖振。这说明在控制系统中存在延时时，基于 NNESO 的 DGSMC 策略仍然能保证视轴的稳定跟踪。

为了清楚地描述视轴运动控制装置的跟踪特性，在实验数据的一个正弦周期中平均选取 20 个点，对这 20 个点的跟踪误差求取其误差的均方根，其结果如表 5.1 所示。

表 5.1　误差均方根的求取结果

控制策略 \ 实验内容	目标跟踪实验（输入指令）/mrad		突加外干扰实验/mrad	引入时延干扰实验/mrad
	$0.5\sin(0.5*2\pi t)$	$0.5\sin(3*2\pi t)$		
DGSMC 控制策略	0.195	0.246	0.773	0.214
基于 NNESO 的 DGSMC 复合控制策略	0.036	0.134	0.033	0.087

经过以上实验对比，可以清楚地看出，NNESO 在实际系统中能够较好地估计出系统的干扰并对其进行有效补偿，NNESO 的相关参数较多，调试参数时需要根据经验综合考虑，总的来说应遵循 $\beta_1 < \beta_2 << \beta_3$ 和 $k_1 < k_2 << k_3$ 的规则，另外，也正是因为 NNESO 的相关参数较多，所以可以考虑的综合性能比较全面，只要参数调节合适，就可以获得满意的干扰估计效果。DGSMC 方法中增益项采用自适应算法解决了滑模控制中的抖振问题，保证了控制输出的平稳性。综上所述，基于 NNESO 的 DGSMC 策略具有较强的鲁棒性，具有一定的实际应用价值。

5.4　本 章 小 结

光电跟踪稳定平台系统是一个具有高跟踪精度的典型伺服系统，在伺服系统控制中，干扰的有效估计与补偿是伺服控制系统的研究热点，尤其是面向光电跟踪这类特殊的伺服系统，从控制要求角度分析，要想获得好的成像效果，就要保证在光学设备曝光之前实现视轴的稳定控制，因此在有限时间内实现干扰补偿，是保证视轴稳定瞄准目标的关键问题。本章从这一控制需求出发，基于有限时间收敛的思想，全面地研究了基于扩张状态观测器的干扰补偿方法。

首先，本章针对某一类动态非线性系统，从理论角度上，论证了 LHESO 和 NESO 设计的合理性，并给出 LHESO 设计方法的稳定性证明。另外，结合有限时间理论和变结构控制理论，针对上述动态非线性系统提出了 NNESO 设计的一般方法，并给出了有限时间收敛性的证明，求解了参数设计的合理条件。通过仿真算例对三种 ESO 进行了验证，对比了其优缺点，仿真结果表明 NNESO 具有更强的干扰估计性能。

其次，针对工程实现中控制算法都是通过数字计算机来实现的问题，本书研究了控制器的离散形式，给出了 DGSMC 的设计方法，该方法结合了自适应离散趋近律和非线性切换函数的优势，通过线性外推法对未知量进行求解，最终实现提高系统跟踪精度和鲁棒性的目的，并通过仿真验证了该方法的有效性。

最后，将 NNESO 和 DGSMC 结合起来，先对系统进行干扰估计与补偿，然后针对补偿后的系统设计 DGSMC。在视轴运动控制装置上通过不同的实验验证该方法的有效性与可行性。实验结果表明本章所提方法在短时间内有效地估计出干扰，并对其进行补偿，DGSMC 保证了系统控制输出的平滑性，因此该方法增强了系统的抗干扰能力，保证了系统的动态性能和跟踪精度。

第 6 章　基于有限时间收敛的虚拟复合轴控制

光电跟踪稳定平台在克服载体运动和外界干扰条件下，要确保视轴稳定并能精确地跟踪机动目标，当运动目标距离较远时，即便一个微小的误差也会导致目标位置发生较大的变化，因此，高跟踪精度是光电跟踪稳定平台系统非常重要的性能指标。在面对大气湍流、载体振动等高频噪声的影响时，传统的大惯量单轴跟踪平台受到带宽和结构谐振频率的限制，无法处理高频噪声，这限制了传统跟踪平台的跟踪精度。因此通过研究具有先进结构的光电稳定平台来实现跟踪精度的提高，是广大学者争相研究的热点问题。

面向多变量控制系统的复合轴系统是双通道控制的一种实现结构，利用谐振频率高、带宽高的反射镜，提高了光电跟踪稳定平台系统的精度和带宽。本章依据复合轴的结构和控制原理，从分析系统控制结构的角度出发，对不具备快速反射镜的光电跟踪稳定平台系统进行研究，提出了虚拟复合轴控制结构的思想，并在此结构下设计了两种基于有限时间收敛的控制策略。

6.1　虚拟复合轴控制的基本理论

6.1.1　复合轴控制系统

当今世界，精密光电跟踪系统作为先进制导武器中的关键技术之一，要求其具有高带宽、快速性、高精度、宽范围和强实时性等技术特点，因而复合轴系统跟踪技术应运而生。复合轴光电跟踪系统一般由粗跟踪系统、精跟瞄系统、位置探测器、辅助控制电路及控制软件构成[228]。复合轴伺服系统为了实现将光束锁定在目标点上，在大惯量的跟踪框架平台中加入快速反射镜，构成主从双通道的跟踪形式，主系统完成粗跟踪任务，子系统对视轴进行精确调整，完成目标的精确跟踪任务，这样的主从跟踪结构形式大大地提高了系统的跟踪精度[74]。

复合轴系统分双探测器型和单探测器型两种结构，原理图如图 1.13 所示，主、子系统各有一探测器的结构属于双探测型复合轴，当跟踪误差大于精探测器视场时，主系统工作，子系统不起作用；当主系统的跟踪误差小于精探测器视场时，主、子系统一起共同工作，通过精探测器进行光闭合，此时子系统负责修正主系统的跟踪残差；只有一个探测器的复合轴系统称为单探测器型复合轴，其必须等到主轴进入子系统调节范围内，通过引导手段切换子轴运动，因此，单探测器型复合轴在应用方面具有一定的局限性[74]。

复合轴光电跟踪系统在国外的相关研究中，其跟踪精度已达到角秒级或更高级精度。尤其以美国、日本和欧洲等国和地区为代表的研究成果最为突出，美国林肯实验室采用了串联型复合轴伺服控制技术设计的“火池”激光雷达系统，实现飞机的跟踪精度为 1.03"～2.06"。日本的光学空间通信设备采用双重复合轴控制，实现跟踪精度为 0.39"[74]。相比国外，国内的相关研究还存在很大的差距，如运动目标检测的实时性差、大滞后、精度差等技术问题；在跟踪过程中则存在跟踪精度差、带宽窄和抗干扰能力差等技术缺陷。

6.1.2　虚拟复合轴控制结构

在复合轴控制结构思想的指导下，针对不含快速反射镜的跟踪系统，提出虚拟复合轴控制结构的概念，以单轴平台为例进行分析。首先，假设存在一个与实际物理平台同轴的虚拟平台，且虚拟平台的位置与实际平台相同，实际平台与基座相连，虚拟平台与实际平台相连；然后，假设虚拟平台上具有虚拟探测器，各个平台、各个探测器的瞄准线及目标的关系如图 6.1 所示。跟踪平台对目标进行粗跟踪，虚拟平台对跟踪平台跟踪偏差再进行精跟踪。实现类似于复合轴伺服系统主轴与子轴粗精组合式的跟踪方式。控制系统驱动跟踪平台相对基座运动，驱动虚拟平台相对跟踪平台运动。

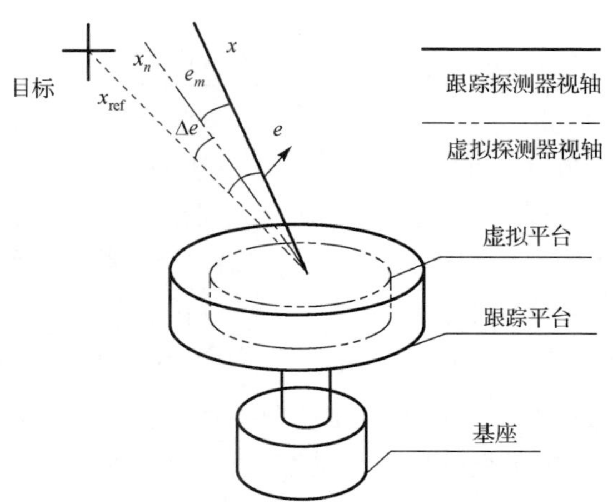

图 6.1　虚拟复合轴伺服系统

虚拟复合轴伺服系统结构如图 6.2 所示，其中 $P_1(s)$ 和 $P_2(s)$ 分别表示实际平台和虚拟平台对象的等效特性；$K_1(s),K_2(s)$ 分别表示跟踪回路和虚拟回路的控制器；$e^{-\tau s}$ 表示跟踪探测器时滞特性；n 为测量噪声；x_{ref},x_n,x_p 及 x 分别定义为运动目标位置、虚拟跟踪探测器视轴、跟踪探测器视轴及平台视轴位置。

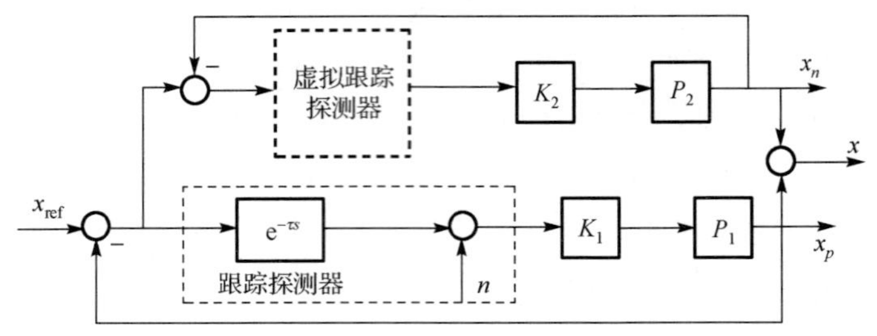

图 6.2　虚拟复合轴结构图

由于延迟环节仅影响系统相频特性并不影响系统增益，所以忽略跟踪探测器的延迟环节与虚拟跟踪探测器的传递函数来简化分析过程，则闭环系统的传递函数描述为

$$G(s)=\frac{K_1(s)P_1(s)+K_2(s)P_2(s)+K_1(s)P_1(s)K_2(s)P_2(s)}{[1+K_1(s)P_1(s)][1+K_2(s)P_2(s)]} \tag{6.1}$$

主、子系统的传递函数分别被描述为

$$G_1(s)=\frac{K_1(s)P_1(s)}{1+K_1(s)P_1(s)} \tag{6.2}$$

$$G_2(s)=\frac{K_2(s)P_2(s)}{1+K_2(s)P_2(s)} \tag{6.3}$$

从式（6.1）～式（6.3）可以看出，主、子系统的极点共同构成了虚拟复合轴整个系统的极点，因此，如果主系统和子系统都是稳定的，那么整个系统就是稳定的。假设主系统的误差为 $e(s)$，子系统的误差为$\Delta e(s)$，则可得子系统的误差为

$$\Delta e(s)=\frac{e(s)}{1+K_2(s)P_2(s)}=\frac{\theta_{ref}(s)}{[1+K_1(s)P_1(s)][1+K_2(s)P_2(s)]} \tag{6.4}$$

根据式（6.4），要想提高虚拟复合轴的跟踪精度就需要有效地控制主、子系统，且整个系统的跟踪误差由子系统的跟踪误差决定，因此虚拟复合轴拥有更高的跟踪精度。

6.1.3　虚拟复合轴伺服系统的实现

虚拟复合轴伺服系统存在两个问题需要解决。

（1）如何确定虚拟对象特性的问题，即如何求取虚拟平台的传递函数。

（2）如何实现虚拟复合轴伺服系统的问题，即在单跟踪平台上如何实现粗-精跟踪模式。

由图 6.1 可知目标、虚拟探测器视轴和跟踪探测器视轴三者之间的关系可以表示为

$$e(t)=\Delta e(t)+e_m(t) \tag{6.5}$$

需要注意的是虚拟平台是一个假设存在的跟踪平台，因此无法通过实际测量手段来获取 $\Delta e(t)$，可以通过跟踪探测器与目标的偏差 $e(t)$、跟踪平台的角速度 $\dot{x}$ 以及式（6.5）求得，考虑 $e(t)$ 本身存在延时环节，因此在 $e_m(t)$ 的计算中，引入延时环节 $\mathrm{e}^{-\tau t}$，则 $e_m(t)=\mathrm{e}^{-\tau t}\int_{\mathrm{t}_0}^{\mathrm{t}}(\dot{x}-\dot{x}_n)\mathrm{d}t$。假设初始时刻 $e_m(0)=0$，且跟踪探测器和虚拟探测器的视轴重合，两者的速度也相等，即 $\dot{x}=\dot{x}_n$，则可通过式（6.6）计算虚拟探测器的探测值：

$$\Delta e(t)=e(t)-\mathrm{e}^{-\tau t}\int_{\mathrm{t}_0}^{\mathrm{t}}(\dot{x}-\dot{x}_n)\mathrm{d}t \tag{6.6}$$

从理论上来讲，无论虚拟平台的特性如何，都可以通过设计控制器 K_2 来实现式（6.6）的计算，因此虚拟平台的特性可以任意设计。从式（6.5）可以看出，如果能减小 $e_m(t)$，那么 $e(t)$ 也将随之减小，因此为了提高实际系统的跟踪精度，主系统对虚拟跟踪探测器瞄准线与实际系统跟踪探测器瞄准线偏差 $e_m(t)$ 需要进行二次跟踪，来实现减小 $e_m(t)$ 的目的。为了保证所设计的虚拟平台有利于最终复合轴伺服系统的实现，同时简化控制器的设计，因此，在设计虚拟平台时，选择与实际对象平台具有相同的特性，即虚拟平台采用实际系统的理想名义模型。

综上所述，设计虚拟复合轴伺服系统时，假设先不考虑跟踪探测器的延时问题与虚拟探测器环节，则系统的控制结构采用图 6.3 的结构形式。图中主系统为跟踪平台系统，子系统为虚拟平台跟踪系统，子系统的输入为系统跟踪探测器瞄准线与目标的偏差 e。从图 6.3 中可以看出，虚拟复合轴伺服系统的控制器设计分为三部分：干扰观测器的设计、子系统控制器 K_1 的设计及主系统控制器 K_2 的设计。

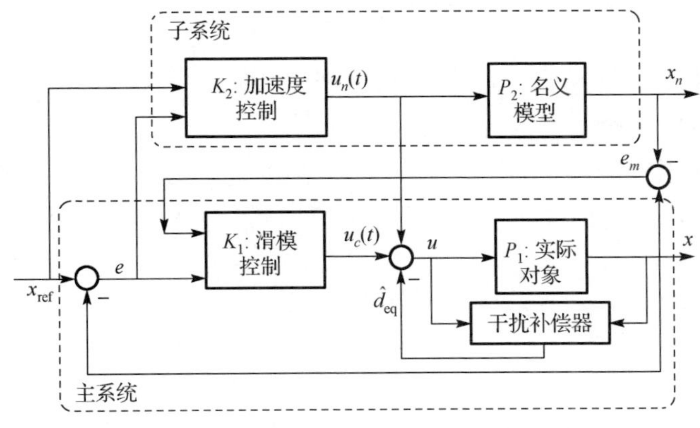

图 6.3　虚拟复合轴伺服系统控制实现结构图

评注 6.1　在图 6.3 中，从频域的角度来看，子系统的控制参数一旦设计好，其频率特性是固定不变的。在各种干扰源的影响下，主系统要保证消除主、子系统的误差 $e_m(t)$ 和对指令信号的跟踪性能，主系统的闭环频率特性就要尽量与子系统的频率特性保持一致，这就要求，在各种干扰因素变化的范围内，通过设计适合的控制器，使闭环系统的传递函数近似等于某一固定的传递函数。从时域的角度上看，在各种干扰源的影响下，闭环系统的输出应与某一模型的输出逼近。因此对于主系统的设计，其闭环控制器应具有如下性能。

（1）对包括摩擦力矩在内的各种外部干扰力矩能够实现有效地抑制。

（2）当对象参数及受到的干扰大范围变化时，保证系统的暂态性能及对指令的跟踪能力不变；同时保证系统的鲁棒稳定性。

对于高精度跟踪系统而言，影响控制性能的主要因素主要表现为：外部干扰力矩和参数大范围变化。本章提出的基于虚拟复合轴结构的控制方法是基于滑模思想的主、子系统模型跟踪控制方法，当外部干扰力矩及参数变化时，采用滑模控制的特点进一步消除主、子系统的残差，提高主系统的跟踪精度，保证跟踪性能和暂态性能；同时，滑模控制也辅助了干扰补偿器对等效输入干扰的补偿。下面将具体介绍各部分的实现方式。

6.2　基于虚拟复合轴的干扰补偿方法

6.2.1　速度干扰观测器的实现方法

一般情况下，电机驱动的运动系统刚性很好，根据第 3 章分析可知，光电稳定平台系统的名义模型可以描述为

$$G_n(s)=\frac{1}{(J_n s+B_n)s} \tag{6.7}$$

其中，J_n 为等效名义转动惯量，B_n 是等效名义阻尼。用 U_r 表示输入，即从外环控制器得到的控制量，输出为位置响应 X。

为了实现稳定平台的抗扰工作，对速度环设计速度干扰观测器（velocity disturbance observer，VDOB），速度环传函可以用一阶传函表示为

$$G_{nv}(s)=\frac{1}{J_n s+B_n} \tag{6.8}$$

此时，其逆模型为

$$G_{nv}^{-1}(s)=J_n s+B_n \tag{6.9}$$

$Q(s)$ 滤波器可以选择一阶滤波器的设计形式，即

$$Q(s)=\frac{1}{\tau s+1}=\frac{g_c}{s+g_c} \tag{6.10}$$

其中，$g_c=\tau^{-1}$ 为一阶滤波器的截止频率。根据图 4.2 的结构形式求解干扰观测器的估计值 $\hat{D}_{\text{eq}}$，可得

$$\begin{aligned}\hat{D}_{\text{eq}}&=Q(s)[(J_n s+B_n)w-u]=Q(s)\left\{\left[\frac{J_n s+B_n}{s}(s+g_c-g_c)\right]w-U\right\}\\&=\frac{g_c}{s+g_c}\left\{\left[\left(J_n+\frac{B_n}{s}\right)(s+g_c)-\left(J_n+\frac{B_n}{s}\right)g_c\right]w-U\right\}\\&=\left[g_c\left(J_n+\frac{B_n}{s}\right)-g_c\left(J_n+\frac{B_n}{s}\right)\frac{g_c}{s+g_c}\right]w-\frac{g_c}{s+g_c}U\end{aligned} \tag{6.11}$$

因此，虚拟复合轴速度环干扰观测器的结构如图 6.4 所示。

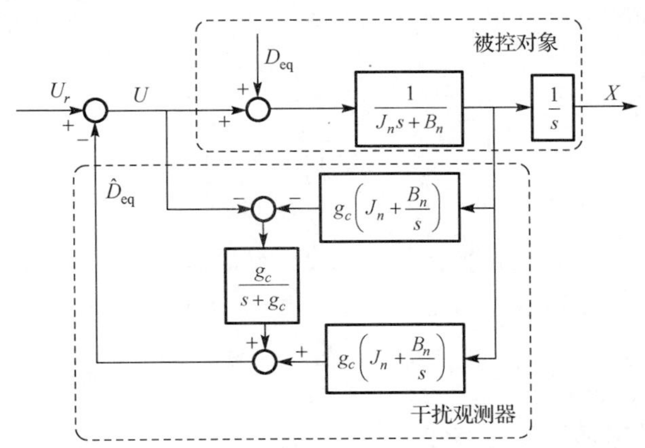

图 6.4　速度干扰观测器结构图

将一阶低通滤波器进行等效变形 $\dfrac{g_c}{s+g_c}=\dfrac{\frac{g_c}{s}}{1+\frac{g_c}{s}}$，则可得图 6.5 所示的单位反馈系统的结构形式。

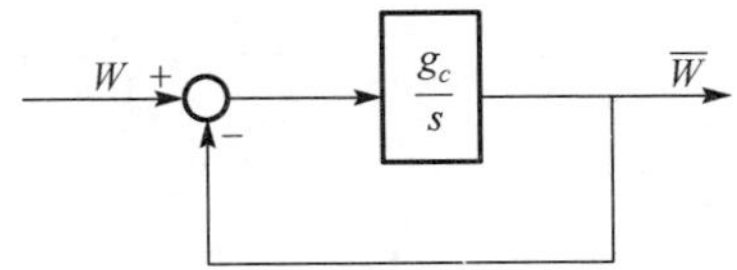

图 6.5　一阶低通滤波器的等效结构

评注 6.2　经过等效变形，速度干扰观测器仅需要进行积分运算即可，在实现时，如果采样时间 T_s 足够小，通过累加计算即可代替积分运算，即 $\overline{w}(k)=\sum_{i=1}^{k}[w(i)-\overline{w}(i-1)]\times T_s\times g_v$，有利于计算机编程实现。从图 6.5 可以看出，速度干扰观测器仅需知道 J_n、B_n 及 g_c 三个参数即可，其具有结构简单、参数设计容易、易于编程实现的优点。此外，可以通过高性能的测试元件来获得速度信号，或者采用同样简单易实现的近似微分估计方法来获得速度信号。

6.2.2　近似微分法

在设计控制器时，往往需要知道速度信号和加速度信号，如果仅仅通过对位置信号的微分求取速度信号，对速度信号的微分求取角加速度信号，那么在实际工程实现中，纯微分信号是无法实现的，需要采用其他替代方法来获取微分信号，一般通常采用差分方法获取已知信号的微分信号，比较常用的方法是向前差分（6.12）和向后差分（6.13），但是这两种差分方法抗干扰能力差、算法精度低，对于信号的噪声会随着采样周期 T_s 的降低而放大，甚至会出现淹没有用信号的现象：

$$\dot{x}(k)=\frac{x(k+1)-x(k)}{T_s} \tag{6.12}$$

$$\dot{x}(k)=\frac{x(k)-x(k-1)}{T_s} \tag{6.13}$$

考虑降低传统差分方法对噪声的敏感度和结构简单易于工程实现的两个要求，在微分环节中加入滤波器以获取近似微分信号，其形式如式（6.14）所示，即采用 $\frac{g_v s}{s+g_v}$ 来代替 s，其中，$g_v>0$ 是滤波器 $\frac{g_v}{s+g_v}$ 的截止频率。g_v 越小，微分效果越差，对噪声的滤波效果越好，反之亦然：

$$\dot{\hat{X}}=\frac{g_v s}{s+g_v}X \tag{6.14}$$

$$\frac{g_v s}{s+g_v}=\frac{g_v}{1+\frac{g_v}{s}} \tag{6.15}$$

根据式（6.15）得到近似微分方法的等效机理图，如图 6.6 所示。

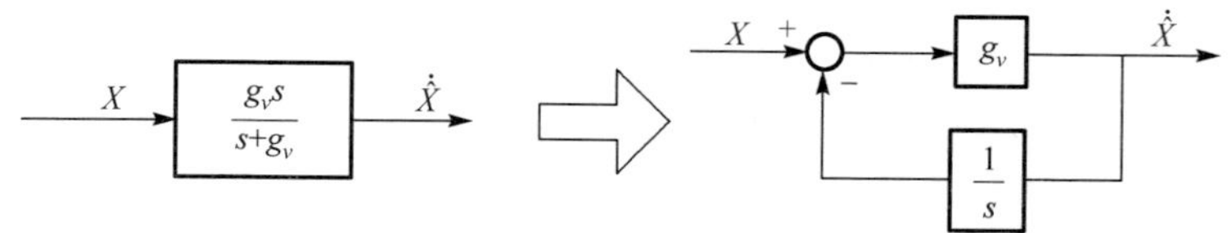

图 6.6　近似微分方法等效机理图

由图 6.6 可知，该等效方法把一个微分环节等效成一个积分环节，大大简化了工程实现难度。工程实现中，可以采用式（6.16）的离散形式进行编程实现：

$$\dot{\hat{x}}(k)=\left[x(k)-\sum_{i=0}^{k-1}\dot{\hat{x}}(i)\times T_s\right]\times g_v \tag{6.16}$$

下面通过一个仿真实例来看一下近似微分法微分估计的效果，在这个仿真实例中，仿真周期取 0.001s、截止频率 g_v 取 300rad/s，给出近似微分法与向后差分法速度估计信号的误差曲线，如图 6.7 所示。

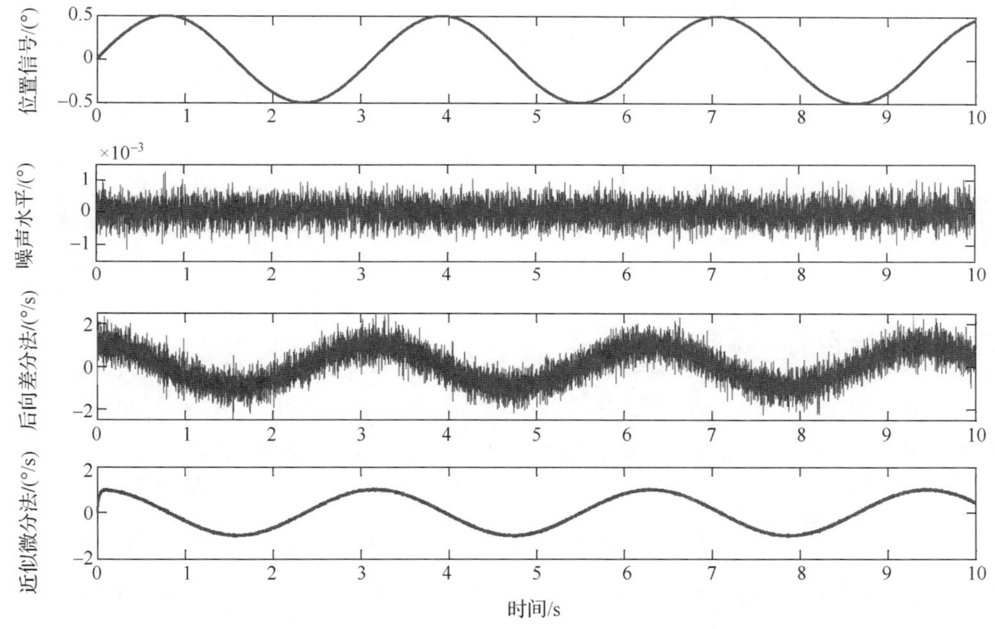

图 6.7　两种差分方法仿真结果对比图

从图 6.7 可以看出，近似微分法对噪声有较强的抑制能力，而且精度较高。

当一阶滤波器和近似微分器采用图 6.5 和图 6.6 的结构时，图 6.4 可以等效为图 6.8 的形式。

在伺服系统中，干扰信号往往是由低频域信号和高频域信号共同构成的，采用干扰观测器可以对低频域内的干扰进行有效的估计和补偿，但是当系统受到像库仑摩擦信号这样突然变化的外力作用时，干扰观测器将无法补偿系统的高频域分量，因此干扰观测器存在干扰估计不足的问题。此时，系统的等效干扰为

$$d_{\mathrm{ext}}(t)=\hat{d}_{\mathrm{eq}}(t)+\Delta d(t) \tag{6.17}$$

其中，$\Delta d(t)$ 表示等效干扰的估计误差，且 $\Delta d(t)$ 是一个有界的变量，即 $|\Delta d(t)|<\Delta d_M$，$\Delta d_M>0$。

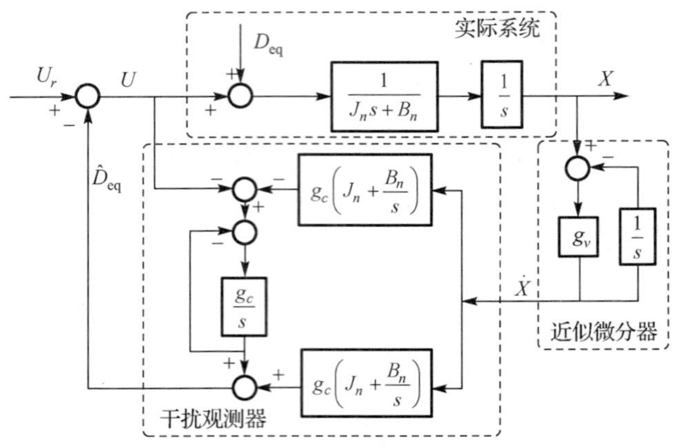

图 6.8　等效速度干扰观测器结构图

6.3　虚拟复合轴主、子系统控制器的设计

6.3.1　设计目标

根据上述虚拟复合轴的假设，视轴稳定的伺服系统是由直流力矩电机驱动的，依据第 3 章中被控对象模型的等效变化，伺服系统的动态模型可以由式(6.18)描述：

$$J\ddot{x}(t)+B\dot{x}(t)=u(t)+d_{\mathrm{ext}}(t) \tag{6.18}$$

其中，$x(t),u(t)$ 和 $d_{\mathrm{ext}}(t)$ 分别为角位置响应 X、控制量 U 和等效干扰 D_{ext} 的时域表示形式，为了简化表达形式，以下描述内容省略时间变量 t。J 为等效转动惯量，B 为等效阻尼系数，$J_m \leqslant J \leqslant J_M$，$B_m \leqslant B \leqslant B_M$ 成立，其中 J_m,J_M,B_m,B_M 均为正实数。

定义跟踪误差为

$$e=x_{\mathrm{ref}}-x \tag{6.19}$$

根据虚拟复合轴系统（6.18），控制量 u 可以描述为

$$u=u_n+u_c-\hat{d}_{\mathrm{eq}} \tag{6.20}$$

其中，u_n,u_c 分别是子系统和主系统的控制量，$\hat{d}_{\mathrm{eq}}$ 是来自于干扰观测器的估计值。假定 d_{ext} 有界，即存在正实数 d_M，使得 $|d_{\mathrm{ext}}|\leqslant d_M$。因此，本节的目标就是求解控制量 u_c 和 u_n，在等效输入干扰及对象参数变化满足要求的条件下，当 $t\to\infty$ 时，使得 $e(t)\to 0$ 或收敛到某一有界区域内。

6.3.2　子系统设计

通常闭环控制是保证伺服跟踪系统性能的重要环节，闭环控制系统的设计是为了保证系统的跟踪性能、稳定性及鲁棒性。

定义式（6.18）的子系统模型为

$$J_n\ddot{x}+B_n\dot{x}=u_n \tag{6.21}$$

对光电跟踪稳定平台伺服系统的控制要考虑伺服电机的驱动力和电机转角位置的关系，位置响应的二阶导数就是加速度，由牛顿第二定律可知，力和加速度有直接的联系，跟踪伺服机构的电机动子受力即等于其质量与加速度的乘积，因此，可以将控制目标从加速度层面上进行控制，同时也可简化设计任务。

针对伺服系统的加速度设计的控制律表示为

$$\ddot{x}_{\text{des}}(t)=\ddot{x}_{\text{ref}}(t)+K_d\dot{e}+K_p e \tag{6.22}$$

其中，$\ddot{x}_{\text{des}}(t)$ 和 $\ddot{x}_{\text{ref}}(t)$ 分别为加速度控制量和加速度参考值，K_d 和 K_p 分别代表位置增益和速度增益。加速度控制采用如图 6.9 所示的结构。

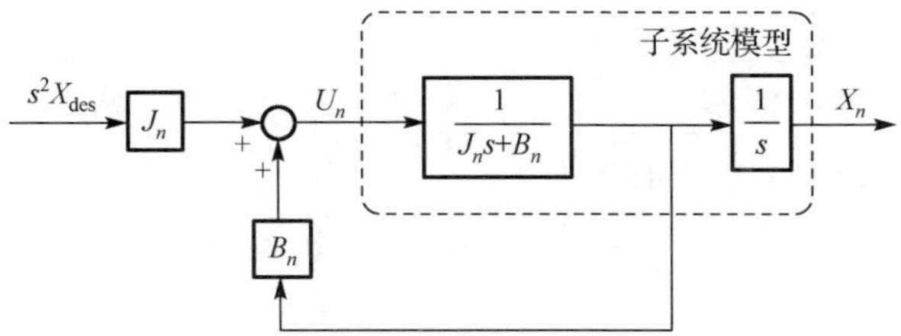

图 6.9　基于名义模型的子系统加速度控制

图 6.9 中，X_n 和 X_{des} 分别表示子系统的输出值 x_n 和系统的输入值 x_{des} 的拉普拉斯变换量，s^2X_{ref} 是 $\ddot{x}_{\text{ref}}(t)$ 的拉普拉斯变换量，为了实现伺服电机的加速度响应 $\ddot{x}(t)$ 和加速度参考值 $\ddot{x}_{\text{ref}}(t)$ 保持一致，利用名义转动惯量和阻尼量实现加速度控制器的设计，根据图 6.9 可知

$$X_n=\frac{1}{J_ns^2+B_ns}U_n \tag{6.23}$$

$$U_n=J_ns^2X_{\text{des}}+B_nsX_n \tag{6.24}$$

将式（6.24）代入式（6.23）可得

$$s^2X_n=s^2X_{\text{des}} \tag{6.25}$$

从式（6.25）可以看出，伺服系统的加速度响应与加速度控制量一致。

主系统与子系统的跟踪误差定义为

$$e_m = x - x_n \tag{6.26}$$

假设 6.1 $\ddot{e}_m(t)$ 为一个有界的函数，即 $|\ddot{e}_m(t)| \leqslant \ell_{e_m}$，其中 ℓ_{e_m} 为 $\ddot{e}_m(t)$ 的上界。

将式（6.22）和式（6.25）代入式（6.26）可得

$$\begin{aligned}\ddot{e}_m &= \ddot{x} - \ddot{x}_n \\ &= \ddot{x} - \ddot{x}_{\text{ref}} - K_d\dot{e} - K_p e \\ &= -(\ddot{e} + K_d\dot{e} + K_p e)\end{aligned} \tag{6.27}$$

从式（6.27）可以看出，如果满足条件 $\lim\limits_{t\to\infty} e_m \to 0$，且 $\lim\limits_{t\to\infty} \dot{e}_m \to 0$ 时，则 $\ddot{e} + K_d\dot{e} + K_p e = 0$，此时，只要选择控制器的增益 $K_d > 0$ 和 $K_p > 0$ 就可以保证系统稳定，即跟踪误差 e 渐近收敛到零。因此，$e_m, \dot{e}_m$ 是否满足收敛至零的条件，就是保证虚拟复合轴能实现稳定跟踪的充分条件，这一问题将在主系统的设计中进行讨论。根据前面的分析可知，子系统的控制量的时域表达形式为

$$u_n = J_n\ddot{x}_{\text{des}} + B_n\dot{x}_n = J_n K_d\dot{e} + J_n K_p e + J_n\ddot{x}_{\text{ref}} + B_n\dot{x}_n \tag{6.28}$$

根据上面介绍，式（6.28）中的速度、加速度信号可以通过近似微分法获得，即

$$\dot{\hat{X}}_n = \frac{gs}{s+g}X_n, \quad \ddot{\hat{X}}_{\text{ref}} = \left(\frac{gs}{s+g}\right)^2 X_{\text{ref}} = \frac{gs}{s+g}\dot{\hat{X}}_{\text{ref}} \tag{6.29}$$

则此时子系统的控制量可以表示为

$$u_n = J_n K_p e + J_n K_d\dot{e} + J_n\ddot{\hat{x}}_{\text{ref}} + B_n\dot{\hat{x}}_n \tag{6.30}$$

6.3.3 主系统设计

采用 VDOB 能够较好地抑制包括摩擦、运动载体带来的扰动等在内的等效干扰，从而实现系统的线性化动态补偿，此时跟踪的模型是干扰观测器设计中的名义模型，但是，当参数变化较大时，干扰观测器方法无法保证对模型的跟踪能力不变，因此本小节在对主系统控制器进行设计时，在 VDOB 的基础上引入基于有限时间收敛的快速滑模控制方法，该方法可以有效地保证光电系统中的伺服机构在光学设备曝光之前实现对运动目标的稳定跟踪。

1. 基于有限时间收敛的快速滑模控制器的设计

根据模型跟踪误差式（6.26）定义变量为

$$z = \dot{e}_m + \lambda e_m, \quad \lambda = \frac{B_n}{J_n} \tag{6.31}$$

设 J_a 和 B_a 为参数变化的中点值，即 $J_a = \frac{1}{2}(J_m + J_M)$，$B_a = \frac{1}{2}(B_m + B_M)$。为了

保证主、子系统跟踪误差 e_m 快速收敛到零，设计控制律 u_c 为

$$u_c = -k_1 z - k_2 |z|^r \operatorname{sgn}(z) - h(x,\dot{x},t)\cdot \operatorname{sgn}(z) + J_a\left(\frac{1}{J_n}u_n - \lambda\dot{x}\right) + B_a\dot{x} \tag{6.32}$$

其中，$k_1>0$，$k_2>0$，$0<\gamma<1$，切换增益 $h(\theta,\dot{\theta},t)$ 定义为式（6.33）的形式：

$$h(x,\dot{x},t) = \Delta d_M + \frac{1}{2}(J_M - J_m)\left|\frac{1}{J_n}u_n - \lambda\dot{x}\right| + \frac{1}{2}(B_M - B_m)|\dot{x}| \tag{6.33}$$

定理 6.1　对于系统(6.18)，若采用式(6.17)、式(6.20)、式(6.32)及式(6.33)，可得滑动模态 z 在有限时间内收敛至零；主、子系统跟踪误差 e_m 指数收敛至零；$\dot{e}_m$ 也指数收敛至零。

证明　Lyapunov 函数的定义如下：

$$V = \frac{1}{2}Jz^2 \tag{6.34}$$

则

$$\begin{aligned}
J\dot{z} &= J[(\ddot{x}-\ddot{x}_n)+\lambda(\dot{x}-\dot{x}_n)] \\
&= (J\ddot{x}+B\dot{x}) - \frac{J}{J_n}(J_n\ddot{x}_n + B_n\dot{x}_n) - B\dot{x} + \lambda J\dot{x} \\
&= u + d_{\text{ext}} - \frac{J}{J_n}u_n - B\dot{x} + \lambda J\dot{x} \\
&= u_c + u_n - \hat{d}_{\text{eq}} + d_{\text{ext}} - \frac{J}{J_n}u_n - B\dot{x} + \lambda J\dot{x} \\
&= -k_1 z - k_2|z|^r\operatorname{sgn}(z) - h(x,\dot{x},t)\cdot\operatorname{sgn}(z) + J_a\left(\frac{1}{J_n}u_n - \lambda\dot{x}\right) + B_a\dot{x} + u_n - \frac{J}{J_n}u_n - B\dot{x} + \lambda J\dot{x} + \Delta d \\
&= -k_1 z - k_2|z|^r\operatorname{sgn}(z) - h(x,\dot{x},t)\cdot\operatorname{sgn}(z) + (J_a - J)\left(\frac{1}{J_n}u_n - \lambda\dot{x}\right) + (B_a - B)\dot{x} + \Delta d
\end{aligned} \tag{6.35}$$

对 V 求导，有

$$\begin{aligned}
\dot{V} &= zJ\dot{z} \\
&= z\left[-k_1 z - k_2|z|^r\operatorname{sgn}(z) - h(x,\dot{x},t)\cdot\operatorname{sgn}(z) + (J_a - J)\left(\frac{1}{J_n}u_n - \lambda\dot{x}\right) + (B_a - B)\dot{x} + \Delta d\right] \\
&\leqslant -k_1 z^2 - k_2|z|^{r+1} - |z|\left[h(x,\dot{x},t) - |J_a - J|\left|\frac{1}{J_n}u_n - \lambda\dot{x}\right| - |B_a - B||\dot{x}| - |\Delta d|\right]
\end{aligned} \tag{6.36}$$

对于任意的 $J\in[J_m, J_M]$ 和任意的 $B\in[B_m, B_M]$，都有 $|J_a - J| \leqslant \frac{1}{2}(J_M - J_m)$ 和

$|B_a - B| \leqslant \frac{1}{2}(B_M - B_m)$ 成立，由式（6.33）可知

$$h(\theta,\dot{\theta},t) \geqslant |J_a - J|\left|\frac{1}{J_n}u_n - \lambda\dot{x}\right| + |B_a - B||\dot{x}| + |\Delta d| \tag{6.37}$$

将式（6.37）代入式（6.36），可得

$$\begin{aligned}\dot{V} &\leqslant -k_1 z^2 - k_2|z|^{r+1} \\ &= -\frac{2k_1}{J}V - \left(\frac{2k_2}{J}\right)^{\frac{r+1}{2}} V^{\frac{r+1}{2}} \\ &\leqslant 0\end{aligned} \tag{6.38}$$

令 $\lambda_1 = \frac{2k_1}{J}$，$\lambda_2 = k_2\left(\frac{2}{J}\right)^{\frac{r+1}{2}}$，则 $\dot{V} \leqslant -\lambda_1 V - \lambda_2 V^{\frac{r+1}{2}} \leqslant 0$。

根据引理 2.7 可知，存在有限时间 $t_1 \leqslant \frac{2}{\lambda_1(1-r)}\ln\frac{\lambda_1 V^{\frac{1-r}{2}}(x_o)+\lambda_2}{\lambda_2}$，对于任意给定的时间 $0<t\leqslant t_1$ 时，$V^{\frac{1-r}{2}}(t) \leqslant \frac{\lambda_1 V^{\frac{1-r}{2}}(t_o)+\lambda_2}{\lambda_2} - \mathrm{e}^{\frac{\lambda_1(1-r)}{2}\times t}$，当 $t>t_1$ 时，$V(t)\equiv 0$，即 $\lim\limits_{t\to t_1} z \to 0$，滑动模态在有限时间内收敛至零。再根据式（6.31）可知主、子系统跟踪误差 e_m 指数收敛至零，$\dot{e}_m$ 也指数收敛至零。

定理 6.1 证明完毕。

从定理 6.1 中可以看出，e_m 和 $\dot{e}_m$ 指数收敛至零，因此式（6.27）有 $\ddot{e} + K_d\dot{e} + K_p e=0$，因此只要参数 K_p 和 K_d 选择满足条件，就可以保证系统跟踪误差 e 渐近收敛至零。这也说明了按照图 6.3 设计的虚拟复合轴系统是可以实现稳定控制的，因此，虚拟复合轴控制结构的设计是合理的。

评注 6.3 由于 $z(t)$ 是有界的，所以对于任意的 $t>0$，当 $e_m(0)$ 和 $\dot{e}_m(0)$ 是一个有界的值时，$e_m(t)$ 和 $\dot{e}_m(t)$ 是有界的值。同理，如果 $x_n(0)$ 和 $\dot{x}_n(0)$ 是有界的值，则 $x_n(t)$ 和 $\dot{x}_n(t)$ 是有界的。根据式（6.26）可知，$x(t)$ 和 $\dot{x}(t)$ 是有界的。因此系统的状态变量都是有界的量。

在主系统设计中，采用了 VDOB 估计等效干扰，当参数选取得当时，VDOB 便能够较为准确地估计系统的未知扰动，估计误差 $\Delta d(t) = \left|d_{\text{ext}}(t) - \hat{d}_{\text{eq}}\right|$ 的上界便是一个很小的值。此时控制器的开关增益 $h(\theta,\dot{\theta},t)$ 的上界是一个较小的值，同时，$h(\theta,\dot{\theta},t)$ 也可以实现对补偿误差的抑制和位置信号的跟踪。

主系统控制器设计时，可以通过选择合适的控制器参数调节 z 和 e_m 的收敛速

度。为了减小抖振，便于工程实现，采用式(6.39)连续饱和函数来代替控制律(6.32)中的不连续符号函数，即

$$\mathrm{sat}\left(\frac{x}{\varDelta}\right)=\begin{cases}1, & x>\varDelta \\ \dfrac{x}{\varDelta}, & |x|\leqslant\varDelta \\ -1, & x<-\varDelta\end{cases} \tag{6.39}$$

其中，$\varDelta$ 为边界层厚度，且 $\varDelta>0$。采用边界层控制的方法，控制律（6.32）变为

$$u_c=-k_1z-k_2|z|^r\,\mathrm{sat}\left(\frac{hz}{4\varepsilon}\right)-h(x,\dot{x},t)\cdot\mathrm{sat}\left(\frac{h(x,\dot{x},t)z}{4\varepsilon}\right)+J_a\left(\frac{1}{J_n}u_n-\lambda\dot{x}\right)+B_a\dot{x} \tag{6.40}$$

其中，ε 是一个很小的正实数。

定理 6.2　对于系统(6.18)，若采用式(6.17)、式(6.20)、式(6.33)及式(6.40)时，可得以下结论。

（1）滑动模态 z 的大小指数收敛至一定范围内，且 $\lim\limits_{t\to\infty}|z(t)|\leqslant\sqrt{\dfrac{\varepsilon}{k_1}}$。

（2）误差 e_m 的大小渐近收敛至一定范围内，且 $\lim\limits_{t\to\infty}|e_m(t)|\leqslant\dfrac{1}{\lambda}\sqrt{\dfrac{\varepsilon}{k_1}}$。

（3）$\dot{e}_m(t)$ 渐近收敛，且 $\lim\limits_{t\to\infty}|\dot{e}_m(t)|\leqslant2\sqrt{\dfrac{\varepsilon}{k_1}}$。

证明　选取同式（6.34）相同的 Lyapunov 函数，并对时间求导，将式（6.40）代入其中可得

$$\begin{aligned}\dot{V}&=zJ\dot{z}\\&=z\left[\begin{gathered}-k_1z-k_2|z|^r\,\mathrm{sat}\left(\frac{h(x,\dot{x},t)z}{4\varepsilon}\right)-h(x,\dot{x},t)\,\mathrm{sat}\left(\frac{h(x,\dot{x},t)z}{4\varepsilon}\right)+\\(J_a-J)\left(\frac{1}{J_n}u_n-\lambda\dot{x}\right)+(B_a-B)\dot{x}+\Delta d\end{gathered}\right]\\&\leqslant-k_1z^2-k_2|z|^{r+1}\,\mathrm{sat}\left(\frac{h(x,\dot{x},t)z}{4\varepsilon}\right)-zh(x,\dot{x},t)\,\mathrm{sat}\left(\frac{h(x,\dot{x},t)z}{4\varepsilon}\right)\\&\quad+|z|\left|(J_a-J)\left(\frac{1}{J_n}u_n-\lambda\dot{x}\right)+(B_a-B)\dot{x}+\Delta d\right|\\&\leqslant-k_1z^2-k_2|z|^{r+1}\,\mathrm{sat}\left(\frac{h(x,\dot{x},t)z}{4\varepsilon}\right)-h(x,\dot{x},t)\,\mathrm{sat}\left(\frac{h(x,\dot{x},t)z}{4\varepsilon}\right)z+h(x,\dot{x},t)|z|\end{aligned} \tag{6.41}$$

当 $|z|\geqslant\dfrac{4\varepsilon}{h(x,\dot{x},t)}$ 时，有 $\mathrm{sat}\left(\dfrac{h(x,\dot{x},t)z}{4\varepsilon}\right)=\mathrm{sgn}(z)$。根据定理 6.1 的证明可知，

$\dot{V} \leqslant -k_1 V - k_2 V^{\frac{r+1}{2}} \leqslant 0$成立。因此，$z$ 的大小将在有限时间内指数收敛至$|z| < \dfrac{4\varepsilon}{h(x,\dot{x},t)}$。

当$|z| < \dfrac{4\varepsilon}{h(x,\dot{x},t)}$时，有 $\operatorname{sat}\left(\dfrac{h(x,\dot{x},t)z}{4\varepsilon}\right) = \dfrac{h(x,\dot{x},t)z}{4\varepsilon}$，则

$$
\begin{aligned}
\dot{V} &\leqslant -k_1 z^2 - \frac{k_2 h(x,\dot{x},t)|z|^{r+2}}{4\varepsilon} - \frac{h^2(x,\dot{x},t)|z|^2}{4\varepsilon} + h(x,\dot{x},t)|z| \\
&= -k_1 z^2 - \frac{k_2 h(x,\dot{x},t)|z|^{r+2}}{4\varepsilon} - \frac{1}{\varepsilon}\left(\frac{h(x,\dot{x},t)|z|}{2} - \varepsilon\right)^2 + \varepsilon \\
&\leqslant -k_1 z^2 - \frac{1}{\varepsilon}\left(\frac{h(x,\dot{x},t)|z|}{2} - \varepsilon\right)^2 + \varepsilon \\
&\leqslant -\frac{2k_1}{J}V + \varepsilon
\end{aligned} \tag{6.42}
$$

因此

$$
z^2(t) \leqslant z^2(0)\exp\left(-\frac{2k_1}{J}t\right) + \frac{\varepsilon}{k_1}\left[1 - \exp\left(-\frac{2k_1}{J}t\right)\right] \tag{6.43}
$$

则有

$$
\lim_{t\to\infty}|z(t)| \leqslant \sqrt{\varepsilon / k_1} \tag{6.44}
$$

滑动模态 z 以指数速率收敛到有界区域内，根据滑动函数定义式（6.31）可得

$$
\begin{cases}
\lim\limits_{t\to\infty}|e_m(t)| \leqslant \dfrac{1}{\lambda}\sqrt{\varepsilon / k_1} \\
\lim\limits_{t\to\infty}|\dot{e}_m(t)| \leqslant 2\sqrt{\varepsilon / k_1}
\end{cases} \tag{6.45}
$$

定理 6.2 证明完毕。

评注 6.4 由定理 6.2 可知，当采用饱和函数设计控制律时，位置信号跟踪误差将会收敛至一个边界内。边界的大小与ε和 k_1 有关。ε越小，k_1 越大则边界越小，误差 e_m 也越小，干扰估计得会更精确。但是过小的ε会更贴近符号函数从而失去采用饱和函数的意义。过大的 k_1 对于实际系统存在一定频率的机械谐振的情况，有可能使系统不稳定。因此，在实际系统中需要反复调节ε和 k_1 使得在保证系统稳定的前提下抖振较小。光滑处理后，可以缓解滑模控制的抖振问题，但是系统的运动轨迹 z，e_m 及 $\dot{e}_m$ 不是收敛于 0，而是收敛至一个有界的范围。对于二阶误差系统式（6.27），根据假设 6.1 可知，由于$|\ddot{e}_m(t)| \leqslant \ell_{e_m}$，可知$|e(t)| \leqslant \ell_e$，$\forall t \in [0,\infty)$，其中 ℓ_e 是 $e(t)$的上界。因此，虚拟复合轴控制系统是稳定的，这样相当于放宽了系统设计的保守性。

2. 基于有限时间收敛的自适应滑模控制器的设计

由于光电跟踪稳定平台系统中所受到的干扰源具有不确定性，例如，无法用定常参数来描述系统高频未建模动态，无法获得线性化的摩擦模型等，在参数估计时往往会出现不收敛的现象，因此采用将滑模控制方法同自适应控制方法相结合，在线的估计未知参数，以获得高精度的伺服控制。

对于系统（6.18），取如下控制律和参数自适应律：

$$u_c = -k_1 z - k_2 |z|^r \operatorname{sgn}(z) - \psi \operatorname{sgn}(z) - \frac{J_n - \hat{J}}{J_n} u_n + \hat{B}\dot{x} - \lambda \hat{J}\dot{x} \tag{6.46}$$

$$\begin{cases} \dot{\hat{J}} = r_1 \left(\lambda \dot{x} - \dfrac{1}{J_n} u_n \right) z - r_1 \alpha_{k1} \\ \dot{\hat{B}} = -r_2 (\dot{x} z + \alpha_{k2}) \end{cases} \tag{6.47}$$

其中，$\hat{J}$ 和 $\hat{B}$ 分别为参数 J 和 B 的估计值。$K, \psi, r_1, r_2, \alpha_{k1}$ 和 α_{k2} 是正实数。

为了准确地估计滑模切换项的系数 ψ，主系统在原有 VDOB 的基础上引入二次 VDOB，其结构如图 6.10 所示，其中，二次 VDOB 中的 g_c^* 与原 VDOB 中的 g_c 取不同的值，且满足 $g_c^* > g_c$，$\Delta\hat{D}$ 是 ΔD 的估计值，用来帮助估计系数 ψ。

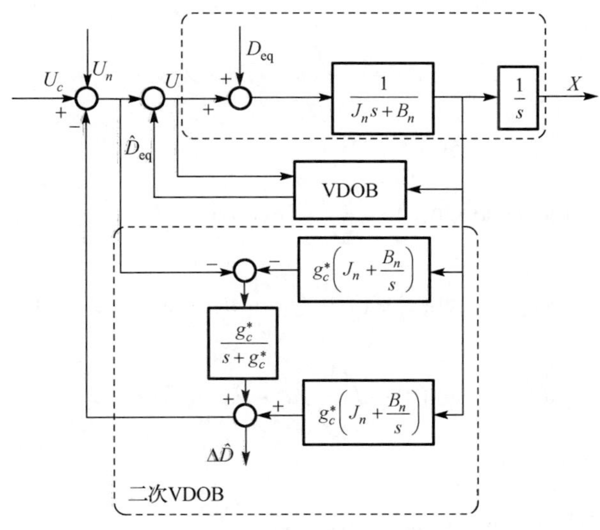

图 6.10　DOB 二次输出观测值

假设 6.2　$\Delta d = \Delta\hat{d} + \mu$，$\mu$ 是一个有界的正常数，则 $|\Delta d| \leqslant |\Delta\hat{d}| + |\mu|$。

假设 6.3　定义 $\bar{\psi} = |\Delta\hat{d}| + |\mu|$。假设 $\bar{\psi}$ 的变化率为 $|\dot{\bar{\psi}}| \leqslant \eta$，其中，$\eta$ 是一个有界的常数，则 $|\Delta d(t)|$ 的变化率也是有界。

定义ψ的自适应律具有如式（6.48）的形式：

$$\dot{\psi}=\begin{cases}-\eta, & \psi>\left|\Delta\hat{d}\right|+|\mu| \\ r_3 z\operatorname{sgn}(z)+\eta, & \psi\leqslant\left|\Delta\hat{d}\right|+|\mu|\end{cases}\tag{6.48}$$

其中，r_3是一个小的正常数。

定义$\tilde{J}=\hat{J}-J$，$\tilde{B}=\hat{B}-B$，则$\dot{\tilde{J}}=\dot{\hat{J}}$，$\dot{\tilde{B}}=\dot{\hat{B}}$。

定理 6.3　对于系统（6.18），采用式（6.17）、式（6.20）、式（6.46）、式（6.47）和式（6.48）设计u_c，则滑动模态z的大小在有限时间内收敛至零，主、子系统的跟踪误差e_m和$\dot{e}_m$也分别指数收敛至零。

证明　定义一个正定的 Lyapunov 函数（6.49）：

$$V(z)=\frac{1}{2}Jz^2+\frac{1}{2r_1}\tilde{J}^2+\frac{1}{2r_2}\tilde{B}^2+\frac{1}{2r_3}(\psi-\overline{\psi})^2\tag{6.49}$$

$$\begin{aligned}J\dot{z}&=J[(\ddot{x}-\ddot{x}_n)+\lambda(\dot{x}-\dot{x}_n)]\\&=(J\ddot{x}+B\dot{x})-\frac{J}{J_n}(J_n\ddot{x}_n+B_n\dot{x}_n)-B\dot{x}+\lambda J\dot{x}\\&=u_c+d_{\text{ext}}-\hat{d}_{\text{eq}}+u_n-\frac{J}{J_n}u_n-B\dot{x}+\lambda J\dot{x}\\&=u_c+\Delta d+\frac{J_n-J}{J_n}u_n-B\dot{x}+\lambda J\dot{x}\end{aligned}\tag{6.50}$$

将式（6.46）代入式（6.50）可得

$$\begin{aligned}J\dot{z}&=-k_1z-k_2|z|^r\operatorname{sgn}(z)-\psi\operatorname{sgn}(z)-\frac{J_n-\hat{J}}{J_n}u_n+\hat{B}\dot{x}-\lambda\hat{J}\dot{x}+\frac{J_n-J}{J_n}u_n-B\dot{x}+\lambda J\dot{x}+\Delta d\\&=-k_1z-k_2|z|^r\operatorname{sgn}(z)-\psi\operatorname{sgn}(z)+(\hat{J}-J)\left(\frac{1}{J_n}u_n-\lambda\dot{x}\right)+(\hat{B}-B)\dot{x}+\Delta d\\&=-k_1z-k_2|z|^r\operatorname{sgn}(z)-\psi\operatorname{sgn}(z)+\tilde{J}\left(\frac{1}{J_n}u_n-\lambda\dot{x}\right)+\tilde{B}\dot{x}+\Delta d\end{aligned}\tag{6.51}$$

对式（6.49）求导，得

$$\begin{aligned}\dot{V}(z)&=zJ\dot{z}+\frac{1}{r_1}\tilde{J}\dot{\tilde{J}}+\frac{1}{r_2}\tilde{B}\dot{\tilde{B}}+\frac{1}{r_3}(\psi-\overline{\psi})(\dot{\psi}-\dot{\overline{\psi}})\\&=-k_1z^2-k_2|z|^{r+1}-\psi z\operatorname{sgn}(z)+\tilde{J}z\left(\frac{1}{J_n}u_n-\lambda\dot{x}\right)+\tilde{B}z\dot{x}+\frac{1}{r_1}\tilde{J}\dot{\hat{J}}+\frac{1}{r_2}\tilde{B}\dot{\hat{B}}\\&\quad+\frac{1}{r_3}(\psi-\overline{\psi})(\dot{\psi}-\dot{\overline{\psi}})+z\Delta d\end{aligned}$$

$$=-k_1z^2-k_2|z|^{r+1}-\psi z\operatorname{sgn}(z)+\tilde{J}\left[z\left(\frac{1}{J_n}u_n-\lambda\dot{x}\right)+\frac{1}{r_1}\dot{\hat{J}}\right]+\tilde{B}\left(z\dot{x}+\frac{1}{r_2}\dot{\hat{B}}\right)$$

$$+\frac{1}{r_3}(\psi-\bar{\psi})(\dot{\psi}-\dot{\bar{\psi}})+z\Delta d \tag{6.52}$$

引入两个参数 $\alpha_{k1}>0$ 和 $\alpha_{k2}>0$，则有

$$\dot{V}(z)\leqslant -k_1z^2-k_2|z|^{r+1}-\psi z\operatorname{sgn}(z)+\alpha_{k1}|\tilde{J}|-\alpha_{k1}|\tilde{J}|+|\tilde{J}|\left|z\left(\frac{1}{J_n}u_n-\lambda\dot{x}\right)+\frac{1}{r_1}\dot{\hat{J}}\right|$$

$$+\alpha_{k2}|\tilde{B}|-\alpha_{k2}|\tilde{B}|+|\tilde{B}|\left|z\dot{x}+\frac{1}{r_2}\dot{\hat{B}}\right|+\frac{1}{r_3}(\psi-\bar{\psi})\left(\dot{\psi}-\dot{\bar{\psi}}\right)+z\Delta d$$

$$=-k_1z^2-k_2|z|^{r+1}-\psi z\operatorname{sgn}(z)-\alpha_{k1}|\tilde{J}|+|\tilde{J}|\left|z\left(\frac{1}{J_n}u_n-\lambda\dot{x}\right)+\frac{1}{r_1}\dot{\hat{J}}+\alpha_{k1}\right|$$

$$-\alpha_{k2}|\tilde{B}|+|\tilde{B}|\left|z\dot{x}+\frac{1}{r_2}\dot{\hat{B}}+\alpha_{k2}\right|+\frac{1}{r_3}(\psi-\bar{\psi})(\dot{\psi}-\dot{\bar{\psi}})+z\Delta d \tag{6.53}$$

由式（6.47）可知

$$\begin{cases}|\tilde{J}|\left|\left(\dfrac{1}{J_n}u_n-\lambda\dot{x}\right)z+\dfrac{1}{r_1}\dot{\hat{J}}+\alpha_{k1}\right|=0\\[2ex]|\tilde{B}|\left|z\dot{x}+\dfrac{1}{r_2}\dot{\hat{B}}+\alpha_{k2}\right|=0\end{cases} \tag{6.54}$$

将式（6.54）代入式（6.53），可得

$$\dot{V}(z)=-k_1z^2-k_2|z|^{r+1}-\psi z\operatorname{sgn}(z)-\alpha_{k1}|\tilde{J}|-\alpha_{k2}|\tilde{B}|+\frac{1}{r_3}(\psi-\bar{\psi})(\dot{\psi}-\dot{\bar{\psi}})+z\Delta d \tag{6.55}$$

为了确定 $\dot{V}(z)$ 的大小，需要重点讨论一下 ψ 和 $\bar{\psi}$ 的大小关系。

（1）当 $\bar{\psi}<\psi$ 时，即 $|\Delta\hat{d}|+|\mu|<\psi$，此时 $\dot{\psi}=-\eta$。根据 $|\dot{\bar{\psi}}|\leqslant\eta$，可知 $\frac{1}{r_3}(\psi-\bar{\psi})(\dot{\psi}-\dot{\bar{\psi}})=\frac{1}{r_3}(\psi-\bar{\psi})(-\eta-\dot{\bar{\psi}})\leqslant 0$，因此式（6.55）可变为

$$\begin{aligned}\dot{V}(z)&\leqslant -k_1z^2-k_2|z|^{r+1}-\alpha_{k1}|\tilde{J}|-\alpha_{k2}|\tilde{B}|-\psi z\operatorname{sgn}(z)+z\Delta d\\&\leqslant -k_1z^2-k_2|z|^{r+1}-\alpha_{k1}|\tilde{J}|-\alpha_{k2}|\tilde{B}|-|z|(\psi-\Delta d)\\&\leqslant -k_1z^2-k_2|z|^{r+1}-\alpha_{k1}|\tilde{J}|-\alpha_{k2}|\tilde{B}|-|z|\left(\psi-|\Delta d|\right)\\&\leqslant -k_1z^2-k_2|z|^{r+1}-\alpha_{k1}|\tilde{J}|-\alpha_{k2}|\tilde{B}|-\mu|z|\end{aligned} \tag{6.56}$$

（2）当 $\bar{\psi} \geqslant \psi$ 时，即 $\left|\Delta\hat{d}\right| + |\mu| \geqslant \psi$，此时 $\dot{\psi} = r_3 z\,\mathrm{sgn}(z) + \eta$。根据 $\left|\dot{\bar{\psi}}\right| \leqslant \eta$，有

$$\begin{aligned}\frac{1}{r_3}(\psi - \bar{\psi})(\dot{\psi} - \dot{\bar{\psi}}) &= \frac{1}{r_3}(\psi - \bar{\psi})\left(r_3 z\,\mathrm{sgn}(z) + \eta - \dot{\bar{\psi}}\right) \\ &\leqslant \frac{1}{r_3}(\psi - \bar{\psi})(\eta - \dot{\bar{\psi}}) + (\psi - \bar{\psi}) z\,\mathrm{sgn}(z) \\ &\leqslant (\psi - \bar{\psi}) z\,\mathrm{sgn}(z)\end{aligned} \tag{6.57}$$

根据式（6.57），式（6.55）可变为

$$\begin{aligned}\dot{V}(z) &\leqslant -k_1 z^2 - k_2 |z|^{r+1} - \alpha_{k1}\left|\tilde{J}\right| - \alpha_{k2}\left|\tilde{B}\right| - \psi z\,\mathrm{sgn}(z) + (\psi - \bar{\psi}) z\,\mathrm{sgn}(z) + z\Delta d \\ &\leqslant -k_1 z^2 - k_2 |z|^{r+1} - \alpha_{k1}\left|\tilde{J}\right| - \alpha_{k2}\left|\tilde{B}\right| - |z|(\psi - \psi + \bar{\psi}) + z\Delta d \\ &\leqslant -k_1 z^2 - k_2 |z|^{r+1} - \alpha_{k1}\left|\tilde{J}\right| - \alpha_{k2}\left|\tilde{B}\right| - |z|(\bar{\psi} - \Delta d) \\ &\leqslant -k_1 z^2 - k_2 |z|^{r+1} - \alpha_{k1}\left|\tilde{J}\right| - \alpha_{k2}\left|\tilde{B}\right| - |z|\left(\bar{\psi} - |\Delta d|\right) \\ &\leqslant -k_1 z^2 - k_2 |z|^{r+1} - \alpha_{k1}\left|\tilde{J}\right| - \alpha_{k2}\left|\tilde{B}\right| - \mu|z|\end{aligned} \tag{6.58}$$

根据式（6.56）和式（6.58）可知

$$\begin{aligned}\dot{V}(z) &\leqslant -k_1 z^2 - k_2 |z|^{r+1} - \alpha_{k1}\left|\tilde{J}\right| - \alpha_{k2}\left|\tilde{B}\right| - \mu|z| \\ &\leqslant -\mu|z| - \alpha_{k1}\left|\tilde{J}\right| - \alpha_{k2}\left|\tilde{B}\right| \\ &= -\frac{\sqrt{2}\mu}{\sqrt{J}}\frac{|z|}{\sqrt{2/J}} - \alpha_{k1}\sqrt{2r_1}\frac{\left|\tilde{J}\right|}{\sqrt{2r_1}} - \alpha_{k2}\sqrt{2r_2}\frac{\left|\tilde{B}\right|}{\sqrt{2r_2}} \\ &\leqslant -\frac{\sqrt{2}\mu}{\sqrt{J_M}}\frac{|z|}{\sqrt{2/J}} - \alpha_{k1}\sqrt{2r_1}\frac{\left|\tilde{J}\right|}{\sqrt{2r_1}} - \alpha_{k2}\sqrt{2r_2}\frac{\left|\tilde{B}\right|}{\sqrt{2r_2}} \\ &\leqslant -\alpha V_s^{\frac{1}{2}}\end{aligned} \tag{6.59}$$

其中，$\alpha = \min\left\{\dfrac{\sqrt{2}\mu}{\sqrt{J_M}},\ \alpha_{k1}\sqrt{2r_1},\ \alpha_{k2}\sqrt{2r_2}\right\}$。

因此，可得 $\dot{V} \leqslant -\alpha V^{\frac{1}{2}} \leqslant 0$ 成立，根据引理 2.6，对于任意给定的 t_0，存在一个有限时间 t_1，当 $t_0 \leqslant t \leqslant t_1$ 时，$V^{\frac{1}{2}}(t) \leqslant V^{\frac{1}{2}}(t_0) - \dfrac{\alpha}{2}(t - t_0)$，当满足 $t \geqslant t_1$ 时，$V(t) \equiv 0$，从而滑模面 z 在有限时间内收敛至零，其中，收敛时间为

$$t_1 = t_0 + \frac{2V^{\frac{1}{2}}(t_0)}{\alpha} \tag{6.60}$$

因此，主、子系统的跟踪误差 e_m 指数收敛至零，即 $\lim\limits_{t\to\infty} e_m(t)=0$； $\dot{e}_m$ 也指数收敛至零，即 $\lim\limits_{t\to\infty}\dot{e}_m(t)=0$ 。

定理 6.3 证明完毕。

在实际工程中，为了缓解滑模控制中由于符号函数的频繁切换而引起的抖振现象，控制律（6.46）和式（6.46）中的符号函数 sgn(•) 仍采用式（6.39）形式的饱和函数 sat(•) 来代替，即令

$$u_c=-k_1 z-k_2|z|^r \operatorname{sat}\left(\frac{\psi z}{4\varepsilon}\right)-\psi \operatorname{sat}\left(\frac{\psi z}{4\varepsilon}\right)-\frac{J_n-\hat{J}}{J_n}u_n+\hat{B}\dot{x}-\lambda\hat{J}\dot{x} \tag{6.61}$$

$$\dot{\psi}=\begin{cases}-\eta, & \psi>\left|\Delta\hat{d}\right|+|\mu| \\ r_3 z\operatorname{sat}\left(\dfrac{\psi z}{4\varepsilon}\right)+\eta, & \psi\leqslant\left|\Delta\hat{d}\right|+|\mu|\end{cases} \tag{6.62}$$

定理 6.4　对于系统（6.18），采用式（6.17）、式（6.20）、式（6.47）、式（6.61）和式（6.62）设计 u_c，则滑动模态 z 的大小将渐近收敛至有界范围内，主、子系统的跟踪误差 e_m 和 $\dot{e}_m$ 将渐近收敛至有界范围内。

证明　选择如式（6.49）所示的 Lyapunov 函数，经过类似式（6.50）～式（6.53）的推导，可得

$$\begin{aligned}\dot{V}(z)&\leqslant-k_1 z^2-k_2|z|^{r+1}\operatorname{sat}\left(\frac{\psi z}{4\varepsilon}\right)-\psi z\operatorname{sat}\left(\frac{\psi z}{4\varepsilon}\right)-\alpha_{k1}\left|\tilde{J}\right|-\alpha_{k2}\left|\tilde{B}\right|+\frac{1}{r_3}(\psi-\bar{\psi})(\dot{\psi}-\dot{\bar{\psi}})+z\Delta d\\&\leqslant-k_1 z^2-k_2|z|^{r+1}\operatorname{sat}\left(\frac{\psi z}{4\varepsilon}\right)-\psi z\operatorname{sat}\left(\frac{\psi z}{4\varepsilon}\right)+\frac{1}{r_3}(\psi-\bar{\psi})(\dot{\psi}-\dot{\bar{\psi}})+z\Delta d\end{aligned} \tag{6.63}$$

（1）当 $\bar{\psi}<\psi$ 时，即 $\left|\Delta\hat{d}\right|+|\mu|<\psi$ ，此时 $\dot{\psi}=-\eta$ 。根据 $\left|\dot{\bar{\psi}}\right|\leqslant\eta$ ，可知 $\frac{1}{r_3}(\psi-\bar{\psi})(\dot{\psi}-\dot{\bar{\psi}})=\frac{1}{r_3}(\psi-\bar{\psi})(-\eta-\dot{\bar{\psi}})\leqslant 0$，因此式（6.63）可变为

$$\dot{V}(z)\leqslant-k_1 z^2-k_2 z|z|^r\operatorname{sat}\left(\frac{\psi z}{4\varepsilon}\right)-\psi z\operatorname{sat}\left(\frac{\psi z}{4\varepsilon}\right)+z\Delta d \tag{6.64}$$

当 $|z|\geqslant\frac{4\varepsilon}{\psi}$ 时，有 $\operatorname{sat}\left(\frac{\psi z}{4\varepsilon}\right)=\operatorname{sgn}(z)$ 。根据定理 6.3 的证明可知， $\dot{V}(z)\leqslant-k_1 z^2-k_2|z|^{r+1}\leqslant 0$ ， z 渐近收敛至 $|z|<\frac{4\varepsilon}{\psi}$ 。当 $|z|<\frac{4\varepsilon}{\psi}$ 时，有 $\operatorname{sat}\left(\frac{\psi z}{4\varepsilon}\right)=\frac{\psi z}{4\varepsilon}$ ，则式（6.64）可变形为

$$
\begin{aligned}
\dot{V}(z) &\leqslant -k_1 z^2 - \frac{k_2\psi}{4\varepsilon}|z|^{r+2} - \frac{\psi^2 z^2}{4\varepsilon} + z\Delta d \\
&\leqslant -k_1 z^2 - \frac{k_2\psi}{4\varepsilon}|z|^{r+2} - \left(\frac{\psi^2 z^2}{4\varepsilon} - |z|\psi\right) \\
&= -k_1 z^2 - \frac{k_2\psi}{4\varepsilon}|z|^{r+2} - \frac{1}{\varepsilon}\left(\frac{\psi|z|}{2} - \varepsilon\right)^2 + \varepsilon \\
&\leqslant -k_1 z^2 + \varepsilon
\end{aligned} \tag{6.65}
$$

（2）当 $\bar{\psi} \geqslant \psi$ 时，即 $\left|\Delta\hat{d}\right| + |\mu| \geqslant \psi$，此时 $\dot{\psi} = r_3 z\mathrm{sat}\left(\frac{\psi z}{4\varepsilon}\right) + \eta$。根据 $\left|\dot{\bar{\psi}}\right| \leqslant \eta$，得

$$
\begin{aligned}
\frac{1}{r_3}(\psi - \bar{\psi})(\dot{\psi} - \dot{\bar{\psi}}) &= \frac{1}{r_3}(\psi - \bar{\psi})\left(r_3 z\mathrm{sat}\left(\frac{\psi z}{4\varepsilon}\right) + \eta - \dot{\bar{\psi}}\right) \\
&\leqslant \frac{1}{r_3}(\psi - \bar{\psi})(\eta - \dot{\bar{\psi}}) + (\psi - \bar{\psi})z\mathrm{sat}\left(\frac{\psi z}{4\varepsilon}\right) \\
&\leqslant (\psi - \bar{\psi})z\mathrm{sat}\left(\frac{\psi z}{4\varepsilon}\right)
\end{aligned} \tag{6.66}
$$

根据式（6.66），式（6.63）可变为

$$
\dot{V}(z) \leqslant -k_1 z^2 - k_2 z|z|^r \mathrm{sat}\left(\frac{\psi z}{4\varepsilon}\right) - \psi z\mathrm{sat}\left(\frac{\psi z}{4\varepsilon}\right) + (\psi - \bar{\psi})z\mathrm{sat}\left(\frac{\psi z}{4\varepsilon}\right) + z\Delta d \tag{6.67}
$$

当 $|z| \geqslant \frac{4\varepsilon}{\psi}$ 时，有 $\mathrm{sat}\left(\frac{\psi z}{4\varepsilon}\right) = \mathrm{sgn}(z)$。根据定理 6.3 的证明可知，$z$ 渐近收敛至 $|z| < \frac{4\varepsilon}{\psi}$。当 $|z| < \frac{4\varepsilon}{\psi}$ 时，有 $\mathrm{sat}\left(\frac{\psi z}{4\varepsilon}\right) = \frac{\psi z}{4\varepsilon}$，则式（6.67）可变形为

$$
\begin{aligned}
\dot{V}(z) &\leqslant -k_1 z^2 - \frac{k_2\psi}{4\varepsilon}|z|^{r+2} - \frac{\psi\bar{\psi}z^2}{4\varepsilon} + |z|\bar{\psi} \\
&\leqslant -k_1 z^2 - \frac{k_2\psi}{4\varepsilon}|z|^{r+2} - \frac{1}{\varepsilon}\left(\frac{\psi|z|}{2} - \varepsilon\right)^2 + \varepsilon + |z|(\bar{\psi} - \psi) \\
&\leqslant -k_1 z^2 - \frac{k_2\psi}{4\varepsilon}|z|^{r+2} + \varepsilon + \frac{4\varepsilon}{\psi}(\bar{\psi} - \psi) \\
&\leqslant -k_1 z^2 + \frac{4\varepsilon\bar{\psi}}{\psi} - 3\varepsilon
\end{aligned} \tag{6.68}
$$

显然，由式（6.65）和式（6.68）可知，z 将收敛至一个有界边界层内，同时，e_m 和 $\dot{e}_m$ 也将收敛至有界边界层内。

定理 6.4 证明完毕。

评注 6.5　需要注意的是，由于式（6.68）中的 $\frac{4\varepsilon\overline{\psi}}{\psi}-3\varepsilon$ 比式（6.65）中的 ε 大，所以 $\overline{\psi}\geqslant\psi$ 时 z 收敛的有界边界层的宽度要比 $\overline{\psi}<\psi$ 时 z 收敛的有界边界层的宽度大一些，因此，这里的有界边界层的宽度并不对称。另外，参见评注 6.4，同理可知虚拟复合轴控制系统是稳定的。

为了避免参数估计的不收敛性，并有利于工程实现，在工程应用中将式（6.47）改为式（6.69）的形式：

$$\begin{cases}\dot{\hat{J}}=\mathrm{Proj}_J\left(r_1\left(\lambda\dot{x}-\frac{1}{J_n}u_n\right)z-r_1\alpha_{k1}\right)\\ \dot{\hat{B}}=\mathrm{Proj}_B\left(-r_2(\dot{x}\,z+\alpha_{k2})\right)\end{cases}\tag{6.69}$$

函数 $\mathrm{Proj}_\bullet(v)$ 被定义为

$$\mathrm{Proj}_\bullet(v)=\begin{cases}v, & \bullet_m<\hat{\bullet}<\bullet_M\\ 0, & \hat{\bullet}=\bullet_M,\quad v>0\\ 0, & \hat{\bullet}=\bullet_m,\quad v<0\end{cases}$$

其中，$\bullet_m$ 和 $\bullet_M$ 分别表示的是 $\hat{\bullet}$ 的最小值和最大值。

6.4　实验验证

本节将虚拟复合轴控制策略应用于 4.4.1 节所述的视轴运动控制实验装置上，并通过实验验证虚拟复合轴控制结构的有效性，为进一步的实际应用提供理论依据和实践基础。

6.4.1　实验设置

实验对象为视轴运动控制实验装置的某一轴，其名义模型采用辨识估计得到的名义模型，实验对象硬件的情况如 4.4.1 节中所述。实验将对基于 VDOB 的虚拟复合轴结构下的两种控制策略进行验证：基于有限时间的快速滑模控制策略（记作控制策略 I ）和基于有限时间收敛的自适应滑模控制策略（记作控制策略 II ）。实验共分九种情况完成，如表 6.1 所示。

表 6.1　虚拟复合轴控制实验组成

实验	实验环境	控制策略
1	原环境	不带 VDOB 的虚拟复合轴控制策略
2	原环境	基于 VDOB 的虚拟复合轴控制策略 I
3	原环境	基于 VDOB 的虚拟复合轴控制策略 II

续表

实验	实验环境	控制策略
4	原环境+程序生成的干扰	不带 VDOB 的虚拟复合轴控制策略
5	原环境+程序生成的干扰	基于 VDOB 的虚拟复合轴控制策略 I
6	原环境+程序生成的干扰	基于 VDOB 的虚拟复合轴控制策略 II
7	原环境+程序生成的时延	不带 VDOB 的虚拟复合轴控制策略
8	原环境+程序生成的时延	基于 VDOB 的虚拟复合轴控制策略 I
9	原环境+程序生成的时延	基于 VDOB 的虚拟复合轴控制策略 II

在实验 1、实验 4 和实验 7 中采用不带 VDOB 的虚拟复合轴结构下的控制策略，主、子系统的控制律采用式（6.40）和式（6.30）；基于 VDOB 的虚拟复合轴控制策略 I 中的主、子系统的控制律采用式（6.40）和式（6.30）；基于 VDOB 的虚拟复合轴控制策略 II 中的主、子系统的控制律采用式（6.61）和式（6.30）。 实验中采样周期为 1ms，用到的各参数如表 6.2 所示。

表 6.2　实验中控制器相关参数的设置

相关参数	表示符号	数值
比例增益	K_p	25800
微分增益	K_d	10
估计误差的上限	Δd_M	0.01
滑模控制常数增益 1	k_{s1}	0.05
滑模控制常数增益 2	k_{s2}	0.002
正常数	r	0.8
名义模型转动惯量上限	$J_{\max}$	0.00035
名义模型转动惯量下限	$J_{\min}$	0.0001
名义模型阻尼系数上限	$B_{\max}$	0.008
名义模型阻尼系数下限	$B_{\min}$	0.006
自适应律系数	r_1	0.05
自适应律系数	r_2	0.05
自适应律系数	r_3	0.5
正常数	μ	0.001
正常数	η	0.1
常数	g_c	100
常数	g_c^*	200

6.4.2　实验结果及分析

首先进行第一组实验，在原有实验环境下，验证所提控制策略的有效性，即对比和分析实验 1、实验 2 和实验 3 的实验结果。在此实验中干扰来自于实际的机械系统，目标位置值设定为低频动态信号 0.5sin(0.5*2πt)，实验 1、实验 2 和实验 3 的实验结果如图 6.11～图 6.14 所示。

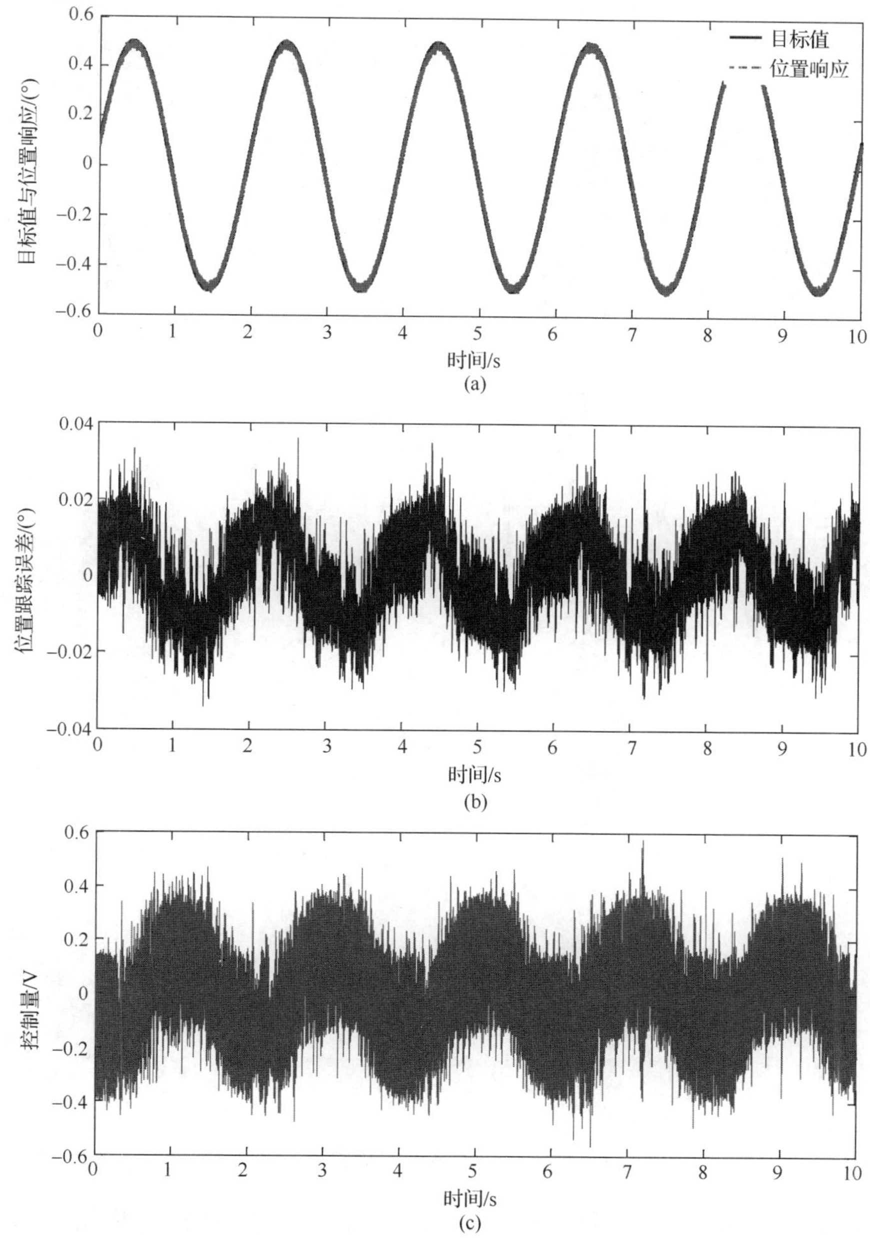

图 6.11　不带 DOB 的虚拟复合轴结构实验结果（输入指令 0.5sin(0.5*2πt)）

伺服系统在低速运行时，摩擦为系统的主要干扰，严重影响了系统的跟踪精度，图 6.11 中位置响应围绕目标值存在抖振现象，尤其是在速度方向发生变化时抖振较严重，这样将严重影响光学设备的成像质量。从控制量来看，不使用 DOB 的虚拟复合轴控制结构的控制输出具有严重的抖振现象，这样将缩短执行机构的使用寿命。

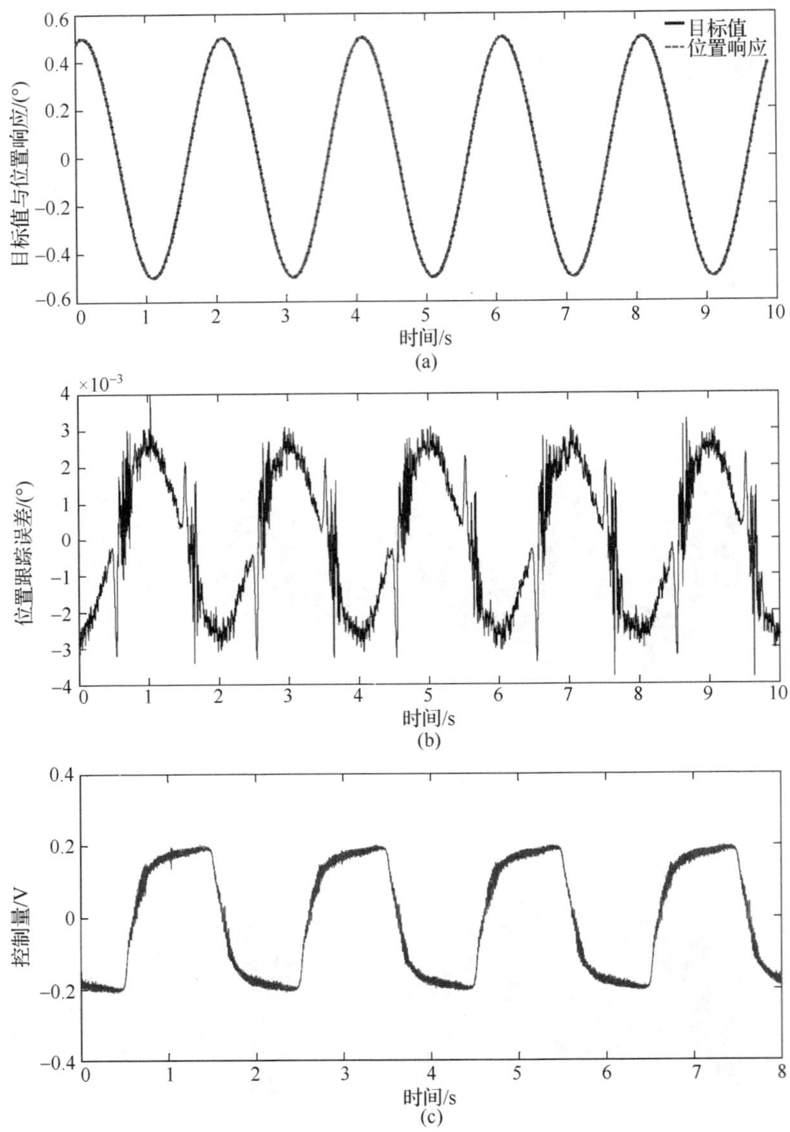

图 6.12　基于 VDOB 的虚拟复合轴控制策略 I 的实验结果（输入指令 $0.5\sin(0.5*2\pi t)$）

由于滑模控制的系统中必然存在抖振现象，若完全消除了抖振，也就消除了滑模控制的抗扰动能力，因此只能在一定程度上减弱抖振现象。本章在虚拟复合轴的结构中引入基于 VDOB 的干扰补偿方法，VDOB 能够估计并补偿系统的未知扰动，估计误差 $\left|d_{\text{ext}}(t)-\hat{d}_{\text{eq}}(t)\right|$ 的上界便是一个很小的值。此时控制器的开关增益 $h(\theta,\dot{\theta},t)$ 取一个较小的

值便可以实现对补偿误差的抑制和位置信号的跟踪，这样也缓解了滑模控制的抖振。从实验结果图 6.12 中可以看出，VDOB 的使用大大减小了系统位置跟踪误差，误差最大值从 0.035 降到 0.003，且位置响应曲线光滑的跟踪目标值，该控制策略提高了系统的跟踪品质；从控制量上来看，由于 VDOB 的引入，控制量中混入的抖振也大大缓解。

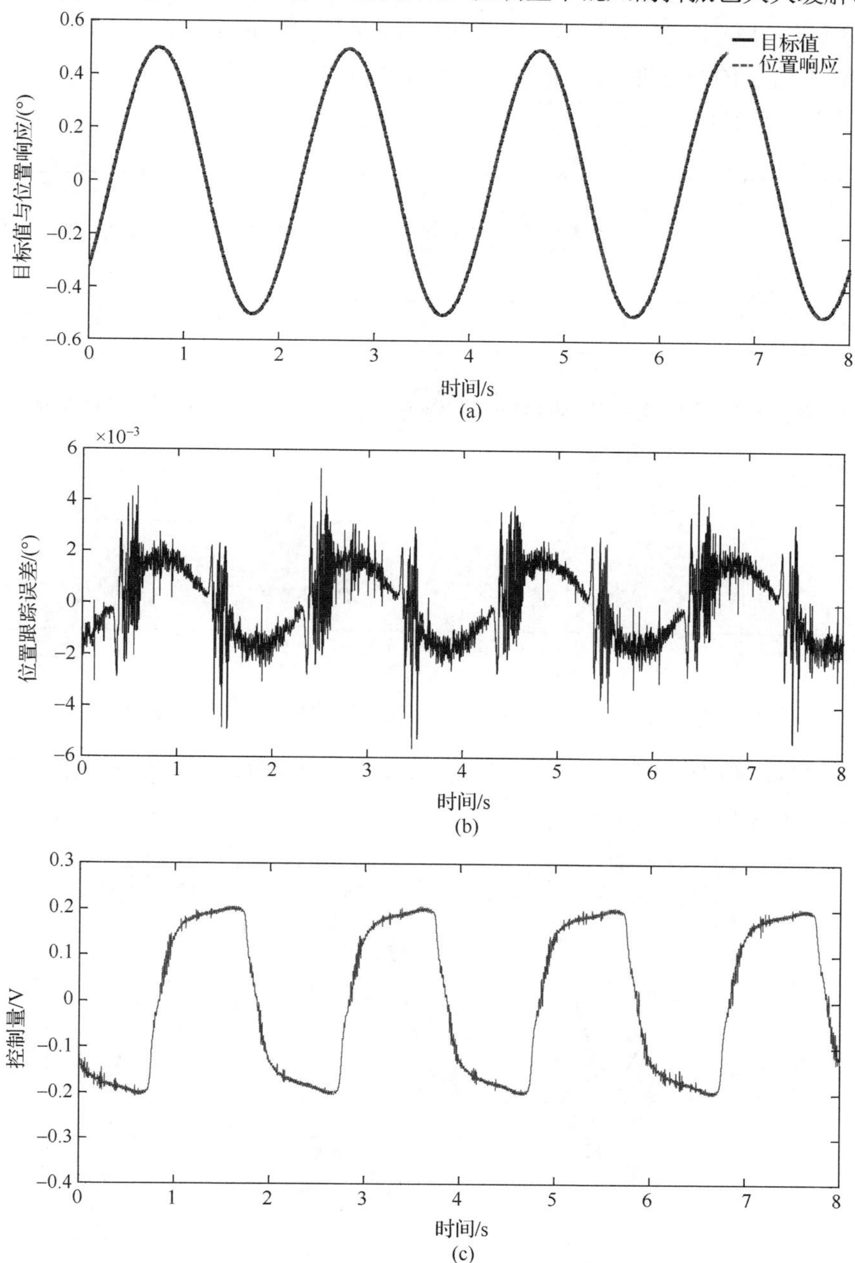

图 6.13　基于 VDOB 的虚拟复合轴控制策略 II 的实验结果（输入指令 $0.5\sin(0.5*2\pi t)$）

从实验结果图 6.13 和图 6.14 可见，当系统输入信号为 0.5sin(0.5*2πt)，位置跟踪误差最大值在 0.004 左右，与基于 VDOB 的虚拟复合轴控制策略 I 下的位置跟踪误最大值相近。对比参数估计曲线可以看出当切换增益估计值变大时，跟踪误差就变小了，反之，切换增益估计值变小时，跟踪误差则增大，因此可知滑模控制的切换项通过不断的变化实现对部分干扰的抑制。而从控制量上看，控制量中的抖振现象与图 6.12 所示的情况相比明显减小，这是由于采用在线估计切换增益ψ，切换增益随误差变化而变化的缘故。

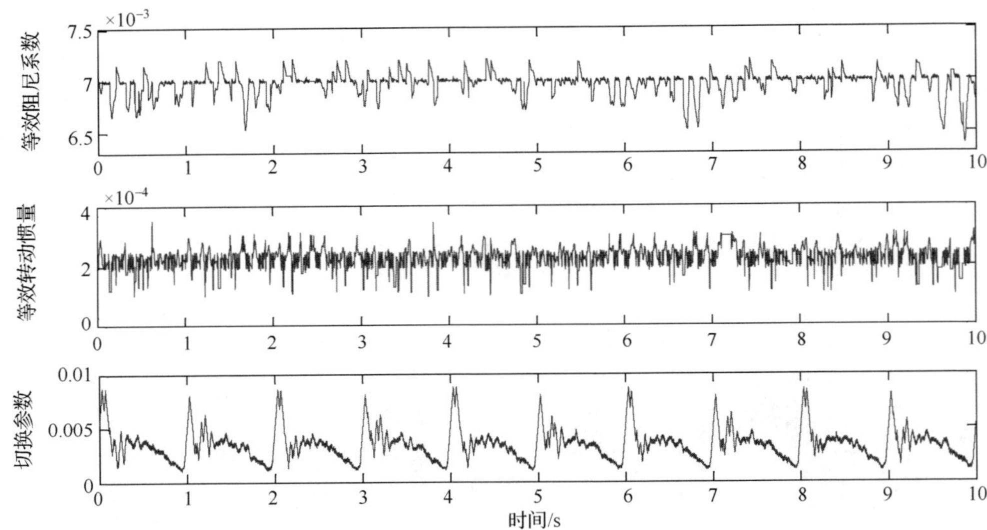

图 6.14　J_n、B_n及切换参数ψ的估计值曲线（输入指令 0.5sin(0.5*2πt)）

接下来目标位置值采用动态信号 0.5sin(4*2πt)，同样重复进行上述三个实验，实验结果如图 6.15～图 6.17 所示。

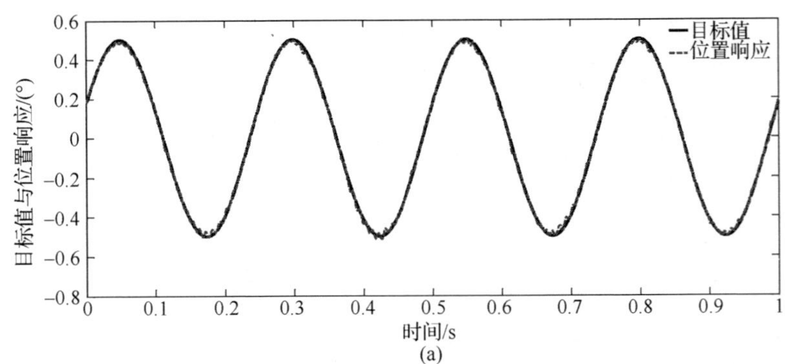

(a)

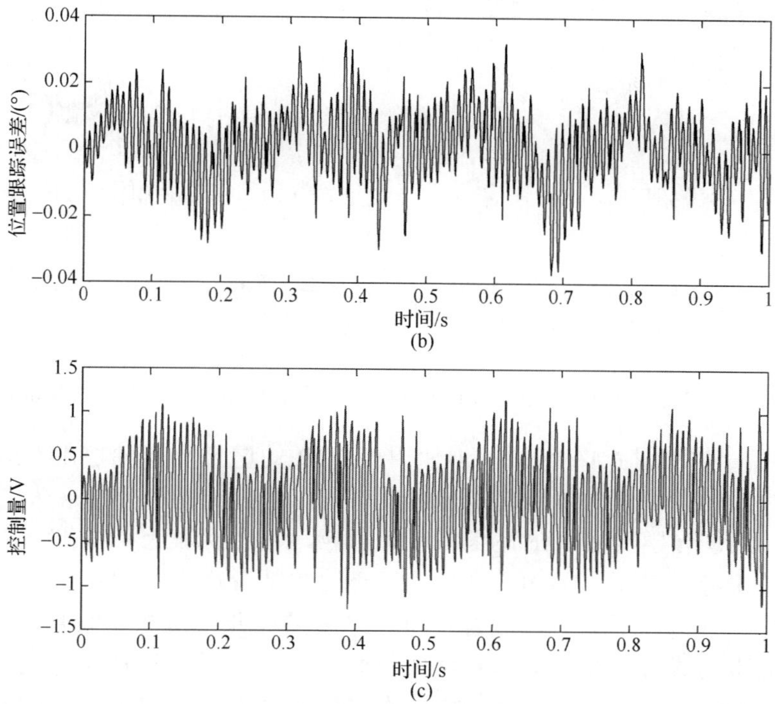

图 6.15　不使用 DOB 的虚拟复合轴结构实验结果（输入指令 $0.5\sin(4*2\pi t)$）

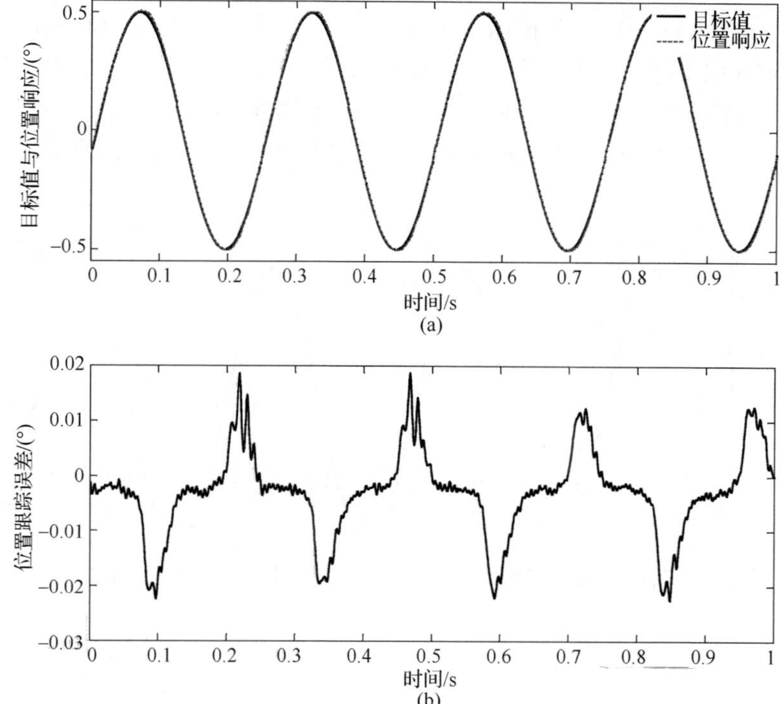

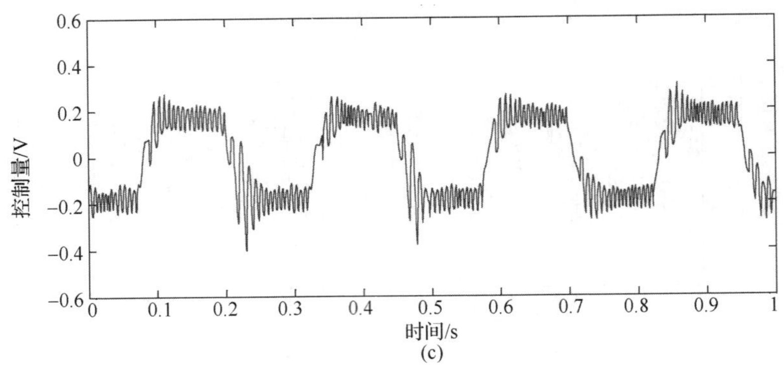

(c)

图 6.16　基于 VDOB 的虚拟复合轴控制策略 I 的实验结果（输入指令 $0.5\sin(4*2\pi t)$）

综合图 6.15 和图 6.16 可知，不使用 VDOB 的虚拟复合轴控制策略无法保证位置响应曲线的平滑，这将引起视轴的晃动，影像在成像介质上会发生旋转或平移等现象，致使光学设备上的影像模糊，影响运动目标信息的获取，无法保证对目标的有效跟踪。基于 VDOB 的虚拟复合轴控制策略 I 不但保证了位置响应曲线的平滑性而且提高了系统的跟踪精度，从位置结果上分析，使用 VDOB 可以保证平台伺服的成像效果，抑制光学成像装置因为抖动而造成影像的模糊。从控制量上看，图 6.16 比图 6.15 的控制量曲线更加平稳，有利于执行机构使用，更适合实际应用。

从实验结果图 6.17 和图 6.18 可以看出：当系统输入信号为 $0.5\sin(4*2\pi t)$时，采用基于 VDOB 的虚拟复合轴控制策略 II，位置跟踪误差最大值略小于图 6.16 所示情况，而控制量的抖振现象要小于图 6.16 所示的情况。这说明自适应滑模控制对参数变化具有一定的鲁棒稳定性，同时，当信号频率改变时，跟踪误差仍然很小。

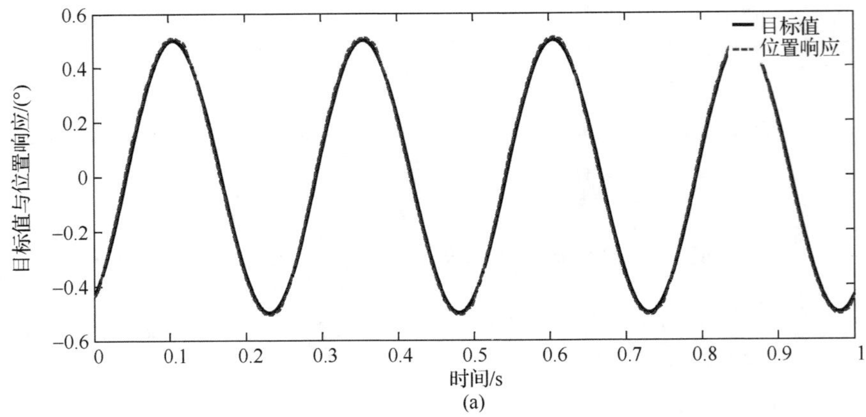

(a)

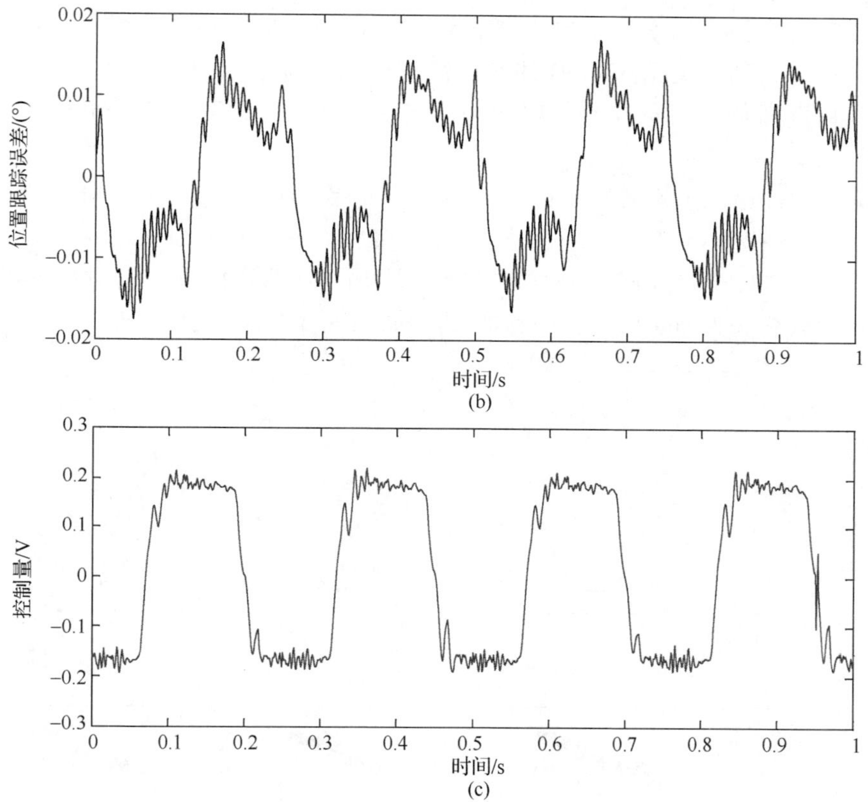

图 6.17　基于 VDOB 的虚拟复合轴控制策略 II 的实验结果（输入指令 0.5sin(4*2πt)）

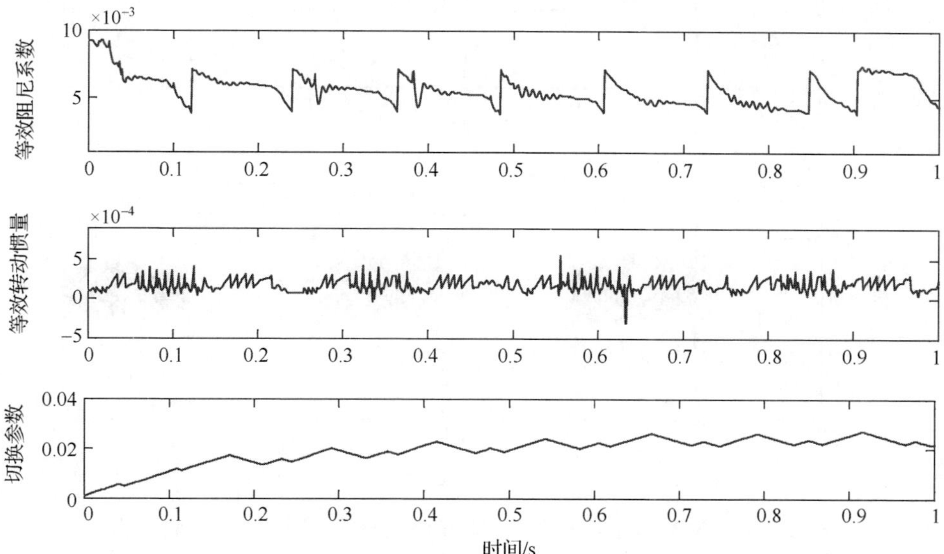

图 6.18　J_n、B_n 及切换参数 ψ 的估计值曲线（输入指令 0.5sin(4*2πt)）

通过上述实验可以看出，虚拟复合轴结构在提高伺服系统的跟踪精度上具有一定的优势，尤其是使用 VDOB 的快速滑模虚拟复合轴结构可以提高位置跟踪的平稳度和精度，如果将该控制策略应用于实际系统中，将可以保证光学设备的成像质量。

接下来进行第二组实验：验证平台伺服系统在突加外干扰的影响下，跟踪给定目标值的运动情况。

与第 4 章实验相同，通过程序实现在系统中加入如图 4.18 所示的方波干扰信号，目标输入指令选取为 $\sin(0.1*2\pi t)$，实验结果如图 6.19～图 6.21 所示。

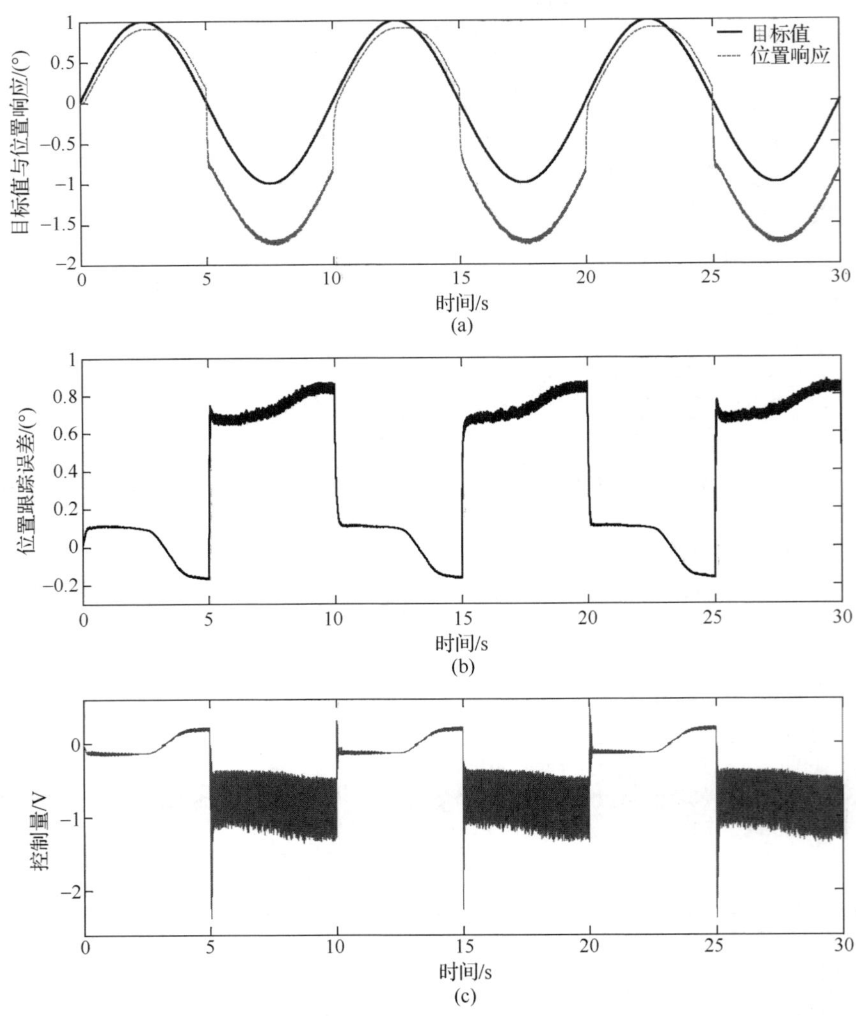

图 6.19　不带 VDOB 虚拟复合轴控制策略实验结果图（加入方波干扰）

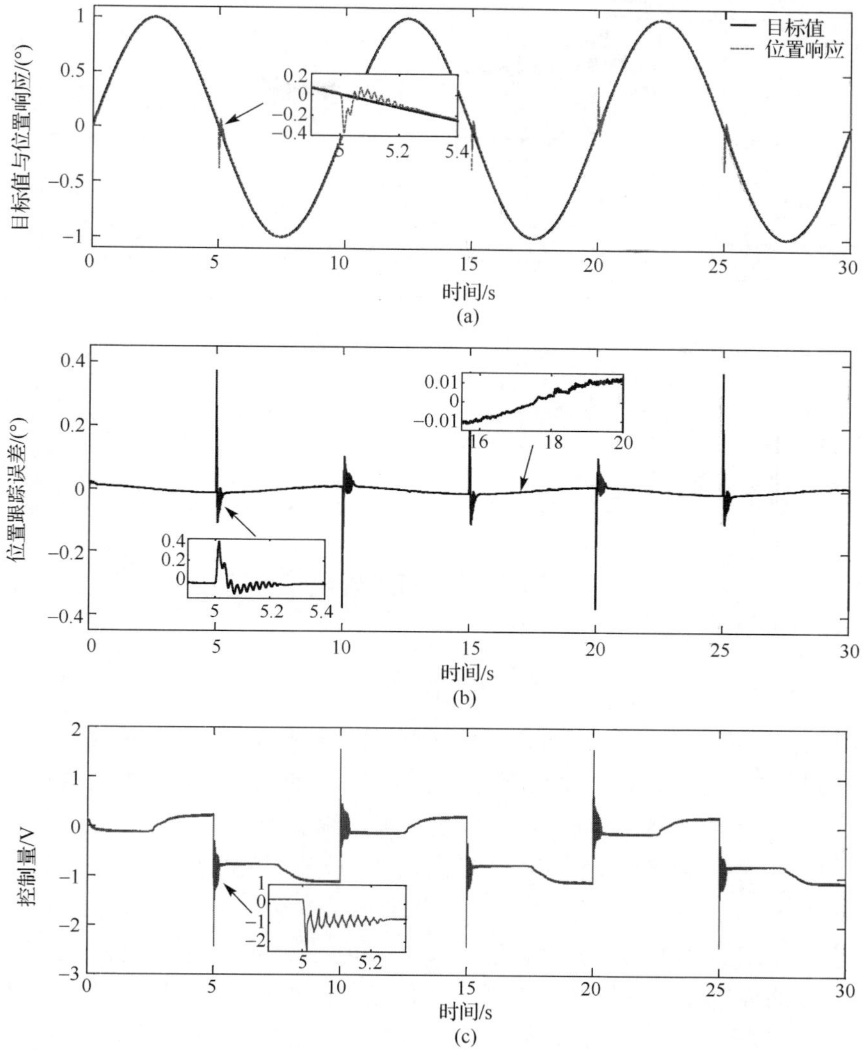

(a)

(b)

(c)

图 6.20　基于 VDOB 的虚拟复合轴控制策略 I 的实验结果（加方波干扰）

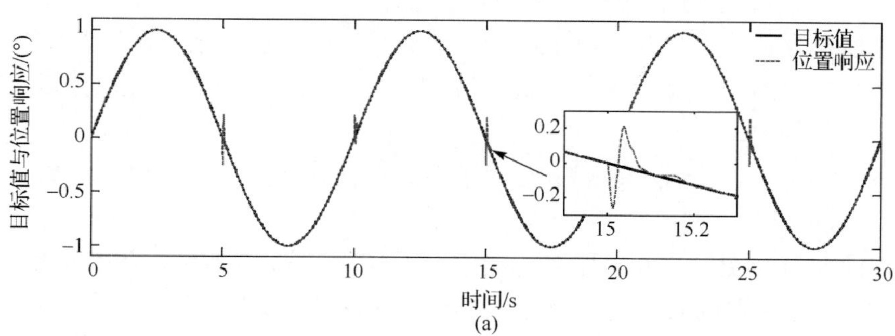

(a)

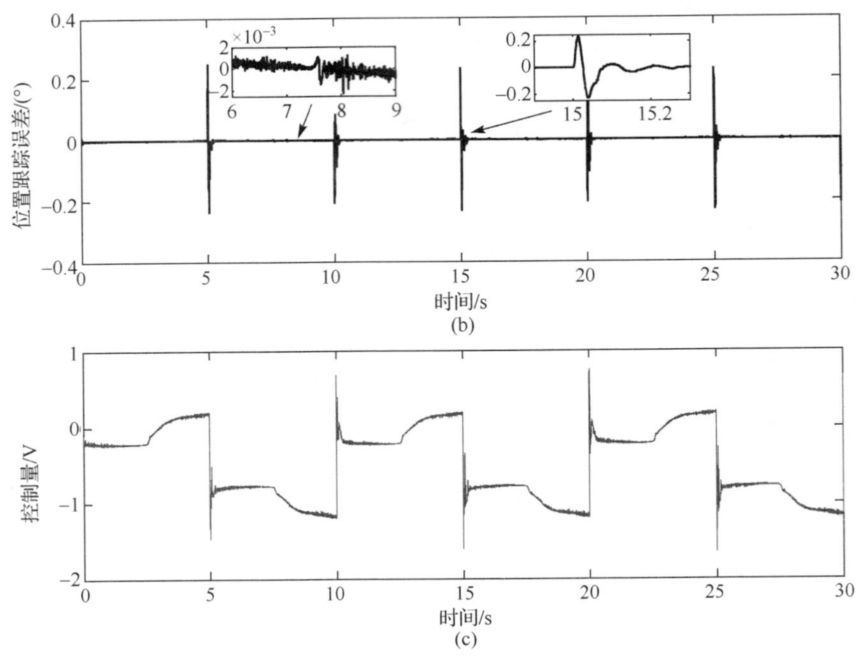

图 6.21　基于 VDOB 的虚拟复合轴控制策略Ⅱ的实验结果（加方波干扰）

从图 6.19 可见，系统运行到 5s 后，由于外加干扰的引入，位置跟踪误差从 0.1 突然增大到 0.9，与此同时，控制量也随之增加，并呈现幅值较大的抖振现象。此时该控制策略已经无法实现对目标的有效跟踪。综合图 6.20 和图 6.21 可知，采用基于 VDOB 的虚拟复合轴控制策略，当系统受到外界突加的干扰时，位置响应曲线在干扰突变点处出现波动现象，此时位置跟踪误差突然加大，但是经过 0.2s 后重新进入稳定跟踪状态，两种情况的稳态跟踪误差也几乎相同，且满足控制精度要求，基于 VDOB 的虚拟复合轴控制下的两者控制策略都能够保证跟踪曲线的平滑性，实现光电系统的视轴在受到突发动态扰动影响时的稳定性，保证光学设备的成像质量。从控制量角度分析，随着干扰的突然增大，控制量输出值也增大，图 6.20 的控制输出曲线的波动现象大于图 6.21 的控制曲线，经过一小段时间后，两者控制策略下的控制量虽然存在微小的抖振，但是曲线仍然比较光滑。总的来说，基于 VDOB 的虚拟复合轴控制策略对突然加入的干扰有较好的鲁棒性，可以满足光电跟踪稳定平台系统稳定成像的要求。

最后进行第三组实验：验证平台伺服系统存在输入延时干扰时，跟踪给定目标值的运动情况。

在前面章节介绍过，光电跟踪稳定平台系统中目标位置指令信号是由脱靶量解算获得的，但是脱靶量的时延问题造成了相位的滞后，限制了系统位置带宽的提高，增加了跟踪控制回路的设计难度，且在跟踪运动目标时，滞后量的存在严重影响了控制系统的稳定性和跟踪精度，因此在本章控制策略的验证过程中，仍然要考虑当闭环控制系统存在延时时，控制策略的有效性。

本实验仍然按第 4 章中实验三所述方法将时延引入系统中，在系统具有输入时延的情况下考虑控制策略的效果性。在光电跟踪稳定平台系统中引入 20 个控制周期的时延，即时延为 20ms，实验输入指令信号为 sin(0.5*2πt)，实验结果如图 6.22～图 6.24 所示。

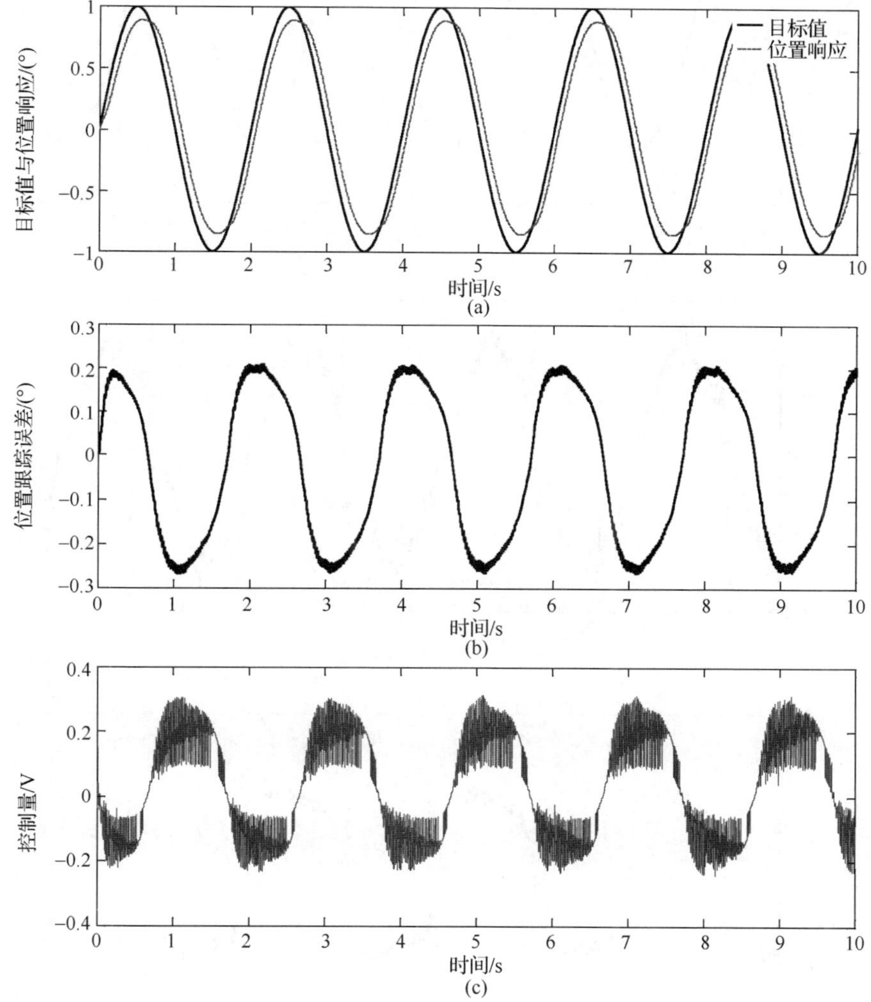

图 6.22　不带 VDOB 虚拟复合轴控制策略实验结果图（加入时延）

从实验结果图 6.22 可以看出，由于系统控制器具有输入延时，位置响应曲线出现了严重的相位滞后现象，致使系统的跟踪误差增大，且控制量抖振现象较严重，因此无法满足实际的工程要求。而图 6.23 虽然跟踪误差也增大了，但是误差范围仍然能满足工程上的控制要求，并且位置跟踪曲线平滑，满足稳定成像的要求；控制量有轻微的抖振，但仍然在可接受范围内。因此，如果把时延看作系统内的一种扰动，那么基于 VDOB 的虚拟复合轴控制策略 I 对时延扰动具有一定干扰抑制能力。

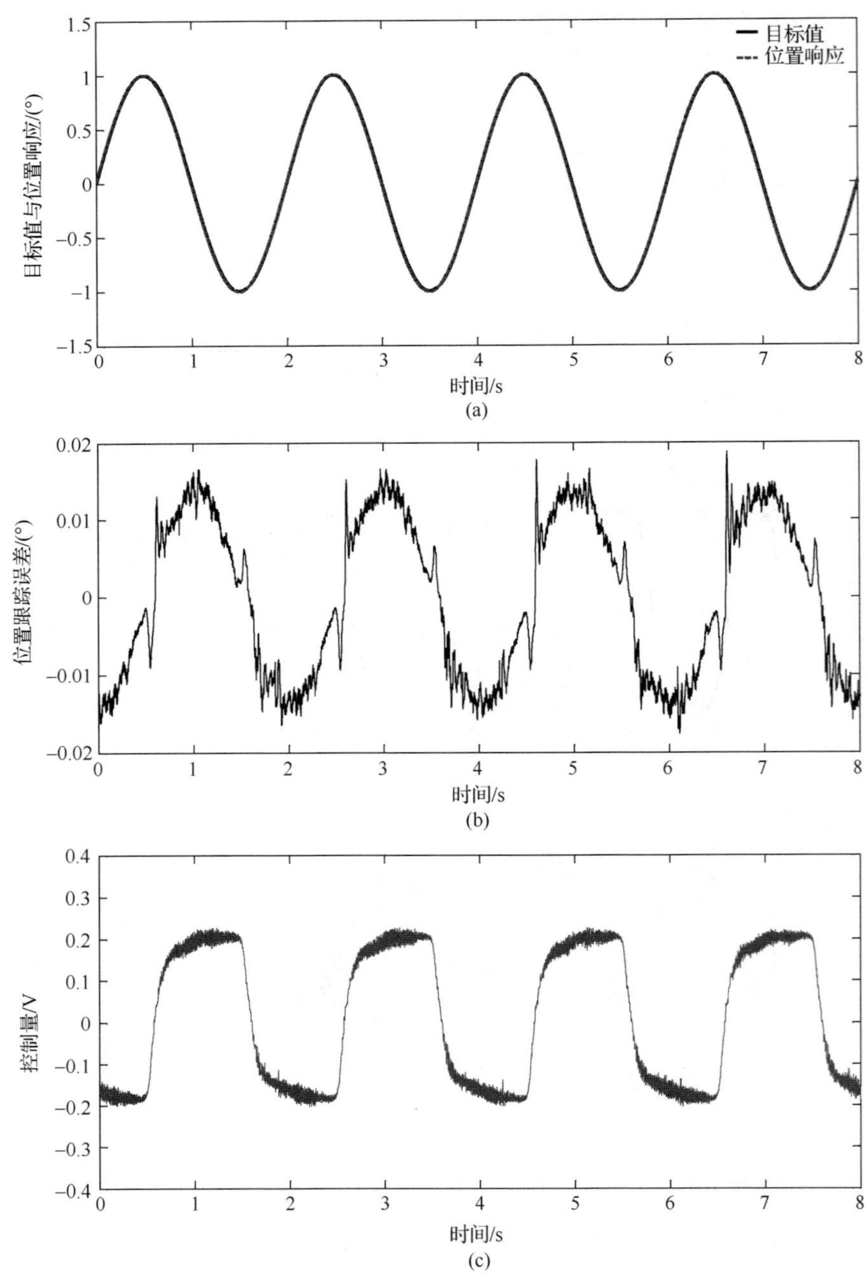

图 6.23　基于 VDOB 的虚拟复合轴控制策略 I 的实验结果（加入时延）

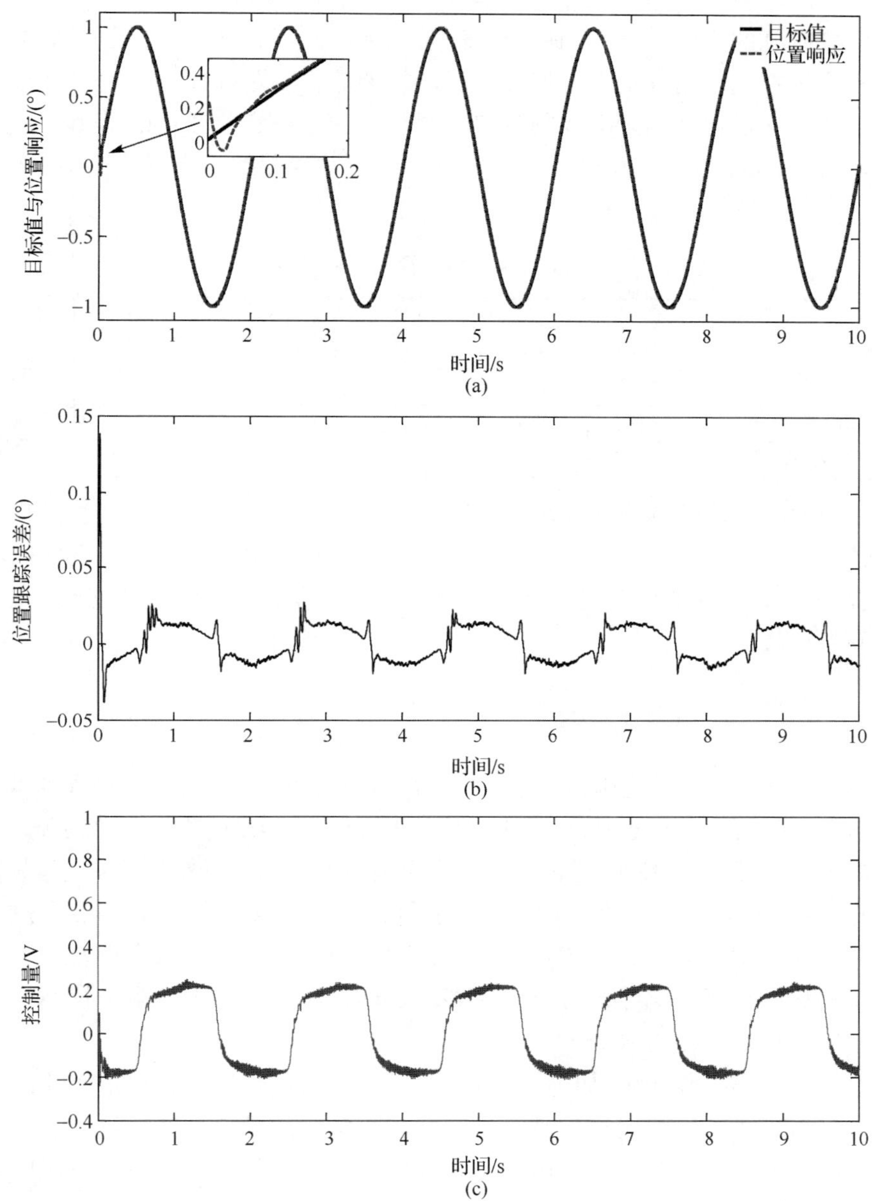

图 6.24　基于 VDOB 的虚拟复合轴控制策略 II 的实验结果（加入时延）

在闭环控制系统中由于时延的存在会严重影响系统的稳定性，如果将时延看做一种干扰信号的话，那么这个实验就是要验证自适应控制策略对时延干扰的鲁棒性。从实验结果图 6.24 可知，系统位置跟踪响应经过波动在 0.15s 后实现稳定跟踪，位置跟踪误差最大值为 0.025，比基于 VDOB 的虚拟复合轴控制策略 I 中的快速滑模控制位置跟踪误差稍大。这是因为系统中由于时延的存在，控制律中需要实时更新的参数受到时延的影响，致使控制效果变差，即便如此，从实验结果可知，基于 VDOB 的虚拟复合轴控制策略 II 仍然能够保证运动框架的稳定跟踪控制。

为了清楚地描述视轴运动控制装置的跟踪特性，在实验数据的一个正弦周期中平均选取 20 个点，对这 20 个点的跟踪误差求取其误差的均方根，其结果如表 6.3 所示。

表 6.3　误差均方根的求取结果

实验内容 / 控制策略	目标跟踪实验（输入指令）/mrad		突加外干扰实验/mrad	引入时延干扰实验/mrad
	$0.5\sin(0.5*2\pi t)$	$0.5\sin(4*2\pi t)$		
不带 VDOB 虚拟复合轴控制策略	0.047	0.119	2.01	0.663
基于 VDOB 的虚拟复合轴控制策略 I	0.007	0.045	0.035	0.047
基于 VDOB 的虚拟复合轴控制策略 II	0.006	0.066	0.003	0.206

基于 VDOB 的虚拟复合轴两种控制策略的实验结果表明，当系统指令信号频率、幅值、系统参数及各种干扰发生变化时，两种控制器都能保证系统稳定，因此本章所提基于 VDOB 的虚拟复合轴结构控制策略可以提高系统的鲁棒性，在工程实现上具有可行性。

6.5　本 章 小 结

光电跟踪稳定平台系统作为先进制导、跟瞄中的关键技术之一，要求其具有高带宽、快速性、高精度、宽范围和强实时性等技术特点。传统的大惯量单轴跟踪架由于结构谐振频率和带宽的限制，无法有效地实现高精度跟踪，而复合轴系统作为多变量控制系统中双通道控制的一种实现结构，利用自身特点有效地提高了跟踪系统的精度。

本章首先介绍了复合轴系统的基本结构理论，从控制结构角度出发，给出了虚拟复合轴的设计思想，结合虚拟复合轴要解决的问题，提出了基于干扰补偿的虚拟复合轴控制结构的实现方式。

接着，针对虚拟复合轴结构，结合有限时间收敛的理论，提出了快速滑模的控制策略，并给出了系统稳定性的理论证明和相关参数的设计条件。然后，在虚拟复合轴结构下，针对系统参数的不确定性，设计了基于有限时间收敛的自适应滑模控制器，给出了时变参数的解算方法。

最后针对两个控制策略进行了一系列的实验，通过分析实验结果，可得以下结论。

（1）本章控制方案对于包括摩擦在内的非线性干扰有很强的抑制能力。

（2）控制器对系统参数的变化，干扰的变化及时延问题，具有很强的鲁棒稳定性。

（3）采用本章控制器，系统的暂态性能能够保证。

（4）系统位置跟踪误差较小，可以保证跟踪性能。

（5）两种控制策略在工程应用上具有可行性。

结 束 语

本书面向光电跟踪系统中的若干问题，从运动控制的角度出发，针对光电跟踪稳定平台机电伺服机构，致力于提高视轴稳定控制和跟踪精度有效方法的分析和研究。除了绪论部分，本书可以分为两个部分：基础分析和综合设计。这两个部分紧密联系，层层深入，又各有侧重，共同构建起先进光电跟踪系统关键技术问题的解决方案。

第一部分主要是分析先进光电跟踪稳定平台系统所体现出来的特性，光电跟踪稳定平台伺服系统中非线性摩擦、力矩耦合及载体运动扰动等因素决定了它是一类难以获得精确模型的复杂非线性不确定系统，从运动学和动力学角度出发，对控制对象的特性进行探讨，分析对象的特点、系统中扰动源的组成和控制中面临的问题。分析影响动基座光电跟踪稳定平台系统稳定成像的主要原因，针对系统的非线性模型采用加性分解原理进行模型分解，从新的角度去讨论建模问题，给定控制器的结构，基于模型参考控制来描述问题，并在此基础上进行控制器的设计研究。

第二部分在第一部分理论分析的基础上，针对实际对象进行干扰补偿环节的设计。保证视轴稳定是光电跟踪稳定平台系统的首要任务，本书打破传统速度稳定闭环的设计思路，将影响视轴稳定的各种干扰统一考虑，采用鲁棒内回路干扰补偿的思想，对等效干扰进行主动补偿，直观地解决系统中存在的问题，从而实现视轴的稳定控制。通过理论和仿真实验的研究，确认了传统的干扰观测器方法对于低频干扰的抑制是有效的，但是对于含有高频分量的干扰，传统干扰观测器的实际效果会有所降低。因此，传统干扰估计方法的有效性与干扰变化率有直接关系，这些方法很难实现对快速变化干扰的有效估计，研究适应各种干扰变化率的干扰观测器的设计方法是干扰补偿技术有待解决的重要问题。本书在分析系统稳定成像的性能后，从总体性能角度出发，研究了两种基于干扰补偿鲁棒内回路的闭环控制系统的设计方案，具体方案如下。

（1）基于加性分解的鲁棒内回路干扰补偿设计方案。先针对系统设计 SMDOB 对干扰进行估计和补偿，在 SMDOB 中引入了带有快速切换作用的控制量，该控制量对系统中快速变化的干扰具有估计和补偿的作用。然后按照加性分解思路，针对干扰补偿后的系统设计了滑模补偿器，将 SMDOB 未估计的干扰完全交由辅系统处理，整定辅系统控制器的参数保证辅系统稳定；从加速度层面上统一控制器的设计方法，保证了跟踪控制器设计的透明性。本部分成果从模型分解角度出发，有效地分离了控制任务，为今后在光电跟踪伺服系统中的广泛应用提供了较全面的理论知识和技术储备。

（2）从控制目标的要求角度出发，提出了基于有限时间收敛思想的干扰估计与补偿的设计方案。对比 LHESO 和 NESO，给出了基于有限时间收敛的 NNESO 的设计方法，NNESO 在保留传统 ESO 对干扰低频估计特性的基础上，从多个层面引入了具有快速收敛性的幂函数及高频快速切换项，实现了高性能的干扰抑制。从齐次系统理论出发，给出了有限时间内 NNESO 稳定收敛性证明。在此基础上研究了便于工程实现的跟踪控制器的设计，给出了 DGSMC 控制器相关参数的求解方法。基于 NNESO 干扰补偿的离散滑模控制方法既拓展了系统的功能，又提高了系统的性能。该方法为保证视轴在光学设备曝光前实现稳定控制提供了理论和技术上的支持。

第三部分从先进控制结构角度出发，提出了虚拟复合轴控制结构的设计思想。在实现干扰补偿的基础上，结合复合轴系统的控制思想，研究虚拟复合轴的控制结构。本书分析了满足虚拟复合轴控制结构系统的设计实现条件，分别给出了主、子系统的设计形式，通过有限时间稳定性理论分析，从理论角度论证了具有虚拟复合轴控制结构系统的稳定收敛条件。另外，针对系统的未知干扰、模型参数辨识不准确及参数随环境变化的情况，提出了基于有限时间的快速滑模控制和自适应滑模控制，给出了两种控制策略的稳定性证明。基于虚拟复合轴的控制策略从控制结构层面上解决对不具备快速反射镜的光电跟踪稳定平台系统的复合轴控制方案，为今后在大惯量单轴跟踪平台中的应用提供了理论依据与技术支持。

到此，本书将视轴稳定和目标跟踪归结为两类控制问题，分别以干扰抑制和跟踪控制为突破点展开研究，并给出了解决方案。全书进行了大量的实验验证，对于每一种提出的方法都通过实验验证其有效性，也在实验中发现其弊端。本书所研究的内容作为理论依据和技术支持，为今后能应用于实际的光电跟踪稳定平台系统奠定了扎实的研究基础。本书的研究成果可直接向应用进行转化。例如，应用于工业、机器人及飞行器控制等伺服控制系统，使之具备更好的控制性能。

本书中涉及研究内容在今后的深化研究方向主要包括以下几个方面。

（1）书中提出了滑模干扰观测器的设计方法，与传统干扰观测器相比，新方法能够有效地估计出干扰中的高频分量。今后还将对其他类型的干扰观测器进行研究。

（2）书中提出基于加性分解的干扰补偿设计方法，改变了以往干扰补偿的思路，利用分解方法，分离控制任务，对干扰实现精细化补偿。从加速度层面上设计跟踪控制器，增加了控制器设计的透明度。今后立足于稳定成像跟踪系统在有限时间间隔内暂态性能的分析，从广义加速度层面出发，将进一步研究有限时间收敛的运动跟踪控制器的设计方法。

（3）书中提出了基于有限时间收敛的扩张状态观测器的设计方法，保证了在有限时间内实现视轴的稳定控制；并在此基础上提出了基于 NNESO 的离散全局滑模控制策略，利用线性外推法获取了系统的相关信息。今后将进一步研究基于有限时间收敛的离散滑模控制策略以获得更好的性能。

（4）书中提出了基于有限时间收敛的虚拟复合轴控制结构的设计方案，并在此结构下提出基于有限时间收敛的快速滑模控制和基于有限时间收敛的自适应滑模控制的两种控制策略。今后还将进一步地直接针对离散系统进行虚拟复合轴控制结构的研究，拓展系统的适用性。

（5）进一步面向其他具体应用进行先进运动控制的研究。

参考文献

[1] 高文. 机载光电平台目标跟踪技术的研究. 长春: 中国科学院长春光学精密机械与物理研究所, 2012.

[2] 施峥嵘. 车载设备视轴稳定与跟踪技术研究. 南京: 东南大学, 2006.

[3] Timothy P R, Megan M B, William E C, et al. Stabilized electro-optical airborne instrumentation platform (SEAIP)// Proceedings of SPIE, 2004: 202-209.

[4] 沈宏海, 黄猛, 李嘉全, 等. 国外先进航空光电载荷的进展与关键技术分析. 中国光学, 2012, 5(1): 20-29.

[5] Miller R, Amidi O, Delouis M. Arctic test flights of the CMU autonomous helicopter // Proceedings of the Association for Unmanned Vehicle Systems, Baltimore, 1999: 1-15.

[6] Simon B, Daniel S, Lewis J P, et al. A database and evaluation methodology for optical flow. International Journal of Computer Vision, 2011, 92(1): 1-31.

[7] 孙丽华. 航空拍摄的种种本领. 百科知识, 2013, 11: 24-26.

[8] 雷金利. 大负载光电稳定平台技术研究. 长春: 长春理工大学, 2009.

[9] Jenkins S T, Hilkert J M. Line of sight stabilization using image motion compensation // Proceedings of SPIE, 1989, 1111: 98-115.

[10] Debruin J C. Feed forward stabilization test bed // Proceedings of SPIE, 1996, 2739(6): 204-214.

[11] 张智勇. 光电稳定伺服机构的关键测控问题研究. 长沙: 国防科学技术大学, 2006.

[12] 吉书鹏, 路学荣. 无人战斗机发展及光电任务载荷关键技术. 飞航导弹, 2012, 10: 3-10.

[13] 成刚, 杨随虎. 无人机机载光电系统综述. 应用光学, 2005, 26(4): 1-4.

[14] 刘洵, 王国华, 毛大鹏, 等. 军用飞机光电平台的研发趋势与技术剖析. 中国光学与应用光学, 2009, 2(4): 269-288.

[15] 刘东培. 无人机的光电载荷与应用分析. 舰船电子工程, 2008, 28(4): 37-39, 108.

[16] 王连明. 机载光电平台的稳定与跟踪伺服控制技术研究. 长春: 中国科学院长春光学精密机械与物理研究所, 2002.

[17] 贾平, 张葆. 航空光电侦察平台关键技术及其发展. 光学精密工程, 2003, 11(1): 82-88.

[18] 邱宝梅, 王凤娟, 王建文. 基于模糊-PID 控制的小型机载摄影稳定平台. 光电工程, 2010, 37(10): 23-28.

[19] 庞新良. 机载光电稳定平台数字控制关键技术研究. 长沙: 国防科学技术大学, 2007.

[20] 刘磊, 光电平台中的 LQ 控制方法研究. 长春: 中国科学院长春光学精密机械与物理研究所, 2013.

[21] 孙辉, 张淑梅. 机载成像系统像移计算模型与误差分析. 光学精密工程, 2012, 20(11): 2492-2499.

[22] 耿文豹, 翟林培, 丁亚林, 等. 航空相机的像面旋转特性分析. 红外与激光工程, 2008, 37(6): 1053-1057.

[23] 刘炜, 周向阳. 航空遥感惯性稳定平台非线性摩擦建模与补偿. 机械工程学报, 2013, 49(15): 122-129.

[24] 王毅, 何朕. 伺服系统的摩擦补偿. 电机与控制学报, 2013, 17(8): 107-112.

[25] 鲍文亮, 黄显林, 卢鸿谦. 多框架光电平台动力学建模及耦合分析. 哈尔滨工程大学学报, 2009, 30(8): 893-897.

[26] 沈宏海, 刘晶红, 张葆, 等. 航空光电成像平台角位置陀螺和角速率陀螺的稳定效果分析. 光学精密工程, 2007, 15(8): 1293-1299.

[27] Kennedy P J, Kennedy R L. Direct versus indirect line of sight stabilization. IEEE Transactions on Control Systems Technology, 2003, 11(1): 3-15.

[28] 胡浩军. 运动平台捕获、跟踪与瞄准系统视轴稳定技术研究. 长沙: 国防科学技术大学, 2007.

[29] 刘强. 高性能机械伺服系统运动控制技术综述. 电机与控制学报, 2008, 12(5): 603-609.

[30] Xiao S L, Li Y M. Visual servo feedback control of a novel large working range micro manipulation system for microassembly. Journal of Microelectromechanical Systems, 2012, 23(1): 181-190.

[31] Tae Y D, Jung R R. A linear matrix inequality approach to initial value compensation for mode switching control in hard disk drive servo systems. IEEE Transactions on Magnetics, 2009, 45(9): 3362-3364.

[32] Masten M K, Sebesta H R. Line-of-sight stabilization tracking systems: An overview// Proceedings of the American Control Conference, Minneapolis, 1987 : 1477-1482.

[33] Xu L D, Lin X G. Digital image stabilization based on circular block matching. IEEE Transactions on Consumer Electronics, 2006, 52(2): 566-574.

[34] 王志民, 徐晓刚. 电子稳像技术综述. 中国图象图形学报, 2010, 15(3): 470-480.

[35] Yu J, Craver S. A fast automatic camera image stabilization benchmarking scheme // Proceedings of the SPIE, 2012, 8293(1): 7.

[36] 林喆, 何海燕, 何林, 等. 光学稳像系统颤振抑制性能的分析与设计. 航天返回与遥感, 2012, 33(4): 33-41.

[37] 钱义先, 梁伟, 高晓东. 航空稳像光电平台设计. 光子学报, 2009, 38(8): 2108-2111.

[38] 毕永利, 刘洵, 葛文奇. 机载光电平台隔振装置特性研究. 机床与液压, 2004, 5: 76-77.

[39] Hurak Z, Rezac M. Image-based pointing and tracking for inertially stabilized airborne camera platform. IEEE Transactions on Control Systems Technology, 2012, 20(5): 1146-1159.

[40] Deng K, Cong S, Shen H H. Control strategies and error compensation methods of high precision gyro stabilized platform // Proceedings of the 30th Chinese Control Conference (CCC), Yantai, 2011: 3450-3455.

[41] 李红光, 姜旭, 石波, 等. 光电稳定跟踪平台跟踪控制回路性能测试系统. 中国测试, 2014, 40(1): 133-136.

[42] Hilkert J M. Inertially stabilized platform technology concepts and principles. IEEE Control Systems, 2008, 28(1): 26-46.

[43] 官伯林. 三轴光电跟踪系统跟踪策略和控制研究. 西安: 西安电子科技大学, 2012.

[44] 周向阳, 赵强. 航空遥感三轴惯性稳定平台双速度环控制. 中国惯性技术学报, 2013, 21(4): 439-445.

[45] Li S S, Zhong M Y, Qin J. The internal model control design of three-axis inertially stabilized platform for airborne remote sensing // Proceedings of the 8th IEEE International Symposium on Instrumentation and Control Technology (ISICT), London, 2012: 5-10.

[46] Hilkert J M, Jonas M. A unique three-axis gimbal mechanism. Proceedings of SPIE, 2008, 6971: 969710E-8.

[47] 郭富强, 于波, 汪叔华. 陀螺稳定装置及其应用. 西安: 西北工业大学出版社, 1995.

[48] Wang J J, Xu L J, Li X L, et al. A proposal to compensate platform attitude deviation's impact on laser point cloud from airborne LiDAR. IEEE Transactions on Instrumentation and Measurement, 2013, 62(9): 2549-2558.

[49] 高文, 朱明. 无人飞行器光电平台及跟踪系统的研究现状. 光机电信息, 2011, 28(7): 33-40.

[50] Thanmas W. Digital laser ranging and tracking using a compound axis servomechanism. Applied Optics, 1966, 5(4): 497-505.

[51] Tang T. Compensating for some errors related to time delay in a charge coupled device based fast steering mirror control system using a feedforward loop. Optical Engineering, 2010, 49(7): 1-7.

[52] Tang T. PID-I controller of CCD-based tracking loop for fast steeling mirror. Optical Engineering, 2011, 50(4): 1-4.

[53] 周子云, 高云国, 邵帅, 等. 采用柔性铰链的快速反射镜设计. 光学精密工程, 2014, 22(6): 1547-1554.

[54] 张丽敏, 王帅, 杨飞, 等. PZT 驱动快速控制反射镜的设计与试验. 机电工程, 2013, 30(7): 2783-2787.

[55] Guelman M. Acquisition and pointing controls for intersatellite laser communications. IEEE Transactions on Aerospace and Electronics Systems, 2004, 40(4): 496-500.

[56] 李雪雷, 王志乾, 苏宛新, 等. 光电着舰测量设备甲板捷联式视轴稳定系统设计. 东北师大学报, 2014, 46(2): 51-55.

[57] 李慧, 吴军辉, 朱震. 速率陀螺式激光导引头稳定跟踪原理分析与仿真. 红外与激光工程,

2011, 40(7): 1337-1341.

[58] Zaeim R, Nekoui M A, Zaeim A. Integration of imaging seeker control in a visually guided missile // Proceedings of the IEEE International Conference on Control and Automation, Xiamen, 2010: 46-51.

[59] Peter J K, Rhonda L K. Direct versus indirect line of sight stabilization. IEEE Transactions on Control Systems Technology, 2003, 11(1): 3-15.

[60] 房建成, 戚自辉, 钟麦英. 航空遥感用三轴惯性稳定平台不平衡力矩前馈补偿方法. 中国惯性技术学报, 2010, 18(1): 38-43.

[61] William J B. Wide band base motion isolation control via the state equalization technique. Optical Engineering, 1993, 32(11): 2805-2811.

[62] 毕永利, 刘洵, 葛文奇. 机载多框架陀螺稳定平台速度稳定环设计. 光电工程, 2004, 31(2): 16-18.

[63] 周涛, 朱景成. 机载光电跟踪平台伺服系统自抗扰控制. 光电工程, 2011, 38(4): 31-36.

[64] 周晓尧, 范大鹏, 张智勇. 光电伺服控制系统多回路内模控制器分析与设计. 红外与激光工程, 2011, 40(10): 2020-2027.

[65] 高翌阳, 齐蓉, 米月星. 舰载天线稳定平台伺服控制器研究. 计算机测量与控制, 2012, 20(5): 1301-1302.

[66] Ki H K, Jong K L, Byung S P, et al. Chatter free sliding mode control for inertial stabilization of OTM (on-the-move) antenna driven by gear and flexible shaft. International Journal of Precision Engineering and Manufacturing, 2012, 13(8): 1317-1325.

[67] Bo L. Nonlinear induced disturbance rejection in inertial stabilization systems // Proceedings of SPIE, 1996, 2739: 242-250.

[68] Krisna M J A R, Marathe R, Srivastava H B. Fuzzy controller for line-of-sight stabilization systems. Optical Engineering, 2004, 43(6): 1394-1400.

[69] 周向阳, 赵强. 航空遥感三轴惯性稳定平台双速度环控制. 中国惯性技术学报, 2013, 21(4): 439-445.

[70] Tong H L, Kok K T, Sunan H. Adaptive friction compensation with a dynamical friction model. IEEE/ASME Transactions on Mechatronics, 2011, 16(1): 133-140.

[71] 虞旦, 韦巍, 张远辉. 一种基于卡尔曼预测的动态目标跟踪算法研究. 光电工程, 2009, 36(1): 52-56.

[72] 汪正军, 王军政, 赵江波. 大惯量随动系统双卡尔曼滤波预测制动控制. 电机与控制学报, 2011, 15(8): 75-80.

[73] 付芸. 航空相机扫描反射镜系统研究与设计. 长春: 中国科学院长春光学精密机械与物理研究所, 2003.

[74] 李文军. 复合轴光电跟踪系统控制策略的研究. 长春: 中国科学院长春光学精密机械与物理

研究所, 2005.

[75] 刘林山, 宋宇. 无模型自适应控制在锅炉主汽温控系统中的应用. 工业控制计算机, 2014, 27(1): 37-38.

[76] 朱成, 陈谋, 姜长生. 基于四元数的垂直发射拦截导弹姿态自抗扰控制. 光电与控制, 2014, 21(5): 6-10.

[77] 于家斌, 王小艺, 许继平, 等. 基于跟踪微分器的永磁同步电主轴电流控制算法. 中国机械工程, 2014, 25(2): 191-196.

[78] Tang Y G, Wu Y X, Wu M P, et al. Nonlinear tracking differentiator for velocity determination using carrier phase measurements. IEEE Journal of Selected Topics in Signal Processing, 2009, 3(4): 716-725.

[79] Shao X L, Liu J, Yang W, et al. Augmented nonlinear differentiator design. Mechanical Systems and Signal Processing, 2017, 90(6): 268-284.

[80] 谢云德, 龙志强. 高精度快速非线性离散跟踪微分器. 控制理论与应用, 2009, 26(2): 127-132.

[81] 谢云德, 李晓龙, 佘龙华, 等. 一种基于边界特征的简易非线性二阶离散跟踪微分器的设计. 控制与决策, 2014, 29(6): 1120-1124.

[82] Mboup M, Join C, Fliess M. Numerical differentiation with annihilators in noisy environment. Numerical Algorithms, 2009, 50(4): 439-467.

[83] 王一清, 黄惟一, 崔建伟, 等. 基于 Kalman 滤波的一阶微分参量估计方法的研究. 东南大学学报(自然科学版), 2004, 34(1): 25-27.

[84] Zhang Z Q, Meng X L, Wu J K. Quaternion-based Kalman filter with vector selection for accurate orientation tracking. IEEE Transactions on Instrumentation and Measurement, 2012, 61(10): 2817-2824.

[85] Liu C Y, Shui P L, Wei G, et al. Modified unscented Kalman filter using modified filter gain and variance scale factor for highly maneuvering target tacking. Journal of Systems Engineering and Electronics, 2014, 25(3): 380-385.

[86] Khalil H. Robust servomechanism output feedback controller for feedback linearizable systems. Automatica, 1994, 30: 1587-1599.

[87] Levant A. Robust exact differentiation via sliding mode technique. Automatica, 1998, 34(3): 379-384.

[88] Davila J, Pridman L, Levant A. Second-order sliding modes observer for mechanical systems. IEEE Transactions on Automatic Control, 2005, 50(11): 1785-1789.

[89] Ibrir S. Linear time derivative trackers. Automatica, 2004, 40(3): 397-405.

[90] Zuo Z. Trajectory tracking control design with command filtered compensation for a quadrotor. IET Control Theory & Applications, 2010, 4(11): 2343-2355.

[91] Guo B Z, Zhao Z L. On convergence of nonlinear tracking differentiator. International Journal of Control, 2011, 84(4): 693-701.

[92] Wang X, Shirinzadeh B. Rapid convergent nonlinear differentiator. Mechanical Systems and Signal Processing, 2012, 28(S1): 414-431.

[93] 韩京清, 王伟. 非线性跟踪微分器. 系统科学与数学, 1994, 14(2): 177-183.

[94] Guo B Z, Zhao Z L. Weak convergence of nonlinear high-gain tracking differentiator. IEEE Transactions on Automatic Control, 2013, 58(4): 1074-1080.

[95] Tian D P, Shen H H, Dai M. Improving the rapidity of nonlinear tracking differentiator via feedforward. IEEE Transactions on Industrial Electronics, 2014, 61(7): 3736-3743.

[96] 董小萌, 张平. 反正切形式跟踪微分器设计及向平面分析. 控制理论与应用, 2010, 27(4): 533-537.

[97] 周涛. 基于反双曲正弦函数的跟踪微分器. 控制与决策, 2014, 29(6): 1239-1242.

[98] Tang H, Li Y M. Development and active disturbance rejection control of a compliant micro nanopositioning piezostage with dual mode. IEEE Transactions on Industrial Electronics, 2014, 61(3): 1475-1492.

[99] Zhang H B, Huang X H, Peng G, et al. Dual-stage HDD head positioning using an almost disturbance decoupling controller and a tracking differentiator. Mechatronics, 2009, 19(5): 788-796.

[100] Zhu B, Wang X, Cai K Y. Tracking control for angular rate sensorless vertical take-off and landing aircraft in the presence of angular position measurement delay. IET Control Theory & Applications, 2010, 4(6): 957-969.

[101] Corradini M L, Ippoliti G, Longhi S, et al. A quasi-sliding mode approach for robust control and speed estimation of PM synchronous motors. IEEE Transactions on Industrial Electronics, 2012, 59(2): 1096-1104.

[102] Ohishi K, Ohnishi K, Miyachi K. Adaptive DC servo drive control taking force disturbance suppression into account. IEEE Transactions on Industry Applications, 1988, 24(1): 171-176.

[103] Ohnishi K, Shibata M, Murakami T. Motion control for advanced mechatronics. IEEE/ASME Transactions on Mechatronics, 1996, 1(1): 56-67.

[104] Huang Y, Messner W. A novel disturbance observer design for magnetic hard drive servo system with a rotary actuator. IEEE Transactions on Magnetics, 1998, 34(4): 1892-1894.

[105] Yoon Y D, Jung E, Sul S K. Application of a disturbance observer for a relative position control system. IEEE Transactions on Industry Applications, 2010, 46(2): 849-856.

[106] Xie W. High frequency measurement noise rejection based on disturbance observer. Journal of the Franklin Institute-Engineering and Applied Mathematics, 2010, 347(10): 1825-1836.

[107] Yang Z J, Wang Y, Kanae S. New approach to an adaptive robust motion controller combined

with a disturbance observer. IET Control Theory & Applications, 2011, 5(10): 1203-1213.

[108] Yang Z J, Hara S, Kanae S, et al. Robust output feedback control of a class of nonlinear systems using a disturbance observer. IEEE Transactions on Control Systems Technology, 2011, 19(2): 256-268.

[109] Kim W H, Shin D H, Won D H, et al. Disturbance observer based position tracking controller in the presence of biased sinusoidal disturbance for electrohydraulic actuators. IEEE Transactions on Control Systems Technology, 2013, 21(6): 2290-2298.

[110] Lee H S. Robust Digital Tracking Controllers for High-speed/high-accuracy Positioning Systems. Berkeley: University of California, 1994.

[111] Yun J N, Su J B. Design of a disturbance observer for a two-link manipulator with flexible joints. IEEE Transactions on Control Systems Technology, 2014, 22(2): 809-815.

[112] Yun J N, Su J B, Kim Y I, et al. Robust disturbance observer for two-inertia system. IEEE Transactions on Industrial Electronics, 2013, 60(7): 2700-2710.

[113] Kobayashi H, Katsura S, Ohnishi K. An analysis of parameter variations of disturbance observer for motion control. IEEE Transactions on Industrial Electronics, 2007, 54(6): 3413-3421.

[114] Jo N H, Shim H, Son Y I. Disturbance observer for non-minimum phase linear systems. International Journal of Control Automation and Systems, 2010, 8(5): 994-1002.

[115] Zhou P, Chai T Y, Zhao J H. DOB design for nonminimum-phase delay systems and its application in multivariable MPC control. IEEE Transactions on Circuits and Systems II: Express Briefs, 2012, 59(8): 525-529.

[116] Mohammadi A, Tavakoli M, Marquez H J. Disturbance observer based control of nonlinear haptic teleoperation systems. IET Control Theory & Applications, 2011, 5(18): 2063-2074.

[117] Mitsantisuk C, Ohishi K, Urushihara S, et al. Kalman filter-based disturbance observer and its applications to sensorless force control. Advanced Robotics, 2011, 25(3/4): 335-353.

[118] Mitsantisuk C, Ohishi K, Katsura S. Estimation of action/reaction forces for the bilateral control using kalman filter. IEEE Transactions on Industrial Electronics, 2012, 59(11): 4383-4393.

[119] She J H, Xin X, Ohyama Y. Estimation of equivalent input disturbance improves vehicular steering control. IEEE Transactions on Vehicular Technology, 2007, 56(6): 3722-3731.

[120] Wu M, Xu B G, Cao W H, et al. Aperiodic disturbance rejection in repetitive control systems. IEEE Transactions on Control Systems Technology, 2014, 22(3): 1044-1051.

[121] She J H, Xin X, Pan Y D. Equivalent input disturbance approach analysis and application to disturbance rejection in dual-stage feed drive control system. IEEE/ASME Transactions on Mechatronics, 2011, 16(2): 330-340.

[122] Kim B K, Chung W K, Choi H T, et al. Robust time optimal controller design for hard disk

drives. IEEE Transactions on Magnetics, 1999, 35(5): 3598-3600.

[123] Kim B K, Chung W K. Advanced disturbance observer design for mechanical positioning systems. IEEE Transactions on Industrial Electronics, 2003, 50(6): 1207-1216.

[124] Choi H T, Kim B K, Eom K S. A new framework for two loop disturbance rejection control. International Journal of Control, 2006, 79(6): 636-649.

[125] Yen P L. A two loop robust controller for compensation of the variant friction force in an over constrained parallel kinematic machine. International Journal of Machine Tools and Manufacture, 2008, 48(12/13): 1354-1365.

[126] 韩京清. 一类不确定对象的扩张状态观测器. 控制与决策, 1995, 10(1): 85-88.

[127] Han J. From PID to active disturbance rejection control. IEEE Transactions on Industrial Electronics, 2009, 56(3): 900-906.

[128] Zheng Q, Gao L Q, Gao Z. On validation of extended state observer through analysis and experimentation. Journal of Dynamic Systems, Measurement and Control, 2012, 134(2): 1-6.

[129] Talole S E, Kolhe J P, Phadke S B. Extended state observer based control of flexible joint system with experimental validation. IEEE Transactions on Industrial Electronics, 2010, 57(4): 1411-1419.

[130] Liu H, Li S. Speed control for PMSM servo system using predictive functional control and extended state observer. IEEE Transactions on Industrial Electronics, 2012, 59(2): 1171-1183.

[131] Zhu E, Pang J F, Sun N. Airship horizontal trajectory tracking control based on active disturbance rejection control (ADRC). Nonlinear Dynamics, 2014, 75(4): 725-734.

[132] Feng H Y P, Li S J. Active disturbance rejection control based on weighed moving average state observer. Journal of Mathematical Analysis and Applications, 2014, 411(1): 354-361.

[133] Lu Y S. Sliding mode disturbance observer with switching gain adaptation and its application to optical disk drives. IEEE Transactions on Industrial Electronics, 2009, 56(9): 3743-3750.

[134] Inoue A, Mincong D, Yoshinaga S. Fault detection for uncertain systems using adaptive sliding mode disturbance observer // Proceedings of the IEEE International Conference on Industrial Technology, Mumbai, 2006: 2631-2634.

[135] Zhang C, Chen Z J, Wei C. Sliding mode disturbance observer based backstepping control for a transport aircraft. Science China Information Sciences, 2014, 57(5): 1-16.

[136] Yao B, Almajed M, Tomizuka M. High performance robust motion control of machine tools: An adaptive robust control approach and comparative experiments. IEEE/ASME Transactions on Mechatronics, 1997, 2(2): 62-76.

[137] Lu L, Yao B, Wang Q, et al. Adaptive robust control of linear motors with dynamic friction compensation using modified LuGre model. Automatica, 2009, 45(12): 2890-2896.

[138] Mohanty A, Yao B. Indirect adaptive robust control of hydraulic manipulators with accurate

parameter estimates. IEEE Transactions on Control Systems Technology, 2011, 19(3): 567-575.

[139] Mohanty A, Yao B. Integrated direct/indirect adaptive robust control of hydraulic manipulators with valve deadband. IEEE/ASME Transactions on Mechatronics, 2011, 16(4): 707-715.

[140] Hu C X, Yao B, Wang Q F. Adaptive robust precision motion control of systems with unknown input dead-zones: A case study with comparative experiments. IEEE Transactions on Industrial Electronics, 2011, 58(6): 2454-2464.

[141] 刘强, 联洁, 刘金琨. 摩擦非线性环节的特性、建模与控制补偿综述. 系统工程与电子技术, 2002, 24(11): 45-52.

[142] Canudas D W C, Olsson H, Astrom K J. A new model for control of systems with friction. IEEE Transactions on Automatic Control, 1995, 40(3): 419-425.

[143] Garcia C. Comparison of friction models applied to a control valve. Control Engineering Practice, 2008, 16(10): 1231-1243.

[144] Mostefai L, Denaï M, Hori Y. Robust tracking controller design with uncertain friction compensation based on a local modeling approach. IEEE Transactions on Mechatronics, 2010, 15(5): 746-756.

[145] Kermani M R, Patel R, Moallem M. Friction identification and compensation in robotic manipulators. IEEE Transactions on Instrumentation Measurement, 2007, 56(6): 2346-2353.

[146] Yao J Y, Jiao Z X, Ma D W. RISE-based precision motion control of DC motors with continuous friction compensation. IEEE Transactions on Industrial Electronics, 2014, 61(12): 7067-7075.

[147] Chen W, Kong K, Tomizuka M. Dual-stage adaptive friction compensation for precise load side position tracking of indirect drive mechanisms. IEEE Transactions on Control Systems Technology, 2015, 23(1): 164-175.

[148] Horowitz L, Oidak S, Shapiro A. Extensions of dithered feedback systems. International Journal of Control, 1991, 54(1): 83-109.

[149] Morel G, Iagnemma K, Dubowsky S. The precise control of manipulators with high joint friction using base force/torque sensing. Automatica, 2000, 36(7): 931-941.

[150] Mammar S, Oufroukh N A, Glaser S. Reducing rider effort for electric bicycles by environment disturbance compensation// Proceedings of the IEEE Multi-Conference on Systems and Control, Denver, 2011: 550-555.

[151] 冯亮, 马晓军, 冯东. 坦克炮控伺服系统的滑模非线性摩擦补偿控制. 火力与指挥控制, 2008, 32(18): 63-65.

[152] Zhu D X, Qiu X B, Wang K, et al. Study on friction compensation for gun control system of tank based on ADRC// Proceedings of the International Conference on Mechanic Automation and Control Engineering (MACE), Inner Mongolia, 2011: 1672-1675.

[153] Mallon N, van de Wouw N, Putra D, et al. Friction compensation in a controlled one link robot using a reduced order observer. IEEE Transactions on Control Systems Technology, 2006, 14(2): 1063-6536.

[154] Fujimoto H, Takemura T. High-precision control of ball-screw-driven stage based on repetitive control using n -times learning filter. IEEE Transactions on Industrial Electronics, 2014, 61(7): 3694-3703.

[155] Park S H, Han S I. Robust tracking control for robot manipulator with deadzone and friction using backstepping and RFNN controller. IET Control Theory & Applications, 2010, 5(12): 1397-1417.

[156] Mostefai L, Denai M, Sehoon O, et al. Optimal control design for robust fuzzy friction compensation in a robot joint. IEEE Transactions on Industrial Electronics, 2009, 56(10): 3832-3839.

[157] Suraneni S, Kar I N, Ramana M O V, et al. Adaptive stick-slip friction and backlash compensation using dynamic fuzzy logic system. Applied Soft Computing, 2005, (6): 26-37.

[158] Gao X, Feng Z J. Design study of an adaptive fuzzy-PD controller for pneumatic servo system. Control Engineering Practice, 2005, 13(1): 55-65.

[159] Xia D Y, Wang L Y, Chai T Y. Neural network friction compensation based energy swing up control of pendubot. IEEE Transactions on Industrial Electronics, 2014, 61(3): 1411-1423.

[160] Chen Q, Yu L, Nan Y R. Finite-time tracking control for motor servo systems with unknown dead-zones. Journal of Systems Science and Complexity, 2013, 26(6): 940-956.

[161] Wang X, Zhao J. Switched adaptive tracking control of robot manipulators with friction and changing loads. International Journal of Systems Science, 2015, 46(9): 955-965.

[162] Liu Y L, Ji Y F, Cheng Z, et al. Speed and rotor position identification for PMSM based on improved nonsingular terminal sliding mode. Advanced Materials Research, 2012, 424/425: 796-800.

[163] Zheng X M, Li Q M, Wang W, et al. Higher-order nonsingular terminal sliding mode dead-time compensation method in PMSM // Proceedings of the 37th Annual Conference on IEEE Industrial Electronics Society, Melbourne, 2011: 592-597.

[164] Li S H, Zhou M M, Yu X H. Design and implementation of terminal sliding mode control method for PMSM speed regulation system. IEEE Transactions on Industrial Informatics, 2012, 9(4): 1879-1891.

[165] Li S H, Liu H X, Ding S H. A speed control for A PMSM using finite time feedback control and disturbance compensation. Transactions of the Institute of Measurement and Control, 2010, 32(2): 170-187.

[166] Toufighi M H, Sadati S H, Najafi F, et al. Simulation and experimentation of a precise

nonlinear tracking control algorithm for a rotary servo-hydraulic system with minimum sensors. Journal of Dynamic Systems Measurement and Control Transactions of the Asme, 2013, 135(6): 1-14.

[167] Wang L K, Book W J, Huggins J D. Application of singular perturbation theory to hydraulic servo drives system analysis and control design. IEEE Transactions on Mechatronics, 2012, 17(2): 251-259.

[168] Knohl T, Unbehauen H. Adaptive position control of electro hydraulic servo systems using ANN. Mechatronics, 2000, 10(1): 127-143.

[169] Rahmat M F. Application of self-tuning fuzzy PID controller on industrial hydraulic actuator using system identification approach. International Journal on Smart Sensing and Intelligent Systems, 2009, 2(2): 246-261.

[170] Cetin S, Akkaya A V. Simulation and hydbrid fuzzy-PID control for positioning of a hydraulic system. Nonlinear Dynamics, 2010, 61(3): 465-476.

[171] Ziaei K, Sepehri N. Design of a nonlinear adaptive controller for an electrohydraulic actuator. Journal of Dynamic Systems Measurement and Control, 2001, 123(3): 449-456.

[172] Kirecci A, Topalbekiroglu M, Eker I. Experimental evaluation of a model reference adaptive control for a hydraulic robot: A case study. Robotica, 2003, 21(1): 71-78.

[173] Sepehri N, Wu G. Experimental evaluation of generalized predictive control applied to a hydraulic actuator. Robotica, 1998, 16(4): 463-474.

[174] Bessa W M, Dutra M S, Kreuzer E. Sliding mode control with adaptive fuzzy dead-zone compensation of an electro-hydraulic servo system. Journal of Intelligent and Robotic Systems, 2010, 58(1): 3-16.

[175] Chen S Y, Lin F J. Robust nonsingular terminal sliding-mode control for nonlinear magnetic bearing system. IEEE Transactions on Control Systems Technology, 2011, 19(3): 636-643.

[176] Lee J D, Khoo S, Wang Z B. DSP-based sliding-mode control for electromagnetic levitation precise position system. IEEE Transactions on Industrial Informatics, 2013, 9(2): 817-827.

[177] 彭书华, 李华德, 苏中, 等. 不确定参数电动舵机滑模变结构控制. 电机与控制学报, 2009, 13(1): 128-132.

[178] 童克文, 张兴, 张昱, 等. 基于新型趋近律的永磁同步电动机滑模变结构控制. 中国电机工程学报, 2008, 28(21): 102-106.

[179] 万健如, 宫成, 刘暐, 等. 基于MTPA的永磁同步电机滑模变结构直接转矩控制. 电机与控制学报, 2012, 16(3): 30-35.

[180] Pang H P, Tang G Y. Global robust optimal sliding mode control for a class of uncertain linear systems //Proceedings of Control and Decision Conference, New Jersey, 2008: 3509-3512.

[181] 赵占山, 张静, 孙连坤, 等. 有限时间收敛的滑模自适应控制器设计. 山东大学学报, 2012,

42(4): 74-78.

[182] 熊少锋, 王卫红, 王森. 带攻击角度约束的非奇异快速终端滑模制导律. 控制理论与应用, 2014, 31(3): 269-278.

[183] Huang X, Lin W, Yang B. Global finite-time stabilization of a class of uncertain nonlinear systems. Automatica, 2005, 41(5): 881-888.

[184] Yang Y N, Hua C C, Guan X P. Adaptive fuzzy finite-time coordination control for networked nonlinear bilateral teleoperation system. IEEE Transactions on Fuzzy Systems, 2014, 22(3): 631-641.

[185] 同济大学数学教研室. 高等数学. 北京: 高等教育出版社, 1993.

[186] 张凯院, 徐仲. 矩阵论. 北京: 科学出版社, 2013.

[187] Hassan K K. Nonlinear Systems. Beijing: Publishing House of Electronics Industry, 2005.

[188] 胡寿松. 自动控制原理. 6 版. 北京: 科学出版社, 2015.

[189] 洪奕光, 程代展. 非线性系统的分析与控制. 北京: 科学出版社, 2005.

[190] Levant A. Higher order sliding modes, differentiation and output feedback control. International Journal of Control, 2003, 76(9/10): 924-941.

[191] Chen Q, Yu L, Nan Y R. Finite-time tracking control for motor servo systems with unknown dead zones. Journal of Systems Science & Complexity, 2013, 26(6): 940-956.

[192] Yu S H, Yu X H, Shirinzadehc B, et al. Continuous finite-time control for robotic manipulators with terminal sliding mode. Automatica, 2005, 41(11): 1957-1964.

[193] Rosier L. Homogeneous lyapunov function for homogeneous continuous vector field. Systems & Control Letters, 1992, 19(6): 467-473.

[194] Hong Y, Xu Y, Huang J. Finite-time control for robot manipulators. System and Control Letters, 2002, 46(4): 243-253.

[195] Wikipedia. Superposition Principle. http://en.wikipedia.org/wiki/Superposition principle [2010-04-21].

[196] Quan Q, Cai K Y. Additive decomposition and its applications to internal-model-based tracking // Proceedings of the 48th IEEE Conference on Decision and Control Held Jointly with the 28th Chinese Control Conference, Shanghai, 2009: 817-822.

[197] Quan Q, Yang D, Hu H, et al. A new model transformation method and its application to extending a class of stability criteria of neutral type systems. Nonlinear Analysis: Real World Applications, 2010, 11(5): 3752-3762.

[198] Quan Q, Cai K Y. Filtered repetitive control of robot manipulators. International Journal of Innovative Computing, Information and Control, 2011, 7(5A): 2405-2415.

[199] Quan Q, Cai K Y. A filtered repetitive controller for a class of nonlinear systems. IEEE Transactions on Automatic Control, 2011, 56(2): 399-405.

[200] Quan Q, Cai K Y. Additive-state-decomposition-based tracking control for TORA benchmark.

Journal of Sound and Vibration, 2013, 332(20): 4829-4841.

[201] She J H, Fang M X, Wu M. Hiroshi hashimoto improving disturbance rejection performance based on an equivalent input disturbance approach. IEEE Transactions on Industrial Electronics, 2008, 55(1): 380-389.

[202] Hunt L R, Meyer G, Su R. Noncausal inverses for linear systems. IEEE Transactions on Automatic Control, 1996, 41(4): 608-611.

[203] Pio R L. Euler angle transformation. IEEE Transactions on Automatic, 1966, 11(4): 707-715.

[204] 宋伟刚. 机器人学——运动学、动力学与控制. 北京: 科学出版社, 2007.

[205] 胡右德, 曾乐生, 马东升. 伺服系统原理与设计. 北京: 北京理工大学出版社, 1993.

[206] 杨明, 郝亮, 徐殿国. 基于自适应陷波滤波器的在线机械谐振抑制. 哈尔滨工业大学学报, 2014, 46(4): 63-69.

[207] 毛仁超, 沈安文. 基于负载转矩反馈的机械谐振抑制方法. 计算技术与自动化, 2014, 33(1): 19-23.

[208] 于晶, 冯勇, 郑剑飞. 基于高阶滑模和加速度反馈的机械谐振抑制方法. 控制理论与应用, 2009, 26(10): 1133-1136.

[209] Doyle J C, Francis B, Tannenbaum A R. Feedback Control Theory. New York: Macmillan Publishing Co., 1992.

[210] Lee H S. Robust Digital Tracking Controllers for High Speed/High Accuracy Positioning Systems. California: University of California, 1994.

[211] 刘强. 现代高精度数字伺服系统运动控制理论及应用研究. 北京: 北京航空航天大学, 2002.

[212] 岳明桥, 雷军委, 李高鹏. 采用一类积分型滑模的导弹控制系统设计. 航天控制, 2010, 28(6): 29-32.

[213] 郭立东. 舰载激光武器稳定平台控制技术研究. 哈尔滨: 哈尔滨工程大学, 2010.

[214] Zheng Q, Gao L Q, Gao Z Q. On validation of extended state observer through analysis and experimentation. Journal of Dynamic Systems, Measurement and Control, 2012, 134(2): 204505.

[215] Zheng Q, Chen Z Z, Gao Z Q. A practical approach to disturbance decoupling control. Control Engineering Practice, 2009, 17(9): 1016-1025.

[216] Bhat S P, Bernstein D S. Geometric homogeneity with applications to finite time stability. Mathematics of Control, Signals and Systems, 2005, 17(2): 101-127.

[217] Shen Y, Huang Y. Uniformly observable and globally lipschitzian nonlinear systems admit global finite time observers. IEEE Transactions on Automatic Control, 2009, 54(11): 2621-2625.

[218] Abramowitz M, Stegun A I, Romer H M. Handbook of Mathematical Functions with Formulas, Graphs, and Mathematical Tables. New York: Courier Dover Publications, 1972: 556-566.

[219] Haskara I. On sliding mode observers via equivalent control approach. International Journal of

Control, 1998, 71(6): 1051-1067.

[220] Gao W B, Hung J C. Variable structure control of nonlinear systems: A new approach. IEEE Transactions on Industrial Electronics, 1993, 40(1): 45-55.

[221] Bayindir M I, Can H, Akpolat Z H, et al. Application of reaching law approach to the position control of a vector controlled induction motor drive. Electrical Engineering, 2004, 87(4): 207-215.

[222] Liu L P, Han Z Z, Li W L. Global sliding mode control and application in chaotic systems. Nonlinear Dynamics, 2009, 56(1/2): 193-198.

[223] Pang H P, Chen X. Global robust optimal sliding mode control for uncertain affine nonlinear systems. Journal of Systems Engineering and Electronics, 2009, 20(4): 838-843.

[224] Ho T H, Kyoung K A. Speed control of a hydraulic pressure coupling drive using an adaptive fuzzy sliding mode control. IEEE/ASME Transactions on Mechatronics, 2012, 17(5): 976-986.

[225] Liu X D, Wu Y J, Liu B T. The research of adaptive sliding mode controller for motor servo system using fuzzy upper bound on disturbances. International Journal of Control, Automation, and Systems, 2012, 10(5): 1064-1069.

[226] Wu Y J, Liu Y M, Zhang W L. A discrete-time chattering free sliding mode control with multirate sampling method for flight simulator. Mathematical Problems in Engineering, 2013: 865493.

[227] Gao W B, Wang Y F, Homaifa A. Discrete time variable structure control systems. IEEE Transactions on Industrial Electronics, 1995, 42(2): 117-122.

[228] 刘锡民, 刘立人, 孙建锋, 等. 星间激光通信中复合轴系统的带宽设计研究. 光学学报, 2006, 26(1): 101-106.